HELMUT SCHMIDT

독일통일의 노정에서
Auf dem Weg zur deutschen Einheit

결산과 전망
BILANZ UND AUSBLICK

AUF DEM WEG ZUR DEUTSCHEN EINHEIT
by Helmut Schmidt copyright ⓒ 2005 by
Rowohlt Verlag GmbH, Reinbek bei Hamburg
Korean Translation Copyright ⓒ 2005 by Shi Ua Jinshil All rights reserved.
The Korean language edition is published by arrangement with
Rowohlt Verlag GmbH through MOMO Agency, Seoul.

이 책의 한국어판 저작권은 모모 에이전시를 통해
Rowohlt Verlag GmbH사와의 독점 계약으로 "도서출판 시와진실"에 있습니다.
저작권법에 의해 한국 내에서 보호를 받는 저작물이므로 무단전재와 무단복제를 금합니다.

목 차

한국어판을 위한 서문 ····································· 5
서 문 ·· 9

1. 독일의 당면 과제 ······································ 11
2. 연설문: 연대 협력은 모두의 몫이다 ···················· 23
3. 통일을 향한 단계적 조치 ······························ 38
4. 자유를 얻게 된 것은 크나큰 행운이다 ················· 51
5. 역사적 기회를 맞은 독일 ······························ 58
6. 8개조 건의안 ·· 68
7. 통일 1주년을 맞이하여 ································ 81
8. 통일 과업을 완수하기 위해 초당적 협정을 맺자 ········ 89
9. 통일 과정에서의 7대 과오 ···························· 107
   9-1. 판단 착오의 원인 ······························· 115
   9-2. 7대 과오 ······································· 124
10. 나라의 장래를 위하여 ································ 131
11. 동독 지역의 와해 ···································· 144
12. 동독 지역에 충격요법을! ···························· 149
13. 독일은 변화해야 한다 ································ 160
14. 통일 과정에서의 돌이킬 수 없는 과오들 ············· 168
15. 연설문: 동독 지역의 재건에 다시 한번 박차를! ······ 181
16. 동독 지역에 필요한 것은 진정 무엇인가 ············· 193
17. 아직 늦지 않았다 -후기를 대신하여 ················· 200

출전 ··· 221

일러두기

1. 독일통일 전까지 서독의 공식명칭은 독일연방공화국(Die Bundesrepublik Deutschland, 약어 BRD), 동독은 독일민주공화국(Deutsche Demokratische Republik, 약어 DDR)였다. 이 책에서는 서독, 독일연방공화국, 동독, 독일민주공화국과 통일 후 생겨난 명칭인 구연방주(서독), 신연방주(동독)를 병기한다.

2. 정당의 공식명칭은 주석에 밝혀두었다. 하지만 본문에서는 주로 약어를 많이 사용하였다. 그 약어는 다음과 같이 미리 일러두는 바이다.

독일사회민주당(사민당): Sozialdemokratische Partei Deutschlands(SPD)
독일기독교민주당(기민당): Christlich Demokratischen Union Deutschlands(CDU)
기독교사회당(기사당): Christlich Soziale Union in Bayern(CSU)
독일자유민주당(자민당): Freie Demokratische Partei Deutschlands(FDP)
사회주의통일당: Sozialistische Einheitspartei Deutschlands(SED)
민주사회주의당: Partei des Demokratischen Sozialismus(PDS)
노동·사회정의를 위한 선거대안: Arbeit&Soziale Gerechtigkeit - Die Wahlalternative(WASG)

3. 본문의 각주는 모두 역자각주이다.

한국어판을 위한 서문

내가 한국을 처음 방문했을 때가 지금으로부터 반 세기 전이다. 당시 한반도는 남북으로 분단되어 있었고 그 절반은 이승만 대통령이, 또 다른 절반은 김일성이 통치하고 있었다. 내가 한국을 방문했던 당시는 한국전쟁이 끝나고 몇년 지난 뒤였다. 그렇지만 분위기는 사뭇 삼엄했다. 바로 38선을 사이에 두고 수십만의 남북한 군인들이 완전무장을 한 채 전투태세를 갖추고 있었기 때문이다. 한국민들은 판문점에서의 휴전협정을 대부분 신뢰하지 않고 있었다. 당시 북한의 뒤에는 흐루시초프의 소련과 모택동의 중국이 버티고 있었고, 한국은 아이젠하워의 미국이 지원하고 있었다. 나는 한국과 독일의 이와 같은 분단현실에서 유사성을 보았다. 그러나 두 나라 국민들은 민족통일의 의지와 희망을 버리지 않고 있었다. 그리하여 한국과 독일의 많은 정치인들은 그 후 수십 년간 긴장완화를 위해 외교적으로 노력하는 동시에, 점진적 통일을 위한 계획을 설계했다. 그러나 동서냉전이 지속되고 있는 한은 빌리 브란트도, 김대중도 얼어붙은 분단의 경계선을 허물 수는 없었다. 1990년 이후 유럽에서는 냉전이 종식되었고 이로써 동서독은 분단 45년 만에 비로소 통일을 이룰 수 있었다.

동아시아에서도 과거와 같은 세계권력 간의 대결양상은 이미 상당히 약화되었다. 그러나 여전히 이 지역의 많은 사람들은 일제 강점기와 2차 대전, 한국전쟁에 대한 불행한 기억을 생생히 지니고 있다.

한편 한국과 중국, 베트남은 놀라운 경제성장을 이루었고 이제는 세계경제에 완전히 편입되었다.

그러나 북한만은 정치, 경제, 군사적으로 거의 모든 이웃국가로부터 스스로를 고립시켰다. 게다가 북한의 미사일무장과 핵확산금지조약(NPT)탈퇴는 불신만 확산시켰다. 특히 북한이 여러 차례 군사력을 과시함으로써 북한정부가 자력으로 설 수 있으며, 경우에 따라서는 홀로 고립되어 냉전을 계속할 수 있고, 한반도에서 무력을 통한 힘의 긴장과 함께 한민족의 분단을 유지하려 한다는 인상을 지속적으로 불러일으켰다.

그럼에도 불구하고 국제정세는 한국과 북한에도 상당한 변화를 가져왔다.

그것은 과거와 달리 중국과 러시아가 북한에 대한 전략적 지원을 거두어 들였고, 마찬가지로 미국도 북한의 전략적 핵무장 의도에 대해 깊이 우려하고 있기 때문이다.

미국, 러시아, 중국 중 그 어느 국가도 북한이 군사적 긴장을 지속적으로 유발하는 것을 원치 않는다. 오히려 그 반대이다.

이와 함께 북한정권이 중국과 러시아 사이에서 이이제이以夷制夷 전략을 펴던 시대도 이미 오래 전에 끝나 버렸다. 이제는 그럴 상황이 아니다.

미국, 러시아, 중국은 모두 북한이 아홉번째 핵보유국이 되고, 그 결과 일본까지 열번째 핵보유국이 되는 사태를 막고자 한다. 또한 중국 경제의 급성장으로 북한 지도부로서도 자국의 경제파탄을 더욱 극명하게 직시하지 않을 수 없게 되었다.

이 모든 상황을 고려해보건대, 나는 반만년 역사의 한국 민족이 다시 한 지붕 아래에 모이게 되리라고 믿는다.

물론 통일의 시점이나 시기를 예측하는 것은 지금으로서는 불가능하다.

어쨌거나 경제적으로 무능한 북한 군부는 생존력의 한계를 드러낼 것이다.

그러므로 한국의 여러 가지 통일 시나리오 중 북한의 경제적, 정치적 붕괴를 배제할 수 없다.

그러나 어떤 경우에라도 강대국 미국, 러시아, 중국의 동의와 참여 없이는 한국의 통일과정은 험난할 것이다.

중국의 영향력이 강화되고 있으므로 한국이 중국과 가까워지는 것은 바람직하며, 동시에 미국의 버팀목 역할은 그대로 유지해야 한다.

20세기가 저물 무렵, 일련의 동유럽 국가들은 소련의 지배에서 스스로를 해방시켰다. 그리고 독일은 통일되었다. 독일 통일이 의미하는 바가 있으니, 바로 수백 년간 자라온 민족의식은 말살될 수 없다는 것이다.

그러므로 한국의 염원은 당연한 것이다.

하지만 한국이 통일과정에서 극복해야 할 난관에 대해서 어떠한 잘못된 환상을 가져서는 안 될 것이다.

한국의 분단은 1990년 종식된 독일의 분단보다 이미 더 오래 지속되고 있다. 그리고 남북한의 경제적 격차는 통일 당시 동서독의 격차보다 훨씬 크다.

독일 통일은 경제적 측면에서는 결코 완성된 것이 아니다. 사회적, 정치적으로는 어느정도 성공적으로 통합했지만 현재 구 동독 지역은 실업률이 매우 높아 심각한 상황이기 때문이다.

통독과정의 일부 경험들은 한국에 유용할 수 있을 것이다.

도서출판 〈시와 진실〉에서 독일 통일에 대한 나의 중간평가를 한국의 독자들에게 소개한다고 하니 기쁜 일이다. 12년 전 한국인 지기 신현확 전총리와 함께 한국과 독일의 전문가들을 데리고 독일의 통일로부터 남북통일에 대한 해법을 도출해내고자 시도했던 기억이 새롭다. 이후 세상은 변화했다. 그리고 앞으로도 더욱 변해갈 것이다. 그러므로 한국의 애국자들에게 당부하고 싶은 것은 통일의 기회가 도래할 미래의 그 날을 위해 철저히 준비하고 있으라는 것이다.

2006년 7월 함부르크에서.

HELMUT SCHMIDT
12. Juli 2006

서 문

연초에 로볼트Rowohlt출판사에서 독일통일 문제에 관한 내 글들, 특히 40년 이상 단절되어 살아온 동서독 주민들의 재통합 문제에 관한 글들을 선별해 출판할 뜻을 전해 왔을 때 나는 흔쾌히 동의했다. 지난 수십 년 전부터 이 문제에 열정적으로 매달려 왔기 때문이다. 지난 1989년 이래 진행되어 온 경제적 통합은 내 생각과는 완전히 달랐다. 나는 지금까지의 성과에 결코 만족할 수 없다. 나는 마르크스주의자는 아니다. 하지만 경제적 상태가 의식을 규정한다는 명제가 완전한 진리는 아닐지라도 매우 중요한 심리적, 정치적 인식을 담고 있음을 안다.

이 책은 1989년부터 2004년까지 발표한 16편의 글을 엮은 것이다. 대부분은 〈차이트[1]〉지에 실렸던 것이고 로슈토크[2] 및 에어푸르트[3] 연설문도 포함되어 있다. 또 일부는 책에서 발췌했다.

이 책을 위해 쓴 에세이 형식의 후기에 특별히 주목해 주기 바란다. 이 후기에서 지금까지의 통일 과정을 오늘의 시각에서 바라보고 중간평가를 내렸다. 지난 15년간 저지른 과오와 하지

---

1) Die Zeit. 식자층을 대상으로 하는 독일 유명 주간지. 초간일은 1946년 2월 21일. 정치적으로는 자유주의적 성격을 띤다. 1983년 이래 헬무트 슈미트 전 총리가 발행인으로 있다.
2) Rostock. 1218년 세워진 한자 도시Hansestadt. 메클렌부르크 포어폼먼Mecklenburg-Vorpommern 주의 최대 도시이다.
3) Erfurt. 튀링엔Thüringen 주의 주정부 소재지.

못했던 일들은 대부분 바로잡기 어렵다. 그래서 지금 나는 1989 - 1990년 통일 당시만큼 낙관적이지는 않다. 그러나 고개를 돌리고 현실을 외면하고 싶지도 않다. 행동하기에는 아직 결코 늦지 않았다! 그래서 미래에 대한 세 가지 제언으로 후기를 끝맺었다.

로만 헤어초크[4] 연방대통령의 1997년 '쇄신 연설', 게르하르트 슈뢰더[5] 총리의 2003년 '어젠다 2010[6]' 연설', 호르스트 쾰러[7] 연방대통령의 2005년 '일자리 우선 연설'과는 달리 나는 동독 경제의 재건에 다시 박차를 가하는 것을 언제나 국정의 핵심 과제로 여겨 왔다. 오늘도 아니 내일이라도 늦지 않다. 나는 이 책으로써 우리의 목표를 달성하는 데 기여할 수 있기 바란다.

2005년 총선에 즈음하여, 함부르크Hamburg에서.
헬무트 슈미트

---

4) Roman Herzog(1934-). 독일연방 헌법재판소장(1987-1994), 독일연방 대통령(1994-1999).
5) Gerhard Fritz Kurt Schröder(1944-). 니더작센Niedersachsen 주지사(1990-1998), 독일연방 총리(1998-2005).
6) 슈뢰더 정부는 2003년 3월 14일 독일 연방의회에서 어젠다Agenda 2010을 발표했다. 이는 사회복지 정책의 팽창과 비효율성, 공공 부문의 비대화와 급속한 고령화의 진전에 따른 문제들을 극복하기 위한 포괄적 개혁 청사진이다.
7) Horst Köhler(1943-). 독일연방 재무부차관(1990-1993), 국제통화기금(IMF) 총재(2000-2004), 독일연방 대통령(2004).

독일의 당면 과제

1989년 12월

지난 여름[8]부터 독일의 상황이 급변하고 있다. 독일 역사상 최초로 혁명이라 부를 만한 사건이 일어난 것이다. 그 후로, 특히 11월 22일 헬무트 콜 총리가 '10개안[9]'을 발표하자 미국, 소련, 프랑스, 폴란드, 그 밖의 대부분 유럽 국가들이 저마다 입장을 표명하면서 상황이 급속도로 전개되었다. 특히 동독에서의 반응이 결정적인 역할을 했다.

동독의 사회주의통일당은 사실상 붕괴했다. 1990년 5월 6일 선거가 실시된다고 한다. 사상 최초의 자유선거에 의해 선출될

---

[8] 1989년 여름 동독에는 긴장이 고조되었다. 내부적으로는 동독 주민들이 지방 선거를 보이콧하려 했고, 외부적으로는 중국에서 천안문사태가 발생했다. 정부에 비판적인 동독 주민들이 대규모의 시위를 조직했고, 헝가리와 체코슬로바키아 등지로의 여행을 통해 동독에서 탈출했다. 이들은 프라하와 바르샤바의 서독 대사관에 망명을 신청했으며, 헝가리 정부가 오스트리아 접경 국경을 개방하자 이를 통과하여 서독으로 들어왔다.

[9] '10개안Zehn-Punkte-Programm.' 베를린장벽이 무너지고 19일이 지난 1989년 11월 28일 콜 총리가 통일협상을 위해 동독 측에 제안한 것으로, 양독관계뿐 아니라 유럽 주변국을 고려하여 동서독의 통일을 추진하겠다는 의지를 담고 있다. 제1항: 긴급 구호 조치, 제2항: 국민에게 직접적인 혜택이 주어지는 협력 사업 추진, 제3항: 동독 내 정치체제와 경제체제의 개혁을 전제로 한 동독 지원과 협력 사업 확대, 제4항: 모드로 총리가 제안한 계약공동체를 위한 제도와 기구 구성, 제5항: 연방을 위한 연합국가 구성, 제6항: 양독관계는 전 유럽 통합과정 속에서 발전, 제7항: 통일독일의 유럽공동체시장 편입, 제8항: 동서유럽 통합의 핵으로서의 유럽안보협력회의(OSZE), 제9항: 분단 극복을 위한 군비 통제, 제10항: 유럽 평화의 틀 안에서 독일통일의 자율성 보장.

국민의회가 정부를 구성하기까지는 아직 최소한 5개월이 남았다. 그때까지는 독일의 미래를 예측할 수 없다. 5월 6일 선거를 치른 후에도 불확실하고 불투명한 문제들이 새롭게 나타날 것이다. 하지만 동서독이 대내외적으로 더 많은 분야에서 더 많은 기관들을 통해 협력하면서 점진적으로 상호 접근할 것으로 보인다. 그리고 이러한 접근은 매우 절실하다. 이를 자꾸 반대한다면 독일 민족주의가 부활하는 위험을 초래할 수도 있다.

현재 우리에게는 무엇이 급선무이며, 우선순위는 무엇인가? 가장 중요한 것은 개인의 존엄성과 자유를 완전히 보장하고 동독에 의회민주주의와 확고한 법치국가를 수립하는 것이다. 성난 시민들이 임의로 사법권을 행사해 동독지역을 혼란에 빠뜨리는 것을 막기 위해서는 5월 6일 이전에라도 동독 형법의 일부 조항을 삭제하고 법원의 완전한 독립을 보장해야 한다.

다음으로 독일 국민 모두에게 절실히 요청되는 것은 유럽의 다른 민족, 이웃 국가, 이웃 정부들의 이해관계를 존중하는 것이다. 독일은 유난히 불리한 지정학적 위치에 있다. 우리는 다른 어느 나라보다도 많은 국가와 국경을 맞대고 있다. 그만큼 모든 이웃 국가들과 화합한다는 것이 다른 유럽 국가들보다 훨씬 어려운 것이다. 히틀러 치하에서 독일 군대는 노르트캅에서 북아프리카까지, 마드리드에서 코카서스에 이르기까지 유럽 국가 절반 이상을 전장으로 삼아 전쟁을 벌였다. 그 과정에서 끔찍한 범죄가 자행되었다. 따라서 1945년 이래 처음으로 독일민족이 다시 한지붕 아래 모이는 통일을 목전에 둔 이 시점에서, 이웃 국가들이 우려의 목소리를 낸다 해도 놀라운 일은 아니다. 그러므로 우리는 통일을 어떤 식으로 진행해야 이웃 국가들에게 받아들여지고 그들에게도 유익할 수 있는지 숙고해야 할 것이다.

동서독 간 상호 접근의 가능성과 그 정도는 무엇보다도 동독인들에게 달려 있다. 아마도 동독의 경제 악화와 동서독 경제력 간의 현격한 격차로 인해 최소한 경제만이라도 한지붕 아래 뭉치고자 하는 바람이 머지않아 간절해질 것이다. 우리 서독 주민들은 기꺼이 이를 반길 것이다. 많은 서독 주민들은 '재통일'이라는 말을 잘 쓰지 않는다. '재'가 무엇을 의미하는가? 우리가 히틀러 당시와 같은 시대로 돌아가자는 것이 아니지 않은가. 또한 바이마르Weimar시대로도, 빌헬름 황제 시대로 가자는 것도 아니기 때문이다.

우리 서독인들은 독일 민족이 하나가 되리라는 희망으로 가득 차 있다. "원래 하나인 것은 하나로 자라나게 되어 있다." 빌리 브란트 전 총리의 말이다. 옳은 얘기다. 그러나 다른 나라의 국익을 무시하고는 독일의 국익도 실현될 수 없다. 독일인들이 당연하다고 여기는 생각만으로는 산을 옮길 수 없는 것이다. 이 믿음으로 현재의 국경선을 변경하거나 무효화하려 해서는 안 될 일이다. 평화를 위해 그러면 안 되는 것이다. 우리는 다른 국가들의 이해관계 중 적어도 다음 세 가지는 반드시 고려해야 한다.

1. 강대국으로서의 지위와 유럽에서의 안전을 확보하려는 소련의 전략.
2. 고르바초프의 실각을 통해서든, 페레스트로이카의 성공에 따른 소련 체제의 장기적 공고화를 통해서든 소련 제국주의가 복귀할 수도 있다는 유럽의 동서 양 진영 모두의 우려.
3. 거의 모든 유럽인들의 공통 관심사로서, 후일 독일의 패권주의가 다시 살아날 수도 있다는 우려.

이런 이해관계들을 전부 고려하기가 쉽진 않을 테지만 가능한 일이다. 오늘날 여러 곳에서 유럽의 미래상에 대한 청사진이나 바람직한 모델들을 만들고 있는 것도 이 때문이다. 그중에는 너무 성급한 모델들도 있다. 첫발을 내딛기도 전에 다음 걸음을 내디디려 해서는 안 된다. 그러나 몇 가지 원칙과 목표만은 결코 잊어서 안 된다.

유엔은 기회가 있을 때마다 자결권을 강조해 왔는데 이는 당연히 독일에도 해당된다. 1975년 헬싱키 유럽안보협력회의[10] 최종 선언문 이후에도 이와 관련하여 달라진 것은 없다. 헬싱키협약 체결 이후 지금까지 협약 내용이 잘 이행되어 왔고, 모든 참가국들이 앞으로도 협약에 명시된 사항을 지켜 나가겠다고 천명한 것은 독일의 이해관계와도 일치한다. 이와는 별도로 베를린 분할에 관한 2차대전 승전 '4개국 조약'과 미국·영국·프랑스 등 서방 승전국과 서독 간의 '독일조약'도 유효하다.

안보문제에 있어 모든 이해당사국들을 만족시키기 위해서는 유럽 주둔 군사력의 균형이 중요하다. 군축조약을 통해 현재의 주둔군 규모를 줄이는 것이 이성적 선택일 것이다. 그 결과 도출될 전 유럽의 안보체제-유럽의 평화질서체제-를 확립하기 위해서는 미국과 동서의 군사동맹들이 다같이 노력해야 한다. 금세기까지는 군사동맹 시스템의 해체를 논의하지 않는 것이 좋다. 그리고 만일 동서독이 단계적 연방주의로 갈 경우, 동독 지역을 예외적 군사 지역으로 지정하여 소련군이 일정 기간 한시적으로 주둔하게 하는 것도 합목적적일 수 있다.

---

10) Konferenz für Sicherheit und Zusammenarbeit in Europa(1975). 핀란드 헬싱키에서 1975년 7월 30일부터 8월 1일까지 열린 안보협력회의. 동서유럽 35개국 정상들이 참여하여 '유럽 안보의 기초와 국가간 관계 원칙에 관한 일반 선언'으로 명명된 최종 문서에 조인했다.

한편 동유럽 신생 민주주의국가들의 안정을 도모하기 위해 유럽공동체European Community(EC)는 파격적인 경제 지원을 해야 한다. 유럽공동체는 전반적인 경제적 안정을 위한 보장 장치인 동시에 유럽 대륙의 정치적 구심점이다. 경제통화공동체, 나아가 정치적 연합이라는 유럽공동체의 최종 목표를 이루는 데 우리 독일이 걸림돌이 돼서는 안 된다. 유럽공동체의 일원으로서만이 우리는 이웃 나라들의 우려를 잠재울 수 있을 것이다. 그러므로 유럽공동체는 더욱 강화되어야 한다. 예컨대 각국 중앙은행들의 유럽 공동관리 시스템, 공동 통화금융 정책, 공동 외교정책을 통하여, 그리고 머지않은 장래에 공동의 안보정책을 취하여 그 유대를 더욱 심화시켜야 한다. 다시 말해 유럽 국가들 간의 결속을 강화하자는 것이지 개별 국가의 주권을 약화시키는 것이 아니다.

우리에게 가장 중요하고 직접적인 이웃은 프랑스와 폴란드이고, 다음으로는 네덜란드, 체코를 비롯, 다른 이웃 나라들이 있다. 프랑스와 폴란드에는 정치적으로, 심리적으로 특별한 배려가 요구된다.

폴란드와의 관계에서는 무엇보다 국경 문제가 중요하다. 기존 독일-폴란드 국경을 인정함에 있어 단호하고 일관된 태도를 견지해야 한다. 법적으로 너무 따지지 말고 단서나 이의도 달지 말자. 폴란드의 국경이 서쪽으로 이동한 것은 스탈린의 강압에 의한 것이었을 뿐 그들의 잘못이 아니다. 또 국경이 지금처럼 변경된 것은 근본적으로는 독일이 폴란드와 소련을 침공한 결과인 것이다. 폴란드는 또다시 독일에 영토를 빼앗길까봐 우려하고 있다. 이제는 이러한 걱정을 잠재우고 국경문제를 마무리지어야 한다. 동서독의 영토를 합치면 7천7백만 인구가 자력으로 번영을 이루며 살기에 충분하고도 남는 면적이다. 독일이

'공간 없는 민족[11]'이라는 논리는 경제적 관점에서도 넌센스라는 것이 이미 수십 년 전에 드러났다. 우리는 이제 시대적 요청에 따라 결론을 내릴 때가 된 것이다! 독일이 폴란드에 국경의 변경을 요구해도 어차피 이를 지지해 줄 민족이나 정부는 그 어디에도 없다. 계속 고집을 피우면 독일의 고립을 자초하여 오히려 우리의 통일 노력을 국제적으로 인정받는 데 큰 장애가 될 뿐이다.

동서독 간의 접근을 국제적으로 인정받는 데 있어서 프랑스만큼 중요한 국가는 없다. 가장 가까운 이웃을 묻는 여론조사에서 프랑스 국민들은 오래 전부터 압도적으로 독일을 꼽고 있다. 독일도 역시 프랑스를 꼽는다. 장 모네[12], 쉬망[13], 드골[14], 지스카르 데스탱[15]과 미테랑[16], 독일의 아데나워[17]를 비롯한 여러

---

11) 나치시대에 국토확장 정책을 합리화하기 위해 내걸었던 모토.
12) Jean Omer Marie Gabriel Monnets(1888-1979). 유럽 통합의 아버지. 유럽석탄철강 공동체Europäische Gemeinschaft für Kohle und Stahl를 이끌어 낸 쉬망플랜회의Schuman-Plan 의장. 카알 대제상Karlpreis수상(1953). 최초의 유럽 명예시민 (1976).
13) Dr. jur. Robert Schuman(1886-1963). 프랑스 외무장관(1948-1952)으로 재직 당시 쉬망 플랜을 통하여 유럽 석탄 철강 공동체를 탄생시켰다. 법무부장관(1955), 유럽의회 초대 의장(1958).
14) Charles André Joseph Marie de Gaulles(1890-1970). 프랑스 제5공화정 대통령(1959-1969).
15) Valéry Giscard d'Estaings(1926-). 프랑스의 최연소 대통령(1974-1981). 재무장관(1969) 시절 프랑화의 절하(切下)를 단행. 1978년 신여당 프랑스민주연합(UDF) 창설.
16) François Maurice Mitterrand(1916-1996). 프랑스의 대통령(1981-1995). 사회당.
17) Konrad Hermann Josef Adenauer(1876-1967). 쾰른 출생. 쾰른 시장(1917-1933). 기독교민주당(CDU) 창당에 참가, 당수에 선출. 독일연방공화국의 초대 총리(1949-1963), 외무부장관 겸임(1951-1955). 전후 국제 사회에서

지도자들이 지난 수십 년간 가꾼 결실이다. 서로에게 다가가 손을 맞잡고자 하는 동서독의 바람을 합법적으로 인정함에 있어 제일 앞장서서 가장 잘, 그리고 가장 믿음직하게 주도할 수 있는 나라는 전 세계에 프랑스뿐이다. 그러나 프랑스의 정치권은 주저하고 있다. 이는 경제 및 인구의 수치 비교, 역사적 기억, 게다가 서독 정부의 서툰 처신에서 비롯된 것이다. 이를 방치해서는 안 된다. 프랑스는 독일이 손에 넣을 수 없는 위력적 카드들을 쥐고 있기 때문이다.

그 하나가 프랑스의 유엔 안전보장이사회 상임이사국 지위이다. 또한 프랑스는 '독일조약[18]'과 베를린 분할에 관한 '4개국 조약[19]'의 체결 당사국이다. 게다가 핵확산금지조약(NPT)으로 핵을 보유할 수 없는 독일과는 달리, 프랑스는 핵 보유국이다. 그러나 무엇보다 중요한 것은 독일이 앞으로도 몇 세대는 더 아우슈비츠와 나치의 오명 속에 살아가야 하는 반면, 프랑스는 전 세계적으로 화려한 역사와 문화를 자랑하는 나라라는 사실이다.

우리는 프랑스야말로 유럽공동체를 유럽합중국Vereinigtes Europa으로 발전시키리라 믿는다. 영국이 그 역할을 하진 않을 것이다. 어떤 영국의 지도자도 동서독을 합한 7천7백만 독일 국민을 서방세계에 묶어 두지 못할 것이다.

이는 루스벨트 대통령도, 닉슨 대통령도 마찬가지였다. 그러

독일의 주권회복. 프랑스와 미국과의 관계를 중시하는 서유럽 중심의 외교전략. 북대서양조약기구(NATO) 가입. 자유 경쟁에 국가의 사회적 책임을 접목시킨 사회적 시장경제라는 새로운 경제체제 확립. '라인강의 기적'이라 불리는 경제부흥을 이룩. 유럽 통합 정책. 동독과 동유럽의 난민 수용 정책
18) Deutschlandsvertrag(1952.5.26). 미국·영국·프랑스와 서독 간의 조약. 패전국 독일에 대한 점령을 종료하고 서독의 주권을 인정했다.
19) Viermächteabkommen(1971.9.3). 서베를린의 긴장을 완화하기 위해 조인된 미국·영국·프랑스와 소련 간의 조약.

나 드골과 지스카르 데스탱은 할 수 있었다. 미테랑도 그러하다. 대체적으로, 프랑스라면 가능하다. 그러므로 독일에게는 프랑스가 있어야 된다. 프랑스의 이해와 능동적 도움이, 그들의 지혜와 주도적 역할이 필요하다. 서독 정부는 프랑스의 중심 역할을 다시금 의식하고 행동 하나하나에서 양국의 우호적 동맹 관계를 인식하여 어떤 사안에서도 프랑스를 배제해서는 안 되며, 프랑스에 부여된 우선권을 인정해야 한다. 이는 독일 전체의 이익과 일치하는 일이다. 또 하나 중요한 사실이 있다. 언젠가 유럽에 주둔 중인 미군이나 소련군이 감축되면 프랑스가 동맹의 테두리 안에서 유럽군의 사령관 지위를 계승해야 한다. 물론 프랑스 스스로도 이 모든 임무를 다하고자 해야 한다.

영원한 권력은 없고, 국가 간의 역사도 나름대로의 법칙에 따라 진행된다. 19세기를 보자. 1814-1815년 5개국이 빈회의를 열어 유럽의 균형을 이루었으나 그 체제는 기껏해야 20세기 중반을 넘지 못했다. 히틀러와 스탈린의 제국주의가 패망한 20세기 또한 그러하다. 그러나 프랑스와 폴란드가 우리의 가장 중요한 이웃이라는 사실은 21세기에도 변함없을 것이다. 그리고 지난 수백 년 동안 독립의 의지를 지켜왔던-그리하여 마침내 나라를 지켰던-폴란드처럼 독일도 국가적 통일성을 지켜 나갈 것이다. 그러나 이를 위해서는 이웃 국가들의 협력 없이는 안 된다는 사실을 우리 스스로가 인식해야 한다.

과거 독일 정치가들의 머리 속에는 유럽적인 사고가 부재했고, 그리하여 1890년과 또다시 1919년 이후 독일은 어마어마한 결과를 불러왔다. 1890년 이후 베를린에서는 이웃 국가들이 힘의 균형을 얼마나 절실하게 여기는지 그 누구도 이해하지 못했다. 빌헬름 황제의 제국[20]은 어리석게도 자기 중심주의에 치우

---
20) 1890-1918년까지의 빌헬름 2세의 통치기. 물질적 성장을 바탕으로 군국화가

처 쓸데없이 너무 많은 적을 만들어 냈다. 1919년 1차대전이 끝난 후 로카르노 조약은 프랑스에 대한, 라팔로 조약은 소련에 대한 단순한 전술적 시도에 불과했다. 외무장관 슈트레제만[21]은 동구 로카르노 안[22]을 일언지하에 거절해 버렸던 것이다.

그런 역사적 과오를 되풀이하지 않고자 나는 동서독의 독일 국민 모두에게 당부하고 싶은 것들이 있다.
동서독의 힘만으로는 우리의 목표에 도달할 수 없다. 모든 이웃 국가들을 존중하자. 소련의 안보전략까지도 말이다.
중거리 핵미사일에 관한 조약이 가져온 성과, 즉 상호 통제와 감시를 재래식 군비 축소 협상에 응용하자.
양 동맹체제가 유지된다 해도, 일부 외국군이 계속적 주둔한다 해도 동서독 주민들 간 교류는 이에 구애받을 필요가 없다. 선로, 도로, 항로, 전화통신 교류망을 확대하고 현대화하여 동서독 두 지역을 연결해야 한다. 모드로[23]가 계약공동체Vertragsgemeinschaft를 언급한 것이나, 콜 총리가 새로운 공동 기구에 대해 발언한 것은 결국 같은 취지로 이해할 수 있다. 제발 그 일부터 시작하

이뤄지고 결국 1차세계대전의 발발 배경이 되었다.
21) Gustav Stresemann(1878-1929). 1차세계대전 이후 독일인민당 창립. 바이마르공화국의 외무장관으로서 1차세계대전 이후 독일의 지위 회복에 이바지. 도스 안Dawes-Plan에 의한 배상문제의 정상화, 로카르노 조약 체결(1925), 독일의 국제연맹 가입(1926) 등에 결정적 기여.
22) 1925년 독일, 이탈리아, 영국, 벨기에, 프랑스, 폴란드, 체코슬로바키아 간에 체결된 로카르노 조약은 서유럽만의 안전보장에 그쳤다. 이에 프랑스의 외상 J.L. 바르투Jean Louis Barthou는 동유럽에도 집단안전보장기구를 설치하자는 동구 로카르노 안을 제창했다.
23) Dr. Hans Modrow(1928-). 동독 사회주의 통일당(SED) 소속. 호네커가 실각하고 1990년 3월 18일 동독 최초의 자유총선거로 드메지에르 총리가 당선되기 전까지 개혁공산주의자인 모드로가 서독 측과 통일협상을 벌였다.

도록 하자. 얼마 전 발표된 개인 여행과 여행 경비에 관한 고시 告示는 좋은 출발이라 하겠다. 한편 우리 정부는 이웃과의 관계를 고려하여 단계적으로 나아가야 한다. 이웃 국가나 우방과의 관계 유지를 우선시하고, 주변국이나 조약 상대국과의 협의 없이 결정하는 일은 없어야 할 것이다. 1975년 이래 지속되어 온 헬싱키협정의 테두리 안에서 목표를 향해 전진하는 것이 동서독에나 주변국에나 모두 유익할 것이다.

한편 우리 독일연방공화국은 민주화된 동유럽에 파격적인 경제 지원을 결행해야 한다. 다만 시기와 불신을 야기할 수 있으므로 연방정부 단독이 아닌 유럽공동체를 통해 지원해야 한다. 이를 위해 유럽공동체와 협력조약을 맺도록 하자. 양측이 할 일이 산적해 있다. 예를 들어, 응급치료나 야간 진료를 담당할 젊은 의료진이라든가 퇴직을 앞둔 공장장들을 현지에 파견할 수 있을 것이다. 곳간에서 인심난다고 더 많이 가진 자가 더 많이 주는 것은 당연하다. 인간관계에서와 마찬가지로 이는 유럽공동체의 회원국 간에도 해당한다.

우리 독일이 누구나 피부로 느낄 수 있는 희생을 감수하자. 그것은 전쟁보상 특별재산세[24]를 부과하거나 소득세, 근로세, 법인세를 한시적으로 인상하는 것이 될 수 있을 것이다.

의회 내의 각 정파들로 하여금 우리가 취해야 할 조치를 함께 논의하고 결정토록 하라. 좌우 극단세력이나 속물들에게 기회주의를 허용하지 말라. 독일 통일정책을 선거용으로 이용하지 말라. 헝가리, 폴란드, 체코슬로바키아와 동독에서 승리한 것은 자본주의도 아니요, 사회적 시장경제도 아닌, 바로 자유를

---

[24] Vermögensabgabe. 1952년 전쟁으로 인한 피해 보상을 위한 특별 형평과세 (Lastenausgleichsgesetz LAG)의 일환으로 재산세 납부 대상의 재산에 추가로 1-1.5% 세율로 징수하는 세금이다.

향한 의지인 것이다.

동독 주민들이 그들이 원하는 바를 스스로 선택해야 한다는 사실을 잊지 말자.

또한 우리의 신뢰성이 어느 곳에서라도 금이 가서는 안 된다는 점도 잊어선 안 된다. 전사자 묘역이나 강제수용소를 찾아가 서로 얼싸안는 것만으론 충분치 않다. 중요한 것은 현실 정치에서 서로 어떻게 행동하는가이다.

동독 주민들은 무혈혁명이라는 걸작을 이루어 냈다. 이제 우리는 동독 주민들에게 신중함과 끈기, 그리고 인내라는 또 하나의 작품을 기대한다. 자유선거를 치를 때까지의 시간이 길어지면 길어질수록 경제적, 행정적 무질서는 더해질 것이고, 반대로 선거일이 앞당겨지면 앞당겨질수록 민주주의적 정당을 자유롭게 조직하고 전당대회를 일정 안에 개최하여 후보를 선정하기는 더욱 어려워질 것이다.

선거일을 5월 6일로 잡은 것은 일종의 절충이다. 동독 주민은 지금 즉시 전화, 팩스, TV, 인쇄기와 종이를 요구하라. 반면 자위권을 행사하고 싶은 모든 유혹은 물리쳐야 한다. 누구에게도 폭력을 사용할 구실을 주지 말고 자유주의 운동의 자정능력을 믿으라.

당장은 동독의 경제가 나빠질 것이다. 그러나 서독의 형제들은 도와줄 준비가 되어 있다. 이를 믿고, 원하는 바를 말하라. 자본주의는 인간을 집어삼키는 괴물이 아니다. 겁먹지 말라. 동독 주민들이 자유선거로 뽑게 될 국민대표가 결정하지 않은 사안이 임의로 집행되는 일은 결코 없을 것이다.

반反폴란드 선동에 현혹되지 말라. 장벽과 철조망이 제거되었는데, 그 자리에 오데르[25] 강이 넘을 수 없는 또 다른 경계선

---

25) Oder. 독일·폴란드·체코를 흐르는 총 길이 866km의 강. 독일의 강 중에서

이 된다면 과연 이것을 자유라 부를 수 있겠는가? 더 이상 새장 속에 갇혀 살 수는 없다. 민족 상호간의 적개심을 선동하는 작태에도 이젠 종지부를 찍어야 한다.

잊지 말자. 폴란드와 헝가리에서 혁명이 일어나지 않았다면 동독에서의 비폭력 혁명은 성공을 거두지 못했을 것이다. 그리고 소련 지도부의 묵인이 없었어도 불가능했을 것이다. 고르바초프는 위험을 감수하면서 국제법을 준수했다. 브레주네프였다면 반대로 탱크를 투입했을 것이다. 유럽의 모든 시민들은 고르바초프가 정권을 유지하기를 바란다. 그러면 언젠가는 유럽이 하나의 집을 짓게 될 날이 올 것이다.

는 다섯 번째로 크고 22개의 지류를 가지고 있다.

연설문: 연대 협력은 모두의 몫이다

1990년 2월

친애하는 로슈토크 시민 여러분!

반갑습니다. 장미꽃 감사합니다. 케테 볼테마트[26]씨가 방금 말한 대로 내가 마리엔교회에서 여러분을 만나 뵌 것이 2년도 채 되지 않았습니다. 그때 내가 했던 이야기를 다시 한번 말씀 드리고 싶습니다. 1988년 여름 내가 로슈토크의 마리엔교회를 방문했을 때 여러분이 나를 형제처럼 맞이하여 주신데 대해 감사 드리면서 나는 덧붙여 말했습니다. 동독 지역에 사시는 여러분이나 연방공화국 내에 살고 있는 우리나 독일 민족이 한 지붕 아래 살 수 있게 되리라는 희망을 굳건히 지켜나가자고 말입니다.

어느덧 일년 반이 지났고 이제 우리는 당시보다 그 꿈에 훨씬 더 가까이 다가와 있습니다. 1988년 교회총회에 모인 우리는 밀폐된 공간에서 서로 숨죽이고 이야기할 수밖에 없었습니다. 하마터면 동독 당국에서 교회 지붕 위에 달린 스피커까지 떼어내 갈 뻔했었습니다. 하지만 여러분, 자유의 소리를 영원히 막을 수는 없었습니다. 지금 우리는 여기 탁 트인 하늘 아래에 자유로운 시민으로 서 있습니다. 다시는 장벽이나 철조망, 여행 금지나 사살명령으로 독일 국민을 갈라놓지 못합니다. 이 순간을 여러분은 수십 년간 기다려왔습니다. 이 순간을 위해 여러분

---

[26] Käthe Woltemath(1920-2004). 동독지역 사민당(SPD)의 상징적인 여성지 도자. 사민당의 존립을 위해 헌신했으며, 이 때문에 슈타지로부터 탄압 받았다.

은 수십 년간 노력해 왔습니다. 이를 위해 여러분은 거리로 나셨던 것입니다. 이를 위해 여러분은 이를 악물었던 것입니다. 로슈토크 시민 여러분, 여러분은 지금까지 성취한 것에 대해 자부심을 가지셔도 됩니다. 그러나 아직도 할 일이 많이 남아 있습니다!

7년 전 본Bonn 의회에서 총리로서 내가 마지막으로 연설했을 때를 기억하고 있습니다. 그 마지막 연설에서 나는 독일의 핵심 정책은 민족의 일체성을 유지하는 것이라 했습니다. 당시만 해도 둘로 갈라졌던 조국이 7년 후에 다시 결합하게 될 길이 열리리라고는 아무도 예측하지 못했습니다. 이런 일이 가능해진 것은 여러분의 무혈혁명의 결과이고 우리 모두의 굳은 통일의 의지 덕분입니다.

또한 여러분보다 한발 앞섰던 폴란드와 헝가리의 시민들 덕분입니다. 그리고 우리의 서방동맹들이 지난 수십 년 동안 스탈린과 흐루시초프, 브레주네프가 지배하던 소련의 위협 속에서 독일연방공화국의 든든한 버팀목이 되어 주었고 동독 주민에게 희망을 준 덕분입니다. 또한 15년 전 헬싱키 유럽회의에서 하나의 유럽을 위한 초석을 놓는 데 노력한 모든 유럽인 덕분입니다. 소련의 고르바초프 서기장도 '하나의 유럽'을 이야기하곤 했습니다. 나는 여기에 하나를 더 언급하고자 합니다. 지금의 이 기회를 맞이한 것은 고르바초프가 헬싱키선언을 인정하고 이해하고 엄수해 준 덕분입니다. 그의 전임자인 브레주네프였다면 아마 1968년 '프라하의 봄'에서 그러했듯 탱크를 투입했을 것입니다.

성탄절이 얼마 남지 않았던 11월의 어느 날, 수천 명의 메클렌부르크Mecklenburg 지역 주민들이 함부르크로 왔을 때 여러분과 마찬가지로 우리도 기쁨을 억누를 수가 없었습니다. 이제 동서독의 문이 활짝 열렸습니다. 이 문이 다시는 닫혀서는 안 됩니다. 이 열린 문은 자유를 향한 여러분의 의지의 승리입니다. 사회주의의 승리가 아닙니다. 그것은 누구나 누릴 수 있는 자유를 쟁취하고자 했던 의지의 승리인 것입니다.

2차세계대전이 한창이던 반 세기 전, 미국의 루즈벨트 대통령은 네가지 자유를 만방에 고했습니다. 미국인인 그에게 있어서는 히틀러와의 전쟁을 치르는 목표가 바로 이 네 가지 자유였던 것입니다. 그가 추구한 첫 번째 자유는 의사표현의 자유입니다. 여러분은 이미 이 자유를 쟁취했습니다. 루즈벨트가 이야기한 두 번째 자유는 신앙의 자유입니다. 이와 관련해 감사의 마음을 전하고 싶습니다. 만일 종교의 자유가 없었더라면, 또 교회가 자유쟁취운동의 피신처가 되어주지 않았더라면 오늘의 이 자리는 없었을 것입니다. 세 번째는 고통으로부터의 자유입니다. 하지만 이 자유를 얻기 위해서는 아직 할 일이 많습니다. 많은 동독 주민들이 곤경에 처해 있고 또 곤경에 처해질까봐 두려워하고 있습니다. 이 문제는 루즈벨트가 설파한 네 번째 자유와도 관련이 있습니다. 그는 모든 유럽 시민들을 공포와 불안으로부터 해방시키고자 했습니다. 공포와 불안에 매여 있는 한 우리는 자유로울 수 없습니다. 우리가 지금 서 있는 곳이 어떠한 곳이며, 우리가 제일 먼저 해야 할 일은 무엇이고, 그 다음으로 해야 할 일이 무엇인지를 분명히 알아야만 공포와 불안에서 벗어날 수 있습니다. 오늘 할 일이 무엇이고, 내일 할 일, 그리고 모레 할 일, 다음달에 할 일, 앞으로 매년 계속해서 해야 할 일이 무엇인가를 확실히 알아야만 합니다.

공산주의자들과 사회주의통일당은 독점 권력을 상실했습니다. 향후 그들은 물론 그 어떤 개인이나 정당도 권력을 독점해서는 안 됩니다. 독일은 단일 정당에 의한 독재를 두 번이나 경험했고, 그때마다 쓰라린 맛을 보았습니다. 인간을 위한 자유, 그것은 민주주의를 의미합니다. 그리고 민주주의는 선거를 통해 선택된 정권이 다음 선거까지만 권력을 행사할 수 있음을 의미합니다. 단 하루도 정권을 연장할 수 없는 것입니다. 그러므로 이제 3월 18일 선거를 통해 새로운 정권을 수립하기 위한 첫발을 드디어 내디딜 수 있게 된 것은 매우 다행한 일입니다.

내가 3월 18일의 선거 유세를 하러 이 자리에 온 것은 아니지만 내가 사민당[27] 당원으로서 왔다는 점은 말씀드리지 않을 수 없습니다. 조금 전 나의 벗 페터 슐츠Peter Schulz의 부친인 알베르트 슐츠Albert Schulz에 대한 이야기가 있었습니다. 알베르트 슐츠는 1933년 나치가 들어서기 전 바이마르공화국 시절에 정당의 지역 대표이자 지방의원이었습니다. 또 잠시나마 국회의원[28] 직에 있기도 했습니다. 그러나 나치정권이 들어서고 그는 투옥되고 말았습니다. 2차대전 종전 후 사민당이 다시 부활했을 때, 유감스럽게도 단명으로 끝나고 말았습니다만, 그는 사민당의 후보로서 이곳 로슈토크의 시장이 되었습니다. 그러나 공산주의자들은 그를 감금하고 폭력과 점령군의 위세로 공산당과 사민당을 합당했습니다. 나는 57년 만인 지금 사민당의 위대한 전통이 다시 부활하여 이어지기를 바랍니다. 사민당이 아니면 누가 서민들을 보살피겠습니까.

민주주의는 또한 누구나 자유롭게 말할 수 있는 권리를 의미하기도 합니다. 의사 표현의 자유는 우리 서독 주민들에게도 해당됩니다. 선거기간 동안 서독 주민들이 동독 주민에게 입도 뻥긋해서는 안 된다는 기사가 있었는데, 참 어처구니가 없었습니

---

[27] Sozialdemokratische Partei Deutschlands(SPD). 독일 사회민주당.
[28] 독일의 연방의회 의원은 우리나라의 국회의원에 해당하므로 이 책에서는 두 명칭을 모두 사용한다.

다. 여러분은 되고 우리는 안된다니요? 이게 말이 됩니까? 의사표현의 자유는 특정 부류의 사람들에게뿐 아니라 독일 국민 누구에게나 해당되는 권리인 것입니다. 도대체 이게 뭡니까? 호네커[29] 시절 니콜라이교회[30]에서도 연설했던 내가 이제 와서 말을 삼가야 한다니요? 의사 표현의 자유는 모든 자유가 그러하듯이 누구는 누릴 수 있고 누구는 누릴 수 없는 것이 아니라 모든 국민이 누리는 권리인 것입니다.

말이 나온 김에 한 말씀 더 드리겠습니다. 의사표현의 자유와 마찬가지로 뗄래야 뗄 수 없는 것이 있으니, 그것은 독일 국민들 간의 연대입니다. 우리는 서로 도와야 합니다. 특히 동독이 처해 있는 경제적, 재정적 난관을 스스로 진지하게 받아들이고 이를 극복하도록 서독이 도와주어야 합니다. 그리고 그 도움은 자발적인 것이어야 합니다.

작은 예를 하나 들겠습니다. 나는 성탄절 직전 제가 6, 7년째 일하고 있는 함부르크에서 발행되는 주간지 '차이트'지 1면에 호소문을 하나 썼습니다. 동독에 충분한 금융지원을 하기 위해 서독이 앞으로 몇 년 동안 한시적으로 근로세·소득세·법인세에다 가산금을 추가할 것을 주장했습니다. 이를 지속적으로 시행하자는 말은 아닙니다. 언젠가 동독이 더 이상 원조가 필요치

---

29) Erich Honecker(1912-1994). 1929년 공산당에 입당. 1946년 사회주의통일당 (SED) 창립 후 당 지도부의 일원이 되었다. 당 제1서기 및 국민방위평의회 의장(1971-1976), 국가평의회 총서기 겸 의장(1976-1989). 1989년 베를린장벽의 붕괴와 함께 당서기장 직에서 물러났다. 1993년 칠레에 망명, 이듬해 사망.
30) Nikolaikirche. 1165년 라이프치히에 건립되었다. 1980년대 초반부터 이 교회에서 열리던 월요예배가 자유화 혁명의 시기에 월요 시위로 발전하여 1989년 동독의 자유화 혁명의 모태가 되었다. 교회 뜰에 당시를 기념하기 위한 기념비가 세워져 있다.

않게 될 날이 올 것입니다. 가능하면 그런 날이 빨리 찾아오면 좋겠습니다. '차이트'지의 소유주이자 전 기민당[31] 의원이었던 나의 동료 부케리우스Bucerius 박사도 이와 비슷한 논지의 기고를 한 바 있습니다. 그는 동독에 금융지원을 하기 위해 재산을 보유한 모든 서독 주민들이 재산세를 납부하자는 주장에 지지를 표명했습니다. 발터 몸페르Walter Momper 베를린 시장도 며칠 전 비슷한 발언을 공개적으로 했습니다. 이 제안들은 모두 심각하게 고민하고 판단한 끝에 내린 것이지, 결코 인기에 영합한 제안이 아닙니다. 세금 올리자는데 좋아할 사람이 어디 있겠습니까? 나는 이 진지한 제안들이 모두 진심에서 우러나온 것이라 생각합니다.

그것은 여러분이 오랫동안 지원을 필요로 할 것이기 때문입니다. 들어보십시오. 미국이 마셜플랜으로 서독을 비롯하여 영국, 프랑스, 이탈리아를 도와줄 당시 스탈린은 폴란드, 동독, 체코슬로바키아가 마셜플랜의 원조를 받지 못하도록 금지했습니다. 서독은 원조를 받았지만 헝가리는 받지 못했습니다. 폴란드도 받지 못했습니다. 여러분도 받지 못했습니다. 40년이 지난 지금, 이제는 우리 편에서 힘을 모아 중동부 유럽 주민들을 도와야 할 때입니다. 그들은 너무 오랫동안 공산주의 정권의 명령하달식 계획경제체제 하에서 시들어버렸습니다.

이때 두 가지 방식의 지원이 병행되어야 합니다. 첫째는 일반 원조입니다. 전全유럽공동체, 즉 영국, 프랑스, 이탈리아, 벨기에, 네덜란드, 덴마크, 서독이 나서서 이제야 비로소 사회주의 통제경제체제에서 실질적으로 벗어난 중동부유럽 국가들의 국민경제를 지원해야 합니다. 사회주의경제는 그 속을 들여다보면 경제를 시들게 하는 명령하달 체제인 것입니다. 둘

---

31) Christlich Demokratische Union Deutschlands(CDU). 독일 기독교민주당.

째, 서독은 이와 별도로 동독에 특별 지원을 제공해야 합니다.

이 기회에 분명히 말씀드리고자 합니다. 여러분 중에는 혹시 고향을 떠나 서독으로 가야 되는 것이 아닌가라는 생각을 품은 분들도 계실 것입니다. 그러나 한 가지 사실을 분명히 아셔야 합니다. 서독 주민들은 여러분을 도울 준비가 되어 있습니다. 그러나 함부르크나 브레멘Bremen, 뤼벡Lübeck 그 어디에도 여러분이 살 집이 땅에서 솟아 나오지는 않습니다. 서독에는 더 이상의 주택과 일자리가 없습니다. 여러분은 이곳에 남아 고향을 재건해야 합니다. 여러분은 몇 개의 에이스 카드를 손에 쥐고 있습니다. 현대적 과학 연구와 기술발전 분야에서 동독은 뛰어난 역량과 가능성이 있습니다. 또 부지런하고 믿음직한 전문인력은 더 큰 자산입니다. 로슈토크의 근로자들은 함부르크의 기술자들에게 결코 뒤지지 않습니다. 그러니 이제 경제적 타산성에 맞게 제대로 경영만 하면 되는 것입니다.

또한 여러분에게는 플러스 요소가 하나 더 있습니다. 무슨 소리인가 하실 테니 설명드리지요. 여러분이 오렌지와 바나나를 사려한다 칩시다. 그러면 수입을 해야 합니다. 그런데 바나나를 수입하려면 여러분의 상품도 수출해야 합니다. 메클렌부르크 주가 파인애플을 수출할 수는 없습니다. 그렇다고 트라비[32]를 수출할 수도 없습니다. 덴마크나 서독에서는 어느 누구 하나 트라비를 사려 하지 않으니까요. 그렇다면 무엇이겠습니까? 바로 품질입니다. 품질 좋은 상품을 생산하는 것입니다. 여러분은 해낼 수 있습니다. 여러분이 생산할 수 있는 것은 품질입니다. 당분간 덴마크나 네덜란드, 서독보다 낮은 임금을 받는 것이 유리할 것입니다. 생산비용을 경쟁국들에 비해 낮춘다면 수출이 잘될 것입니다.

---

32) Trabant 또는 Trabi. 동독의 국민차.

물론 핸디캡도 있고, 해결해 나가야 할 난관도 있습니다. 외채와 자연환경 훼손이 그것입니다. 나는 지난 11월에 아내와 함께 작센Sachsen지역에 갔었는데 원 세상에, 그런 악취는 처음이었습니다. 그것은 사람한테서가 아니라 갈탄과 화학약품에서 나는 냄새였습니다. 앞으로 여러분은 폴란드에서 석탄을 돈 주고 수입해야 합니다. 그를 위해 외화를 지불하지 않으면 안 될 것입니다. 그리고 큰 강들의 수질도 정화해야 합니다. 다음으로 주택입니다. 벽이 갈라지고 벗겨진 낡은 집을 안팎으로 수리해야 합니다. 그리고 전화선도 손봐야 합니다. 여러분과 전화 한 번 하려면 밤 1시까지 안 자고 기다려야 하는데, 정말이지 불편하기 짝이 없습니다.

다음으로 동독 기업들은 장사하는 법을 배워야 합니다. 여러분은 스스로 판매가격을 책정할 자유와 돈이 되는 곳에 제품을 내다 팔 자유를 가져야 합니다. 당 관료들이 특정한 계획 하에 지정해 준 곳과는 거래하지 마십시오. 여러분에게 첫 번째로 필요한 것은 시장경제요, 두 번째가 건전한 재정이요, 그리고 세 번째가 근로자들의 결정권 확대입니다.

이런 모든 일을 실행함에 있어서 자본주의에 대한 두려움을 버려야 합니다. 자본주의는 여러분을 집어삼키는 괴물이 아닙니다. 3월 18일 선출될 국민의회의 결의를 거치지 않고는 어떤 것도 집행되지 않을 것입니다. 국민의회 역시 독자적으로 운영될 것입니다. 새 의회의 다수가 원치 않는 일은 일어나지 않습니다. 그러므로 두려워할 필요가 없습니다. 또한 슈타지[33]와

---

33) 정식명칭은 국가안전부Ministerium für Staatssicherheit이며 슈타지Stasi는 줄임말이다. 동독의 정보기관. 청부살인과 납치 행각을 통해 반체제 정치범을 억압하며 '당의 창과 방패Schild und Schwert der Partei'로 불렸다. 1990년 12월 14일 해체.

사회주의통일당의 잔당이 동독에서의 신新나치주의의 출현을 경고하며 괜한 겁을 주고 있지만, 이 또한 겁낼 것 없습니다. 여러분은 그런 문제들을 극복할 수 있습니다.

환율문제도 마찬가지입니다. 특히 이 문제로 많이들 우려하고 있는 것을 저도 알고 있습니다. 통장의 잔액을 다시 찾지 못할 것이라든지, 우선은 돈이 생겨도 곧 일자리를 잃을 것이라고 많은 사람들이 걱정합니다. 물론 이러한 걱정에는.다 이유가 있습니다. 지금까지 동독 정부의 안정정책이란 것이 실제로는 명목상의 정책에 불과했기 때문입니다. 그러나 만일 동독에서도 이제 서독 마르크를 사용하고 이왕이면 환율도 1:1이 되길 바란다면, 새로 선출될 의회가 동독 마르크의 발행을 금지하는 결정을 내린다 해도 그것을 감수해야 할 것입니다.

박수로 호응해 주시니 감사합니다. 이 문제는 그러니까 잘 생각해 봐야 합니다. 만일 동독의 중앙은행은 동독 마르크를 계속 찍어 내고, 여러분은 함부르크에 와서 서독 마르크로 바꿔 간다면 우리는 곧 파산할 것입니다. 안 그렇습니까? 그러면 인플레이션이 초래됩니다. 생각만큼 간단치가 않은 것입니다. 그러므로 동독에서는 더 이상 화폐를 발행해서는 안 됩니다.

실업도 각오해야 합니다. 동독에는 비생산적인 노동구조가 팽배해 있습니다. 4만 명의 당 간부를 보십시오. 그들은 아무것도 생산하지 않습니다. 쓸데없는 짓만 할 뿐이죠. 그들 중 많은 수가 곧 실업자가 될 것입니다. 이미 슈타지 출신 상당수가 일자리를 잃었습니다. 그들 모두 실업자가 될 것입니다. 나는 그렇게 바랍니다. 그렇다고 다 굶어 죽으라고 할 수야 있겠습니까? 그래서 한 가지 부탁을 드리고자 합니다. 여러분은 몇 주만에 테러정권을 전복시키고 무혈혁명이라는 걸작을 만들어 냈습니다. 이제 또 하나의 명작을 만들어야 합니다. 신중함과 이성, 끈기와 인내입니다. 인내심을 가지십시오. 자신의 권리를 찾고자 자력을 사용해서는 안 됩니다. 그런 행동은 불가피하게 폭력을 불러일으킵니다. 폭력을 버리고 자유주의 운동의 자정 능력을 믿으십시오. 분노를 이기지 못하고 값싼 복수의 유혹에 빠지지 않도록 유념하셔야 합니다.

동독의 판사와 검사 분들께도 당부하고 싶습니다. 법조인 여러분이 직업적으로 성공할 수 있었던 것은 대부분 사회주의통일당에 순응했기 때문입니다. 친애하는 법조인 여러분, 이제 동독의 헌법수호자 역할을 당장 그만두십시오. 동독의 헌법은 실제로는 독재와 전체주의를 뒷받침해 준 법입니다. 테러리즘을 합리화해 준 법입니다. 법조인 여러분이 동조하여 함께 만들어 낸 합작품인 것입니다. 여러분은 수많은 사람들을 감옥에 가두었습니다. 당분간 좀 조용히 계십시오. 반국가범죄 재판이나 또 다른 재판을 벌여 스스로를 오점 없는 인간으로 가장하고 과거를 지우려는 역겨운 짓을 그만두십시오. (과거에는 당의 최고간부들이었으나 지금은) 어차피 늙고 병든 자들이니 그냥 조용히 눈감게 내버려 두십시오.

어제까지 공산주의 독재 치하에 있었던 중동부유럽의 모든 국가에서도 똑같이 역겨운 상황이 벌어지고 있습니다. 공산당 고위간부들의 잔당이 모든 책임을 윗선으로 전가하려고 바둥거립니다. 어제까지 윗대가리들에게 굽실거리던 작자들이 말입니다. 정말 인간적으로 혐오스럽습니다. 전 세계 어느 공산주의도 인간 개개인의 존엄을 진정으로 이해한 적이 없습니다. 그리고 인정한 적도 없습니다. 그러므로 민주주의 정당에 공산당이나 사회주의통일당의 4만 주요 간부를 받아들일 때에는 각별히 조심하고 신중히 평가해야 합니다. 그 밖에도 동독 정당들[34]의 철

---

34) Blockparteien. 동독 사회주의 통일당을 비롯한 동독의 정당들을 지칭한다.

새 정치인들도 조심해야 합니다. 철새 정치인에 대해서는 나 자신이 개인적으로 경험한 바가 많습니다. 그래서 이 문제에 대해 내가 유달리 예민한 것도 사실입니다.

하지만 이보다 더 중요한 일들이 많습니다. 바로 자유주의 경제체제를 확립하는 것입니다. 또 3월 18일 선거에서 올바른 후보를 세우는 것입니다. 여러분 모두가 투표에 참여하는 것입니다. 3월 18일 선거가 끝난 다음에 새로운 정부를 구성하는 것입니다. 메클렌부르크, 포어포머른Vorpommern의 주정부를 수립하는 일입니다. 마찬가지로 브란덴부르크, 작센, 튀링엔Thüringen 등 지역마다 주정부를 새로이 수립하는 것입니다.

중요한 것은 동독에 사시는 여러분과 연방공화국에 살고 있는 우리들이 함께 현명하고 신중한 조치를 통하여 독일 통일에 한 걸음씩 다가가는 것입니다. 우리가 신중해야 하는 이유는 모든 이웃 국가들을 존중해야 하기 때문입니다. 유럽에서 독일은 가장 많은 국가와 국경을 맞대고 있는 나라입니다. 섬나라 사람들은 복 받은 사람들입니다. 그러나 독일은 섬나라가 아닙니다. 우리에게는 많고 많은 이웃이 있습니다. 그중 가장 중요한 이웃 나라는 나치시대에 가장 큰 불의를 겪고 핍박을 받은 폴란드와 프랑스입니다. 많은 이웃들이 우리가 다시 7천5백만 인구의 통일국가가 되는 것을 우려하고 있습니다. 7천5백만은 큰 인구입니다. 유럽에서 독일보다 인구가 많은 국가는 오로지 한 나라뿐입니다. 러시아입니다. 7천5백만 독일에 비해 폴란드 3천8백만 명, 영국이나 이탈리아, 프랑스도 고작 5천5백만 명에 불과합니다. 다른 나라들은 인구가 더 적습니다. 두 차례의 세계대전을 겪은 만큼 우리는 이웃들이 우려하는 바를 이해해야 합니다. "독일놈들? 통일되면 빠르게 동독경제를 제 자리로 올려놓을 거야. 그러면 우리보다 훨씬 강해지겠지. 그리고 언젠가는 다시

땅덩이를 늘릴 궁리를 할거야." 이런 얘기를 들으면 여러분은 의아해 하겠지만 사실이 그렇습니다. 실제로 이웃 국가들은 독일이 다시 일어나면 아마도 중도를 잃어버릴 것이라 걱정하고 있는 것입니다.

이웃 국가들의 입장을 고려함에 있어 두 가지 원칙을 지켜야 합니다. 첫째, 조건이나 이의를 달지 말고 기존 독일 · 폴란드 국경을 인정해야 합니다. 얼렁뚱땅 수작을 부려서는 안 됩니다. 이 국경은 폴란드가 원해서 생긴 것이 아닙니다. 독일인보다 훨씬 많은 폴란드인들이 스탈린에 의해 강제로 고향에서 쫓겨나 현재 살고 있는 지역으로 밀려오게 된 것입니다. 둘째, 우리 서독이 이미 그리 해오고 있듯이 여러분 또한 독일 국민으로서 12개 회원국으로 구성된 유럽공동체에 참여할 수 있어야 하고 또한 자발적으로 참여하고자 해야 합니다. 자크 들로어Jacques Delors 유럽공동체 집행위원장은 지난 몇 주 동안 수 차례나 동독의 유럽공동체 가입을 지지하는 견해를 공식적으로 밝혔습니다. 즉 동독은 특수한 경우이며, 동독을 유럽공동체의 회원국으로 즉시 받아들이지 못할 이유가 없다고 했습니다.

많은 이웃 국가들이 너무나 강력한, 경제적으로 너무나 막강한 독일에 대해 갖고 있는 염려, 그러한 독일이 어느 날 정치적으로 강대국이 될지 모른다는 이웃 국가들의 걱정은 긍정적인 면도 지니고 있습니다. 여러분 중에 독일 경제를 걱정하는 분이 계신다면, 이런 우려로부터 독일의 가능성에 대한 이웃들의 생각을 읽을 수 있을 것입니다. 어쨌든 우리는 이웃의 우려를 진정으로 이해하고 불식시키도록 노력해야 합니다. 그 끔찍했던 20세기에 독일의 이름으로 자행된 모든 범죄들을 뒤로 하고 그로부터 반세기가 지난 지금 우리는 분단된 조국을 통일할 수 있는 기회를 맞이했습니다. 지금 우리는 20세기 그 어느 때보다도 올바른 역사의식과 현명한 정치력이 필요합니다. 그렇기 때문에 우리는 무엇이 가능하고 무엇이 불가능한지 가늠할 수 있는 혜안이 필요합니다. 한마디로 현실주의가 필요한 것입니다.

이 세상을 하루아침에 변화시켜 달라는 주문으로 정치가들을 몰아세워서는 안 됩니다. 그들은 절대 그렇게 할 수 없습니다. 거꾸로 말해 그런 변화를 약속하는 정치인들을 믿어서는 안 됩니다. 마치 그 어떤 미비함도, 어떤 불의도 단칼에 척결할 수 있는 묘안이 있는 것처럼 현혹하는 TV나 신문도 믿지 마십시오.

점진적 개혁이야말로 민주사회의 원리입니다. 걸음걸이가 너무 크면 안 됩니다. 만일 한 발을 잘못 내디뎠는데 그 걸음이 너무 컸다면, 그 결과로 수천, 수만의 사람들이 고통을 받게 될 테니까요. 또 되돌리기도 어렵습니다. 그렇다고 발걸음이 너무 작아도 안 될 것입니다. 그렇다면 개혁이 전혀 진척되지 않을 것입니다. 하나의 문제가 채 해결되기도 전에 새로운 문제가 발생할 것입니다.

점진적 접근방식은 주변국과의 외교에도 필요합니다. 외교정책에서 우리는 다음 세 가지 사항을 고려해야 합니다. 첫째, 우리는 국제적 영향력을 유지하면서 유럽 내에서 자국의 안보를 전략적으로 확보하고자 하는 소련의 입장을 고려해야 합니다. 둘째, 우리는 소련 제국주의의 재출현 가능성을 우려하고 있는 모든 유럽국가들의 입장을 고려해야 합니다. 열정과 용기를 갖춘 훌륭한 고르바초프가 소련 국내에서 성공적으로 자신의 정책을 밀고 나갈 수 있을지, 혹은 실패할지 알 수 없습니다. 5년이나 10년 후의 소련의 정치적 전개양상은 미지수인 것입니다. 때문에 유럽인들은 종래의 군사적 균형이 유럽대륙에 앞으로도 계속 유지되기를 바라고 있는 것입니다. 따라서 미군도 필요할 것입니다. 그러나 그 규모는 지금보다는 훨씬 작은 수준이어야 합니다. 어쨌든 저는 그리 희망합니다. 셋째, 모든 유럽 시민들이 앞으로 독일이 다시 강대국이 되고자 선두다툼을 벌이지 않을까 하는 우려에서 벗어나도록 해야 합니다. 이 세 가지 사안과 독일의 이익을 조율하기란 간단치 않습니다. 그러나 우리는 해낼 수 있다고 생각합니다. 우리가 이제까지 해온 대로 한 발짝, 한 발짝 나아가면 되는 것입니다.

부분적으로 우리는 쓴맛도 보았습니다. 미사일 문제가 그러했습니다. 우리는 헬싱키 유럽안보협력회의 최종 선언문을 채택했고 브레주네프도 여기에 서명했습니다. 그러나 그는 약속을 지키지 않았습니다. 호네커도 서명은 했지만 실행하지는 않았습니다. 고르바초프가 이 협약을 준수한 첫 번째 인물입니다. 이처럼 후퇴한 적도 있었습니다.

내가 경험한 것 가운데 가장 의미 있는 진전은 독일과 프랑스가 우호관계를 수립한 일입니다. 그리고 내가 자주 언급하는 유럽공동체도 언제나 프랑스의 주도 하에 단계적으로 건설되었습니다. 시동은 언제나 프랑스가 먼저 걸었습니다. 때문에 나는 오래 전부터 프랑스에 늘 감사한 마음을 갖고 있습니다. 우리는 화해를 요구할 권리가 없습니다. 그러나 다른 한편으로는 프랑스와의 우호가 필요합니다. 만일 프랑스가 '그래, 독일 통일에 찬성한다. 7천5백만이라! 좀 많다만 좋다!' 프랑스가 이렇게만 나와 주면 다른 유럽국가들도 동의할 것입니다. 프랑스는 독일의 통일을 인정해 줄 수 있는 국가인 것입니다.

동독 주민 여러분은 우리 독일인이 평화롭게 사는 법을 배웠으며, 폭력이나 유혈사태 없이 우리의 문제를 해결할 수 있음을 지난 수 개월 동안 전 세계에 보여 주었습니다. 내가 외국을 자주 드나들며 보니 전 세계가 우리 독일로부터 아주 깊은 인상을 받은 것을 확인할 수 있었습니다. 특히 기뻤던 것은 예루살렘 시장이 브란덴부르크 문[35)]이 열린 데 대해 개인적으로 내게 축하전보를 보내준 것입니다. 비폭력과 그것을 뒷받침해 주는 평화사상, 그리고 이 평화사상을 받쳐 주는 합리적인 인간성, 이것이 여러분이 일궈 낸 업적입니다. 지금까지의 성과에 대해 여러분은 자부심을 느껴도 좋습니다. 여러분은 더 많은 것을 해낼 것입니다.

존경하는 로슈토크 시민 여러분, 오늘은 이미 저물었고, 어둠이 깔렸습니다. 하지만 우리는 지금 여명의 시간을 경험하고 있습니다. 밝은 새 아침을 위하여 함께 나아갑시다. 여러분의 건승을 진심으로 기원합니다.

---

35) Brandenburger Tor. 독일 베를린 중앙에 위치한 문. 독일의 통일 전까지 동서 베를린을 구분짓는 경계로서 냉전의 상징이었다.

통일을 향한 단계적 조치

1990년 3월

총선[36]에서 압승한 날 저녁 로타르 드메지에르[37]는, 그가 최우선적으로 취하게 될 중요한 정치적 행보가 무엇이냐고 묻는 질문에 대해 동서독의 통화를 단일화하고 경제사회적 통합체를 이룩하는 일이라고 대답했다. 동시에 그는 독일의 통일은 반드시 국제적 테두리 안에서 추진되어야 한다는 점을 상기시켰다. 두 가지 다 맞는 말이다. 이 두 가지는 법적, 헌법적 통일에 앞서 추진되어야 할 것이다.

통일을 위한 헌법적 절차는 어떠한 방식을 택하든 간에 콜 총리가 스스로 믿고 또 청중들에게 이야기했던 것보다 어차피 훨씬 오래 걸릴 것이다. 자르란트Saarland 지역의 귀속 문제에 관하여 독일과 프랑스가 오랜 협상 끝에 국민투표로 결정하기로 합의하고 나서도, 그때로부터 국민투표를 치르고 과도기를 거쳐 통화동맹이 완성되기까지는 거의 4년이 소요되었다(또 프랑스에 대한 보상을 위한 일부 별도 사항의 처리는 그로부터 한참 후에 완결되었다). 이렇듯 서독과 경제사회 구조가 매우 유사했던 자르Saar 지역을 기본법 23조[38]에 의거하여 서독에 편입하는 데에

---

36) 1990년 3월 18일 동독에서 치러진 최초의 자유총선거.
37) Lothar de Maizière(1940-) 독일민주공화국(동독)의 마지막 총리로 독일통일의 동독 측 주역이다. 변호사 출신의 정치가로 동독지역 기민당(CDU) 대표를 역임했고 통일 뒤에는 독일 기민당의 부총재를 맡았다. 슈타지(동독 비밀경찰) 연루설로 1991년 10월 정계를 은퇴했다.
38) 기본법 제23조: "독일영토 내의 주가 독일연방공화국에 편입되면, 편입된 주에도 기본법이 효력을 발휘한다."

도 몇 해가 걸렸던 것이다.

동독의 경우도 최소한 그만큼은 걸릴 것이다. 두 가지 이유에서 그러하다.

첫째, 국제사회의 테두리 안에서 통일을 추진하는 것은 자르지역을 편입할 때와는 비교도 안 될 만큼 어려운 일이다. 당시와는 비교도 안 될 만큼 많은 나라들이 독일 통일문제에 발언권을 가지고 있고, 또 참견하고 싶어하는 나라는 그보다 더욱 많다. 그리고 독일은 그 모든 소리에 귀를 기울여야 하는 입장인 것이다!

둘째, 동독과 서독은 경제사회 구조가 판이하다. 뿐만 아니라 동독경제는 현재 상황으로 볼 때 국경이 개방되면 경쟁력을 완전히 상실하게 되어 구조조정 없이는 얼마 버티지 못할 것이다. 서독의 일반적인 세제稅制와 사회보장 제도에서부터 영업의 자유와 경영기본법, 그리고 사유재산 제도에 이르기까지 많은 제도들을 동독에서는 경험해 본 일이 없다. 완전히 새로 만들어야 하는 것이다.

동서독 양 정부는 통일문제에 관하여 이웃나라들 및 2차대전 4개 승전국들과 서둘러 합의를 도출해 내야 한다. 이때 주요 현안은 적어도 다음 네 가지가 될 것이다. 첫째, 서방진영의 안보뿐 아니라 소련의 안보전략상 이해관계까지도 고려해야 하는 문제. 둘째, 폴란드의 안보문제, 특히 현 독일·폴란드 국경의 인정 문제. 셋째, 통일독일이 유럽공동체의 경제통화공동체제의 일원이 되는 문제. 마지막으로 서방세계가 폴란드와 헝가리, 체코슬로바키아에(그리고 아마도 소련을 포함한 기타 동유럽 국가들에까지) 경제원조를 제공하는 문제.

올해 안에 미국과 소련이 유럽 내에 배치된 재래식 군비의 감축에 합의할 가능성이 매우 높다. 이 합의 도출 과정에 기타 유럽국가들이(그리고 동서독도) 되도록이면 참여하는 것이 바람직하다. 합의가 이루어지면 어쨌든 유럽에 잔류하게 될 미군과 소련군은 각기 약 20만 명으로 축소될 것이고, 그 대부분이 독일에 주둔하게 될 것이다. 바르샤바조약의 합의사항이나 소련의 상호원조 조약의 존속 여부가 아직 미지수이긴 하지만, 어쨌든 소련군의 주둔 문제를 계약상으로 규정하면 승전국의 거부권은 폐지되지 않을 수 없을 것이다.

폴란드도 (아마 소규모의 프랑스군과 영국군을 포함하여) 미군과 소련군의 주둔을 요구할 것이다. 지난 9개월 동안 본Bonn 정가에서 끊이지 않았던 여야 간의 논란으로 서독은 신뢰를 잃었기 때문에 독일만의 국경 보장으로는 폴란드가 안심하지 못할 것이다. 콜 총리는 통일된 독일의 중립화를 거부했다. 그것은 잘한 일이다. 그도 이제 나토의 움직임을 이해한 것 같다. 서유럽에 대한 소련의 위협이 사라지자, 그 동안은 소련을 억지해야 한다는 1차 목표에 가려 숨겨져 있던 나토의 2차 목표, 즉 독일에 대한 감시가 등장하고 있는 것이다. 아무도 나토의 이 두 번째 목표를 섣불리 입 밖에 내려 하지는 않을 것이다. 그러나 누구라도 독일이 나토의 일원으로 남지 않고 중립의 길을 가도록 획책한다면 모든 주변국을 불안하게 만들 것이다. 아마 소련도 이 점을 인식하고 있을 것이다. 더구나 독일이 중립화된 후에 소련에 가까워질 수도 있다는 희망은 전혀 없기 때문이다.

국가마다 입장을 정리하는 사이에 시간은 흘러갈 것이다. 폴란드와 체코슬로바키아가 발언권을 가지려 들 것이고, 공식적인 승전국은 아니지만 현재 나토와 유럽공동체 회원국들도 한마디씩 하려고 머리를 들이밀 것이다. 이제는 총리가 나설 때이다. 외국에다 대고 서독의 대통령과 외무부 장관이 포장도로를 깔아주고 의료품을 보내주겠다고 해 봤자 이미 더 이상 먹혀들지 않고 있다. 총리 스스로가 행동 하나 하나, 말 한마디 한마디에서 신뢰를 회복하도록 노력해야 한다. 부시 대통령하고만 접촉하지 말고 미테랑 대통령과 마조비에츠키[39] 총리와도 긴밀한 공조를 유지해야 한다. 한편 2차대전이 끝난 지 반 세기가 흐른 지금에 와서까지도 '배상'과 '평화조약'을 거론하는 국가 정상들에게는 제발 그만 좀 하라고 말해 주면 좋겠다. 콜 총리뿐 아니라 동독의 새 총리도 잃어버린 신뢰를 회복하는 데에 기여할 수 있다. 드메지에르 총리는 취임 후 첫 방문지로서 본에 찾아올 것이 아니라 바르샤바, 프라하, 파리, 워싱턴, 그리고 물론 모스크바를 방문하고, 그리고 나서는 브뤼셀로 향해야 할 것이다.

통일독일을 국제질서에 편입시키는 데에 있어 나토보다는 유럽공동체가 더 중요하다. 90년대에는 군대와 무기의 역할이 줄어들고, 그 대신 산업생산력과 자본력에 정치적으로 훨씬 더 무게가 실리게 될 것이기 때문이다. 그러므로 통일독일은 유럽공동체의 경제통화동맹에 완전하게 편입되어야 한다. 따라서 독일은 현재의 유럽 통화 시스템을 단일통화를 갖는 독립적인 중앙은행 체제로 확대개편하는 일에 앞장서야 할 것이다. 영국이 지금 당장 참여하지 않더라도 독일이 나서야 한다. 그러면 영국은 뒤늦게 들어올 것이다. 이때 중요한 것은 유럽 단일통화(Ecu: European currency unit)를 채택할 경우, 유럽공동체가 국제적으로 공동의 국제수지 결산을 하게 된다는 점이다. 독일이 더 이상 일방적으로 경상수지 흑자를 낼 수는 없을 것이다. 그리고 유럽의 기타 주요 통화에 비해 독일 마르크가 점점 우세해지지도 않을 것이다. 그 누구도 캘리포니아와 매사추세츠가 국제수지를

---

[39] Tadeusz Mazowiecki(1927-). 폴란드의 작가, 언론인이자 정치가. 1989년8월 24일 총리에 선출. 2차세계대전 이후 최초의 비공산당 출신 총리.

별도로 산출한다든가, 캘리포니아가 중서부를 장악한다든가, 또는 플로리다가 캘리포니아의 달러를 두려워하리라고는 상상도 못할 것이다. 미국 내수시장은 오직 하나의 통화와 오직 하나의 통합된 연방준비제도(FRS)와 오직 하나의 통화정책만을 가지고 있다. 바로 여기에 20세기 미국경제의 성장 동력이 있는 것이다. 50개 주가 갖는 구조, 사회, 세법, 재정정책의 차이와 소득 격차에도 불구하고 미국은 이 모든 것을 이룩할 수 있었던 것이다.

독일의 통일과정은 유럽공동체의 확장과 심화에 걸림돌이 되어서는 안 된다. 오히려 독일이 유럽공동체 통합을 지지하고 게다가 주권의 일부까지 유럽공동체에 이양한다면, 그것은 곧 유럽공동체 회원국들로부터 독일 통일에 대한 찬성을 이끌어 낼 것이다. 그러나 입에 발린 말만 되풀이해서는 아무것도 얻을 수 없다. 서독 정부는 적극적인 자세로 임하며 유럽의 미래에 대한 청사진을 제시해야 한다. 그 가운데 동유럽을 지원하기 위한 유럽 개발은행의 조속한 설립안과 또한 이 은행의 재원 마련을 위한 강력한 재정지원 방안도 제시해야 할 것이다.

이번 동독 지역의 선거에서 보수연합이 승리한 데에는 콜 총리에 대한 기대가 결정적이었다. 라이프치히Leipzig에서 로슈토크까지, 어디서나 '콜(Kohl: 서독의 콜 총리)만이 콜(Kohle: 돈)을 가져다 준다'라는 동독 주민들의 소리를 들을 수 있었다. 실제로 본Bonn 정부는 동서독의 조속한 통화동맹과 함께 동독에 대한 대규모의 재정지원을 약속했다. 그리고 그에 대한 정당한 요구로서 한 가지 조건을 내걸었다. 즉 사회적 시장경제가 뿌리 내리도록 모든 법적 토대를 조속히 마련하라는 것이었다. 이것이야말로 동독의 새 국민의회와 정부가 가장 시급히 추진해야 할 일일 것이다.

1. 모든 국민에게 영업의 자유를 보장하고, 기업 경영진 (VEB[40])와 LPG[41]))에게는 생산품, 판매, 가격, 투자에 관해 결정할 자유를 준다. 그리고 동독식 계획경제 체제를 폐지한다(단, 코메콘 계약을 이행하고 통화동맹의 설립 전까지 동독 중앙은행의 외환업무를 지원하기 위하여 한시적 예외를 둘 수 있다).
2. 지금까지 동독의 기업이 정부에 세금을 납부하던 방식(생산기금 납부, 순익지불제)을 시장경제의 일반적 조세제도로 바꿔 근로세, 소득세, 법인세, 판매세, 부가가치세 등을 근간으로 삼는다. 이를 위해 세무관청과 금융관청도 설립한다.
3. 포괄적인 사회보장 시스템의 제1단계로서 실업보험 제도를 마련한다. 이를 위해 통화 전환 이후부터는 서독 정부가 운영 착수자금뿐 아니라 향후 수년간 재정의 일부를 직간접적으로 조달해야 함은 물론이다.
4. 기업 경영진에 결정권이 보장되고-통화 전환 이후-서독 마르크 확보를 위한 경쟁이 치열해지면, 생산의 합리화와 그로 인한 대량해고가 불가피해질 것이다. 그러므로 대량해고로 야기될 사회적 문제를 민주적으로 처리할 경영기본법 마련이 시급하다. 또한 비밀선거로 선출된 경영이사회와 국영기업의 감독위원회를 반드시 의사결정에 참여시킨다.

만일 새 국민의회가 조속히 법을 제정하여 이 같은 최소한의 전제조건들을 충족시키거나 적어도 다시는 역행할 수 없도록 전제조건 마련에 착수만이라도 한다면, 동서독 간의 화폐 통합은 1990년 여름까지 완수될 수 있을 것이다. 그러면 계산과 지불

---

40) Der Volkseigene Betrieb(VEB). 구 동독의 국영기업.
41) Die Landwirtschaftliche Produktionsgenossenschaft(LPG). 구 동독의 농업협동조합.

이 모두 서독 마르크로 이뤄질 것이다. 동독 중앙은행은 1990년 여름까지 현재의 화폐 공급을 절대로 확대해서는 안 된다. 그렇지 않아도 개인이나 기업, 국가가 보유한 대량의 동독 마르크를 서독 마르크로 교환해 줘야 하기 때문이다. 그렇게 되면 가용 서독 마르크의 규모가 급격히 확대되는 반면 상품공급은 그 확대 속도를 따르지 못할 것이다. 이 때문에 물가가 일시적으로 뛰겠지만 크게 염려할 정도는 아닐 것이다. 어찌되었건 물가가 상승하면 일시적으로 서독 마르크 금리가 더욱 상승할 수 있다. 또 환율에서 일정기간 서독 마르크의 약세를 유발할 수도 있다. 이를 지켜보는 유럽 통화 시스템 참가국들 간에는 희비가 교차할 것이다. 국제 금융시장에서 부분적으로는 이미 그러한 징조가 나타나고 있다. 하지만 독일은 이런 파고를 충분히 헤쳐 나갈 수 있다.

현재 일반적 교환비율과 예금잔고 교환비율은 아직 결정되지 않았다. 정부의 여러 관계자들은 임금, 연금, 집세 등 정기적으로 반복되는 모든 지급과 은행예금에 대해서는 모두 현행대로 1:1의 등가교환을 해 줘야 한다고 말해 왔다. 이미 올라탄 말 등에서 내려오기도 쉽지 않을 뿐더러 서독 정부가 동독 주민에게 불어넣은 큰 기대를 저버리기도 어려울 것이다. 하지만 그 같은 결정이 가져올 결과를 제대로 한번 따져볼 필요가 있다.

예를 한번 들어 보자. 가령, 동독의 생산직 근로자가 받는 임금이 월 1,300 DDM[42]인데 그가 공장에서 생산하는 트라비의 가격은 대당 14,000 DDM이다. 지금까지 이 국영 자동차회사는 트라비의 판매수익으로 근로자 임금과 기타 경비를 지급할 수 있었다. 그런데 이제부터 그가 월 1,300 DM[43]를 벌게 된다고

---

42) Mark der Deutschen Demokratischen Republik. 동독 마르크 단위.
43) Deutsche Mark. 서독 마르크 단위.

치자. 그렇지만 회사가 트라비 가격까지 덩달아 14,000 DM로 책정하는 것은 불가능하다. 그 이유는 트라비와는 비교할 수 없이 좋은 폭스바겐 폴로 모델이 15,500 DM이고, 역시 훨씬 좋은 스즈키 알토 모델은 심지어 11,300 DM에 지나지 않기 때문이다. 트라비를 계속 팔려면 파격적인 가격인하 내지는 품질향상만이 살길이다. 통화 전환을 하고 나면 지금까지 트라비 생산에 종사하던 모든 근로자들에게 종전 임금을 서독 마르크로 지불할 수는 결코 없을 것이다. 만일 그렇게 된다면 경영합리화를 위한 상당한 규모의 정리해고가 뒤따를 것이다.

동독경제 전반에 대해서는 다음과 같은 예측이 가능하다. 동독 마르크 대 서독 마르크의 교환비율이 좋을수록 더 많은 실업자가 발생하고, 실업발생 속도 역시 급격해질 것이다. 2년 가량 후에는 동독의 경제성장으로 이들 실업자의 상당수가 분명 고용시장에 재흡수되겠지만, 통일 후 처음 몇 해 동안은 실업문제가 매우 심각할 것이다.

이제 예금잔고의 교환비율을 살펴보자. 동독 마르크로 예치되어 있는 총 예금잔고를 지금 당장 1:1 비율로 서독 마르크와 교환하는 것은 옳지 않다. 총 예금잔고가 1조5천억 DDM에 달한다고 한다. 이 돈을 전부 서독 마르크로 교환해 준다면 구매붐이 일어나 인플레이션을 유발할 것이다. 그러면 가격 및 임금 구조와 국제 통화시장까지 엄청난 타격을 입게 된다. 그러므로 본 정부의 모든 당국자들이 원칙적으로는 동서독 화폐의 1:1 교환비율에 동의하면서도 당분간 예금잔고를 최대한 동결한 후 시간적 간격을 두고 단계적으로 해제해야 한다고 피력한 것은 옳은 일이었다.

동결해 두었던 은행자산을 차후에 지급하기 위해 고려해 볼 수 있는 재원확보 방안은 단 두 가지뿐이다. 첫째, - 당분간은 기대할 수 없지만 - 나라살림이 흑자가 나든가, 둘째, 동독 시절 '인민 소유'의 국유지와 국유 산업시설을 매각하는 것이다. 다른 방법은 없다. 서독에서는 은행이 수익 창출을 위해 저당, 대출, 주식 등에 자금을 투자하는데, 동독에서는 저축예금이 국가예산에 전부 들어갔기 때문이다. 만일 새 국민의회가 '인민 소유'의 국유재산을 외부에 전량 매각하기를 거부한다면 한 가지 길밖에는 없다. 동결해 두었던 은행자산을 나중에 풀고, 예금을 지급할 때 그중 일부를 '인민 소유' 자산의 지분(또는 투자증권)으로 지급하는 방식과 연계시키는 것이다. 그리고 이것이 실질적 가치를 갖도록 최소한의 이자를 계산해 줘야 한다. 그러나 동독 주민들이 그들이 가진 몫을 동독 이외의 지역에 직접 팔아 넘길 위험도 상존한다.

한시적으로 동결해 두었던 은행자산의 동결 해제 문제와 사유재산 문제는 서두를 필요 없이 차분히 해결할 수 있다. 이때 사회주의통일당에 의해 사유재산을 몰수당했던 동독 주민들의 재산권 청구 문제와, 선의로 - 예를 들어 토지개혁 등을 통해 - 토지를 인수받아 수십 년 동안 경제활동을 하며 생계를 유지해 왔던 이들의 요구도 함께 처리해야 한다. 그러나 이런 문제들이 전부 해결될 때까지 동서독의 통화동맹을 미룰 필요는 없다.

콜 총리가 내비쳤듯이, 1990년 여름 정말로 통화동맹을 실현시키려면 첫째, 위에서 지적한 최소한의 실무적 조건이 마련되어야 한다. 그렇지 않으면 통화 전환이 효과를 거두지 못할 것이고, 경제성장을 이룩하고 심리적 활력을 불어넣으려던 기대도 물거품이 될 것이다. 둘째, 동서독 간 합의사항을 조약으로 명문화해야 한다. 기본법 23조에 따라 서독에 편입하겠다는 동독 헌법기관들의 성명서 발표만으로는 충분치 않다. 이때 참고할 만한 좋은 사례가 바로 별개의 주권국가인 벨기에와 룩셈부르크가 창설한 통화동맹이다. 이 통화동맹 체제 안에서 벨기에의 중앙은행이 단독으로 통화금융 정책을 결정하고 룩셈부르크는 중앙은행을 두지 않는다. 독일도 유사한 방식을 택할 수 있을 것이다. 뒤셀도르프나 킬Kiel의 주립 중앙은행과 마찬가지로 동독 중앙은행이 연방은행의 지점이 되는 것이다. 그리고 연방은행이 통화량에 대한 단독 결정권을 갖는 대신 동독이 진 외채의 이자 및 원금의 상환을 책임지는 것이다.

새 동독 정부는 기본법 23조에 따른 서독 헌법체제로의 편입을 서둘러 선언할 필요는 없을 것이다. (유럽공동체와도 체결해야 하는!) 복잡한 이전계약과 이전법 없이는 가입 선언이 효과를 가질 수 없기 때문이다. 이론적으로는 국민의회와 연방의회가 합의하여 어느 특정일로부터는 동독에도 서독의 기본법이 적용된다고 확정지을 수는 있을지 모른다. 그러나 그렇게 결정했다고 해서 서독에서 시행되고 있는 노동법, 임금법, 경쟁법, 환경보호법 등에서 사회안전보장법, 공공근로법에 이르는 수많은 법 가운데 그 어느 것도 하루아침에 동독에서 효력을 발휘할 수는 없을 것이다. 또 유럽공동체의 지침도 통용될 수 없다. 무엇보다도 지금 당장 동독에 절실히 필요한 동서독 재정 격차 해소에 관한 규정도 마련되어 있지 않은 상태이다. 메클렌부르크, 브란덴부르크, 작센안할트Sachsen-Anhalt, 튀링엔, 작센, 여기다가 수도 베를린까지 옛 동독 지역의 재건 - 이에 대한 많은 의견들이 나오고 있는 가운데 - 을 위해서는 수평적 재정 격차 해소를 위한 복잡다단한 협상이 기다리고 있는 것이다.

동독의 중앙과 지방정부는 비단 종래의 나라살림을 유지하기 위해서 뿐 아니라 공공투자 사업을 추진하기 위해서도 연방정부의 재정지원이 절실하다. 특히 교통, 통신, 환경보호 기반시설이 갖추어져야 한다. 서독 재무부장관은 연방이 추가로 필요한 공적자금은 통상적인 연례 조세 인상으로 메우겠다고 말했지만 그가 예상하는 것보다 전체적으로 훨씬 많은 돈이 필요하다. 그는 추가부담을 원치 않는 서독 유권자들이 순순히 응해주리라고 기대하고 있는 것이다. 그러나 자기희생이 없는 연대의식은 진정한 연대의식이 아니지 않은가. 국민들도 그것은 알고 있다. 본 정가에서 수십 개의 과거 적국과의 평화조약을 국민에게 안겨 준답시고 탁상공론이 벌어져 천문학적 액수의 배상액이 협상테이블 위로 떠오르는 한, 독일의 자본형성과 금융시장에 대한 테오 바이겔[44]의 계획은 순전히 환상으로 끝날 수 있다. - 그중 대부분의 배상금 요구를 거절한다 해도 말이다.

이 모든 사실로부터 결론을 내리자면, 동독 정부는 자르란트 주가 했던 실수를 반복하지 말아야 한다는 것이다. 자루 속에 어떤 고양이가 들어 있는지 열어보지도 않고 사버려서는 안 될 것이다. 동독 정부는 광범위한 협상을 벌여야 하는데, 현재로서는 협상에 나설 전문가가 부족한 실정이다.

그러나 충분한 시간이 필요하기는 국내 현안뿐 아니라 주변국 및 우방과의 협의 역시 마찬가지이다. 콜 총리는 유럽공동체의 의장국인 아일랜드와 집행위원장에게 현재의 진행 상황을 통보하고 그들과 공조해야 한다. 이를 위해 유럽이사회는 일련의 임시회의 일정을 예고했다. 또한 미테랑 프랑스 대통령과의 지속적이고 긴밀한 협력이 절실하다. 만일 목전의 통일을 기뻐하는 데에 도취되어 '좋은 이웃'인 프랑스와의 관계를 소홀히 한다면 콜은 그 실책을 용서받지 못할 것이다. 독일이 민족주의에 도취되어 동서독끼리만 폭넓은 합의를 하는 데에 그친다면 타 유럽민족과의 우호가 손상될 수 있을 것이다.

동독 정부는 반드시 의회 차원에서 폭넓은 지지기반을 확보

---

44) Dr. Theodor Waigel(1939-). 기민당 소속. 재무부장관(1989-1998).

하여 헌법상 중대한 정치적 결정을 내리는 데에 차질이 있어서는 안 될 것이다. 또한 동독 내부의 문제도 걸려있다. 예컨대 십만, 아니 그 이상의 슈타지 요원들을 어떻게 처리해야 할 것인가. 그리고 지금까지 사회주의통일당이 조종해 온 동독의 법관들을 어떻게 법치주의 체제에 편입시킬 수 있겠는가. 사법권의 독립은 가능한가. 이처럼 의회에서 해결해야 할 중대한 문제들이 산적해 있다.

서독 정부 역시 이제는 정략적 당쟁을 중단하고 건설적 협력을 모색할 때이다. 지금까지 서른여섯차례 이상 기본법을 개정하는 동안, 상하원 3분의 2 이상의 찬성을 요하는 기본법 개정의 특성상 언제나 헌법정책적 협력의 필요성이 대두되었으며, 그때마다 협력을 통하여 성공적으로 마무리지을 수 있었다. 독일이 통일될 경우 지난 40년 이래 가장 중요한 헌법상의 결정이 될 것이기 때문에 국민적 합의를 이끌어 낼 수 있는 폭넓은 정치적 토대를 마련하는 것이 그만큼 중요한 것이다.

독일이 통일의 기회를 맞이한 것은 기민당이나 기민당수 혼자 세운 공이 아니며 그들이 단독으로 처리할 일도 아니다. 마찬가지로 사민당도 통일의 기회를 정략적으로 남용해서는 안된다. 의회에 진출한 각 정당의 수뇌부로 의회 운영위원회를 구성하고 상원도 이에 참여시키는 것이 바람직하다. 1989년 11월 28일 콜 총리가 동독과의 공동위원회 개설을 언급한 바 있는데, 이것도 언급으로 끝날 것이 아니라 하루속히 실천에 옮겨야 할 것이다.

당시 콜 총리는 '연방제를 목표'로 한 '연방제적 구조'에 대해 언급했다. 자유선거가 끝나면 즉시 동서독이 함께 의회 공동위원회와 정부 공동위원회, 공동 전문위원회를 구성하라고 했었다. 이제 때가 된 것이다. 동독 주민은 확실성을 원한다. 본

정부의 독단적 처사에 끌려 다니지 않고 자신들의 이익을 효과적으로 대변할 수 있는 확실한 보장을 원하고 있는 것이다. 만일 콜 총리가 11월 발언이나 모스크바 방문에서 돌아와 했던 말과는 달리 기본법 23조에 따라 일을 추진하려 한다면, 동독이 서독으로 편입되기에 앞서 동독정부가 지난 40년간 굳어진 동독 주민들의 특성과 경험을 고려하여 기본법을 보완할 것을 차제에 요구하는 사태가 일어나지 않으리라고 결코 장담할 수 없는 일이다.

동독 주민들은 앞으로 수년간 격동의 시간을 보내게 될 것이다. 그러나 그 후에는 상황이 급속히 개선될 것으로 확신한다. 7%의 경제성장률이 예상되고 동독 지역에서는 그 이상도 가능할 것 같다. 동독 기업이 외국 기업에 종속되리라는 걱정은 곧 사라질 것이다. 필립스, 쉘, 에쏘, 포드, 오펠, IBM, 네슬레 등 거대 외국 기업들이 서독에도 들어와 있으나 상어가 먹잇감을 해치우듯 경제파탄을 일으키지는 않았다. 오히려 그 반대로 뛰어난 엔지니어와 설계자 등 동독의 우수 전문인력, 동독 주민의 능력과 근면, 자립적 경제활동에 대한 수만 수천의 수공업 장인들의 확고한 의지 등은 동독이 경쟁에서 이길 수 있는 에이스 카드이다.

내 친구인 기업가 쿠르트 쾨르버Kurt Körber는 동독이란 말이 90년대의 개척지를 뜻하는 말이 될 것이라 했다. 그럴 가능성이 매우 높다. 우리는 독일의 문화적 창의성이 고양되는 것을 보게될 것이다. 로슈토크, 그라이프스발트Greifswald, 예나Jena, 드레스덴Dresden, 라이프치히, 바이마르, 특히 베를린은 다시 유럽 무대에서 각광 받게 될 것이다.

자유를 얻게 된 것은 크나큰 행운이다

1990년 8월

동독의 작가 크리스타 볼프[45]에 대해 논쟁이 벌어졌을 때, 수년 전에 이미 서독으로 망명한 귄터 쿠네르트[46]는 동독에 남은 작가들에 대해 이렇게 말했다. "그들을 가해자라 하기 어려운 것처럼 피해자라고 하기도 어렵다. 그들은 자유가 없는 체제에 예속되어 있었으나 슬기로운 병정 슈바이크[47]가 했던 것과 같은 방식으로 그 체제에서 자신을 지키려 노력했던 사람들이다."

나는 이 말이 언뜻 이해가 되었다. 지금은 나이가 든 우리도 나치 시절 이와 아주 비슷한 경험을 많이 했기 때문이다. 그때 12년간 나치 독재 치하에서 살면서 군대까지 다녀와야 했던 사람들 중에 독재가 큰 죄악이라는 사실뿐 아니라(이 점이야 불문가지가 아닌가), 독재를 몰아내고 그 자리에 어떠한 도덕적, 헌법적, 정치적, 경제적 질서를 수립해야 하는가까지를 알고 있는 윗세대와 교류하며 그들을 믿고 따를 수 있었던 행운아는 극소수에 불과했다. 그러나 아데나워, 슈마허[48], 델러[49], 에르하르

---

45) Christa Wolf(1929-). 동독의 작가. 1949년 사회주의 통일당 입당, 1989/1990년 탈당. 1959-1962년까지 슈타지에 비공식적으로 협력한 사실이 1993년 드러나면서 논란을 불러일으켰다. 작품을 통해 통일에 반대 의견을 피력했다.
46) Günter Kunert(1929-). 동독의 작가. 1948년에 사회주의 통일당에 입당했고 1977년 당으로부터 제명되었다. 1979년 서독으로 망명. 분단독일과 통일독일을 매우 특별한 문학적 방식으로 표현했다.
47) 야로슬라프 하섹Jaroslav Hasek의 소설 〈용감한 병정 슈바이크Der brave Soldat Schweijk〉의 주인공 슈바이크는 1차세계대전에 참전한 군인으로 우직함과 투박함으로 전쟁의 위험으로부터 스스로를 지켜 냈다.
48) Kurt Ernst Carl Schumacher(1895-1952). 사민당 초대 당수(1946-1952). 독

트[50], 뵈클러[51] 등 민주주의와 시장경제, 그리고 사회적 질서에 대한 올바른 기본신념뿐 아니라 실용적 경험까지 1945년 이전에 이미 체화했던 지도자들이 있었기에 그들 세대의 주도 하에 전후 독일연방공화국은 단기간 내에 민주주의적 경제사회 질서를 성공적으로 확립할 수 있었던 것이다.

그러나 현재 동독은 상황이 전혀 다르다. 나치체제가 붕괴한 후 동독에서는 주민들이 숨돌릴 겨를도 없이 울브리히트[52]의 사회주의통일당 독재가 들어섰던 것이다. 오늘날 동독에는 1933년 이전에 성인이었던 사람이 아주 드물다. 게다가 1933년 이전에 중앙에서건, 지방에서건 정치무대에서 활약했던 인물이나, 경제정책가 · 기업가 · 노조원으로서 활동한 경험이 있는 사람은 더더욱 드문 실정이다.

그러므로 로슈토크에서건 드레스덴에서건 동베를린에서건, 재건사업을 주도적으로 수행해야 할 이들은 나치와 공산정권만을 경험한 세대들일 수밖에 없다. 이들은 내면적으로는 동독의 공산정권에 물들지는 않았다 하더라도 제대로 된 목표를 가지고 재건사업을 추진하기에는 자유민주주의와 시장경제 등의 경

일연방공화국 건국의 아버지로 동독 정권을 '빨간 칠을 한 파시스트' 라고 비난했다.
49) Thomas Dehler(1897-1967). 법무부장관(1949-1953), 자민당(FDP)당수(1954-1957). 연방하원부의장(1960-1967)
50) Ludwig Wilhelm Erhard(1897-1977). 기민당 소속. 경제부장관(1949-1963). 연방총리(1963-1966).
51) Hans Böckler(1875-1951). 정치인 및 노조위원장. 독일노동총동맹 위원장(1949). 1951년 1월 25일 아데나워 총리와의 협의를 통해 광업 및 철강업계에서 근로자가 감독이사회에서 공동결정권을 갖도록 합의했다.
52) Walter Ernst Paul Ulbricht(1893-1973). 사회민주당과 공산당을 통합한 사회주의통일당의 설립에 참여. 서기장(1953-1971) 그는 서기장이던 1961년 8월 13일 베를린장벽을 설치했다.

험이 전무하다. 서방세계와 제대로 교류한 바가 적고, 기껏해야 서독 TV를 시청한 것이 고작이다. 민주적 정치훈련도, 행정과 기업경영에 관한 실질적인 경험도 제로에 가깝다. 이제 겨우 걸음마 단계인 것이다. 그러나 지금 와서 이 모든 것을 완벽하게 배울 시간적 여유는 없다. 국민의회 선거가 치러지고 서독 마르크도 도입된 만큼 이에 따라 즉각 행동하지 않을 수 없는 것이다. 만일 이 과정에서 동독이 오류를 범한다고 비난하는 이가 있다면, 본의 정치인이든 뮌헨München의 기업가든 그는 따뜻한 가슴도 차가운 머리도 없는 사람이다.

드메지에르 총리와 롬베르크Walter Romberg 재무부장관(SPD)이 동독에 투입해야 할 공공재정 규모를 어처구니없이 과소평가한 것은 물론 실수였다. 그러나 그렇다고 해서 이 시점에 와서야 동독의 현금 잔고조사를 요구하고 있는 서독의 재무장관이나 총리가 그들을 비난할 수 있겠는가? 오히려 서독 정부의 수뇌들은 동베를린의 수뇌들보다 동독 경제의 추이를 더 잘 예측하고 있었지 아니한가. 물론 서독 총리의 실수도 있다. 동독에 들어갈 돈을 서독 자본시장의 금융융자로만 메우려 했을 뿐, (일시적으로) 조세를 인상하거나 (일회적으로) 재산세를 부과할 생각은 하지 않았던 것이다. 그러나 사실이 이러하다 하여 사민당 총리후보의 비난이 정당화될 수 있겠는가?

콜 총리나 라퐁텐[53] 사민당 총리후보나 우리가 그 동안 그렇게 형제자매라고 불러 마지않았던 동독 주민들이 두려워 않고 결연히 새롭게 시작할 수 있도록 우리 서독이 한동안 큰 희생을

---

53) Oskar Lafontaine(1943-). 자르란트 주지사(1985-1998). 독일통일 시기 통일에 앞서 점진적 접근을 주장했다. 사민당수(1995-1999). 2005년 사민당를 탈당하고 WASG(Arbeit&Soziale Gerechtigkeit-Die Wahlalternative: 노동·사회 정의를 위한 선거 대안)에 입당했다.

감수해야 한다는 사실을 끝끝내 분명히 말하지 못했다. 연대 의식이라는 도덕적 기본가치 하에 희생을 감수해야 한다고 설명했어야 했다. 이 잘못은 분명 곧 시정될 것이다. 그러나 이렇게 말하기 어려운 고해성사를 선거 후로 미루기 위해 총선 일자를 앞당기려는 시도가 있었으나 다행히 불발에 그쳤다. 이러한 정략적 시도는 상황을 개선하는 데에 아무런 도움도 되지 않았다.

정치권이 각자의 이해타산에 따라 선거법, 선거일, 동독의 편입일, 경제적 부담 전가 등 멋대로 일을 주물러대는 작태에 동서독 양쪽 주민들은 모두 실망했다. 그러나 정치인들의 이기적인 모습에 실망했다고 해서 그것이 통일로 향한 자유의 행보 자체에 실망할 이유까지야 될 수 있겠는가. 결코 그렇지 않다. 모스크바로, 바르샤바로, 프라하나 부다페스트로 눈을 돌려 보라. 그곳의 국민들은 더 큰 난제들을 풀어야 하는 데다가 서방 진영에서 이념적, 물질적 도움을 줄 수 있는 부유한 동족 또한 없다.

이와는 달리 서독의 동포들은 연대의식을 발휘할 준비가 실제로 되어 있는 것이다. 그래도 계속해서 동족애를 환기시키고 호소해야 한다. 그것이 콜과 라퐁텐, 람스도르프[54)]가 함께 해야 할 일이다. 제발 요리조리 책임을 회피하지 말라. 이런저런 인터뷰도 너무 해대지 말라. 대신 국민을 향해 강력하게 협조를 호소하라.

물론 국민에게 호소하는 동시에 이들 정치인들은 그들 나름대로 현실적이고 구체적인 경제적 실천계획도 함께 제시해야 한다. 그중 제일 시급한 현안은 현재 동독의 혼란스러운 사유재

---

54) Otto Friedrich Wilhelm Freiherr von der Wenge Graf Lambsdorff(1926-). 경제부장관(1977-1984), 자민당수(1988-1993), 프리드리히나우만재단 총재(1995-2006).

산, 특히 부동산 문제를 정리하기 위해 조속히 법적 근거를 마련하는 일이다. 법제도가 마련되지 않고는 아무리 투자를 촉구해 봤자 공염불에 지나지 않는다. 제도정비의 일환으로 신탁관리청은 조속히 사유화 작업에 착수하여야 한다. 이때 주로 민간기업에 사업장을 임대하는 것도 우선은 좋은 방안이 될 수 있다.

기업의 경영진은 상위의 통상적인 감독이사회와 자문역을 맡을 동급의 경영이사회를 둘 필요가 있다. 한편 서독의 대형 은행들이 동독 지역에 수백 개의 지점을 설치하는 것도 바람직한 일이다. 그 밖에 대형 체인점들도 곧 들어서야 하는데, 특히 건축자재 체인점이 시급하다. 볼프강 로트[55]가 제안한 주거 정비를 위한 민간 대출 프로그램도 좋은 방안이다. 주거 정비 사업은 자영업과 마찬가지로 잘 훈련된 인력과 자발적인 노력만 있으면 대부분 문제 없다. 물론 이 외에도 철도·우편·도로·환경 등 대형 공공인프라 투자계획이 필요하다. 그리고 지금까지도 시행 중인 동독의 현물세 제도는 서독의 세금 제도로 하루속히 대체해야 한다. 이것이 기업의 부담을 줄여줄 것이다.

중앙정부와 지방정부는 물론 각종 보험사, 특히 민간기업은 서둘러 자문과 경영을 담당할 전문가를 동독에 파견해야 한다. 다만 이러한 파견 지원은 한시적이어야 한다. 동독 주민들은 직접 한번 경험하면 이 경험을 살려 스스로 익혀 나갈 수 있다. 또한 잊지 말아야 할 것은 민주사회주의당(PDS)[56]의 전신인 구

---

[55] Wolfgang Roth(1941-). 사민당 소속. 1993년 이래 유럽투자은행 Europäische Investitionsbank 부총재.
[56] Partei des Demokratischen Sozialismus(PDS). 민주사회주의당. 사회주의통일당(SED)의 후신으로 1990년 2월 4일 당명을 민주사회주의당(PDS)로 개칭했다.

동독 공산당과 공산체제 하의 군소정당들에 속한 기업, 호텔, 출판사, 인쇄소, 신문사 등은 당원들이 헌납한 소규모의 당 재산을 제외하고는 모두 몰수하여 국유화하는 일이다.

동독 경제는 앞으로도 수개월은 더 매우 혼란스러울 것이다. 하지만 1년 안에는 경제성장 소식이 들려올 것이다. 그만해도 다행이라 생각하자. 실업률도 당장은 급상승하겠지만 늦어도 1992년이 가기 전에는 경제성장이 시작되어 실업을 단계적으로 흡수하게 될 것이다. 동독 주민들은 가능한 한 빨리 서독의 생활수준을 누리고자 한다. 그러기 위해서는 경쟁력을 갖추어야지, 무차별 평등주의로는 될 수 없다. 서독 마르크와 경쟁 제도를 단계적으로 도입하는 방안도 분명 생각해 볼 수 있었을 것이다. 그랬더라면 아마도 지금의 경제적 혼란과 현재 예상되는 고실업은 피했을 것이다. 하지만 이제 와서 원론적 토론을 벌여 봤자 소용없는 일이다. 그리고 어쨌든 동독의 경제와 사회를 서독의 수준으로 끌어올리는 정책을 단계적으로 진행시키려고 했다면 동독의 생산성, 고용, 생활수준을 서독의 수준으로 높이는 일이 훨씬 지연되었을 것이다.

오늘날 서독에서나 동독에서나 실망의 목소리가 높다. 그러나 우리가 잊지 말아야 할 것이 있으니, 지금 어두웠던 20세기의 말미에 자유와 통일을 이룩할 수 있는 절호의 기회가, 또한 모든 독일 국민이 높은 생활수준을 누릴 수 있는 경제발전의 호기가 우리에게 예기치 않게 찾아왔다는 사실이다. 바로 이 기회가 도래하기를 에른스트 로이터[57], 헤르베르트 베너[58], 야콥 카

---

57) Ernst Rudolf Johannes Reuter(1889-1953). 사민당 소속. 베를린 시장(1948-1953). 소련의 베를린 봉쇄(1948-1949)에 맞서 베를린 시민의 저항의지를 대변했던 상징적 인물.
58) Herbert Richard Wehner(1906-1990). 사민당 소속. 내독관계부장관(1966-

이저⁵⁹⁾, 에른스트 레머⁶⁰⁾, 그리고 수천만의 독일인들은 학수고 대해 왔다. 우리에게 찾아온 이 대운을 흐지부지하다가 망쳐버려서야 되겠는가.

이러한 기회가 도래한 것은, 40년 넘게 우리 스스로가 통일정책의 원칙들을 일관되게 고수해 오고 서방 동맹들과 연대를 형성했기에 가능했다. 또한 현재와 같은 소련의 약화와 고르바초프의 선견지명이 있었기에 가능했던 것이다. 서독이 나토에 가입한 후에도 공동의 안보정책이 나오기까지 사민당은 4년을 노력했다. 그리고 기민 · 기사연합이 동방정책과 헬싱키 유럽안보협력회의 폐막 선언문의 실용성을 인식하고 인정하기까지는 이보다 더욱 오래 걸렸다.

총리가 통일과정에 사민당과 각 지방정부, 중앙은행을 좀더 일찍 참여시켰더라면 분명히 더 나은 결과를 얻었을 것이다. 하지만 그의 서랍 속에는 아무런 통일 계획도 준비되어 있지 않았다. 그렇다고 그의 전임자가 물려준 것이 있었던 것도 아니었다. 통일의 기회가 이렇게 빨리 오리라고는 아무도 예측하지 못했던 것이다. 그러나 지금 우리는 이 시기를 놓치지 말고 단합해야 한다. 지난날 적군파의 테러 공격(각주 133번 참조)에 공동으로 대항했던 것처럼 동독의 주민들이 성공적으로 일어서고, 이로써 완전히 자신감을 찾도록 각 당이 합심하여 지원에 발벗고 나서야 할 때이다.

1969). 그 후 1983년까지 사민당(SPD) 원내 대표.
59) Jakob Kaiser(1888-1961). 동독 지역의 기민당(CDU) 창립 일원. 연방의원 및 내독관계부장관(1949-1957).
60) Ernst Lemmer(1898-1970). 동독 지역의 기민당(CDU) 창립 일원. 연방의원에 당선(1952). 체신부장관(1956-1957), 내독관계부장관(1957-1962).

역사적 기회를 맞은 독일

1990년 10월

공산독재 치하에서 고난을 겪고 있는 우리 동포들의 자유를 향한 의지가 처음으로 세상에 알려진 것은 1953년 6월 17일이었다. 그 의지는 1989년 11월 9일에서야 마침내 승리를 거두었다. 동독 정권이 브란덴부르크 문을 열지 않을 수 없게 된 것이다. 내 평생에 그때처럼 이루 형언할 수 없는 기쁨을 맛보았던 적은 오직 단 한 번 있었으니, 바로 전쟁이 끝나고 내 아내와 재회했을 때였다. 나뿐만이 아니라 대부분의 독일 국민들은 장벽이 무너지고 철책선이 걷히고 사살명령이 사라졌을 때 크게 기뻐하고 깊이 감사했다. 그러므로 1990년 10월 3일 통일의 공식선포는 사실상 뒤늦은 절차적 행사에 불과하다 하겠다.

그럼에도 불구하고 10월 3일은 독일의 미래를 위해 매우 중요한 날이다. 바로 우리의 기본법에 근거해 독일 통일이 선포되고, 이와 함께 통일독일의 주권의 전제가 되는 두 개의 국제조약으로 독일의 외교안보정책과 대내외 경제정책이 새로운 국면을 맞게된 것이다. 이 두 개의 국제조약인 이른바 '2+4조약[61]' 과 소련과의 '모스크바조약[62]'은 새로운 가능성을 열어 놓았

---

61) Zwei plus Vier Vertrag(1990.9.12). 독일연방공화국과 동독, 그리고 미국, 영국, 프랑스, 소련 간, 즉 2+4회담의 결과 체결된 〈독일에 관한 최종합의 조약〉이다. 이로써 재통일 문제, 베를린 문제, 오데르·나이세국경선 문제, 평화조약 체결 문제가 해결되어 독일 통일의 길이 열리게 되었다.
62) Moskauer Vertrag(1970.8.12). 소련과 독일연방공화국 간의 조약으로 양측은 상호불가침과 2차 대전 후의 국경을 재확인함으로써 긴장 완화와 세계 평화에 기여하기로 합의했다.

다. 그러나 그것은 또한 새로운 위기이기도 하다.

나는 마리온 그래핀 된호프Marion Gräfin Dönhoff와 테오 좀머Theo Sommer를 비롯한 '차이트'지 편집인들과 함께 이달 내내 동독 지역 4개 도시를 돌며 수천 명의 동독 시민들과 토론회를 가졌다. 이 토론회에서 수백 가지 질문이 쏟아져 나왔고, 우리는 아는 것을 총동원하여 답변했다.

질문들 중 상당수는 전직 슈타지 인사들과 사회주의통일당의 간부들이 여전히 권력을 행사하면서 기업과 협동조합, 또 공공 기관의 꼭대기에 앉아 있는 현실에 대한 불안감, 아니 두려움에서 나온 것이었다. 그러나 그보다도 더 큰 불안은 경제에 관한 것이었다. 자신들의 생산품이 팔리지 않는 데 대한 걱정, 회사가 어쩌면 폐쇄될지도 모른다는 불안감이었다. 그리고 폐쇄가 이미 확실해진 회사들도 많았다. 일자리에 대한 불안은 매우 근거 있는 것들이다.

사유재산의 처리 문제는 어디를 막론하고 그야말로 답답한 상황이다. 시의 총책임자인 시장들도 시 관할의 토지가 얼마나 되는지를 모르고 있다. 신탁관리청의 각 지역 사무소는 권위가 서지 않는다. 일면 당연하다. 사무소의 출납담당 직원들은 앞으로 석 달 동안 임금을 지불할 수 있을지, 지불한다 해도 얼마나 줄 수 있을지를 모르고 있는 판이니 말이다. 임금지불 위기는 기업 내부에도 널리 확산되어가고 있다. 연방 재무부가 동독에 쏟아부은 돈은 동독 주민들이 서독상품을 구매함으로써 대부분 고스란히 서독으로 되돌아온다. 서독에서는 고용이 증가하고 있는 반면, 동독에서는 백만 실업자 시대가 코앞에 닥쳐와 있는 실정이다.

한동안은 부분적으로 혼란스런 상황이 이어질 것이다. 어찌 그렇지 않을 수 있겠는가? 그러나 늦어도 1992년 중에는 경제

회복세가 가시화될 것이다. 그리고 90년대 말에는 구 동독 주민들이 우리 서독의 생산성과 실질 생활수준에 이르게 될 것이다. 가는 곳마다 우리는 이 같은 확신을 강조해 왔다(물론 주거 수준은 그보다 수년이 더 지난 후까지도 뒤처져 있을 것이다).

어쨌든 1천6백만 구 동독 주민의 경제적, 사회적 통합은 장기적으로는 전혀 걱정할 일이 아니라고 본다. 그러나 단기적으로는 큰 문제들이 산적해 있다. 또한 새로 편성될 5개 구 동독 주에 과거사 문제로 인한 정치적 부담이 없는 전문인력을 찾아내어 정부 부처와 행정 관청에 배치시키는 데에도 당장은 큰 어려움이 있을 것이다. 그러나 그 무엇보다도 자유를 모르고 살아온 동독 주민을 자유로운 사회체제에 정서적으로 적응시키는 일이 아마도 가장 시일이 오래 걸리고 어려운 일이 될 것이다. 자기 자신의 개인적 삶을 위함과 동시에 다른 한편으로는 공적 사회질서를 위해 자유를 행사한다는 것은 결코 쉬운 일이 아니다. 자유가 남을 밀어붙이는 자유가 되기 일쑤인 사회에서는 말할 나위도 없이 어려운 것이다. 처음에는 그런 일을 어쩔 수 없이 당하게 될 것이고, 그런 경험을 통해 배우고 올바로 판단할 수 있게 되는 과정을 겪어야 할 것이다.

그런 과정에서 심리적으로 위축되고 정치에 실망할 수도 있다. 많은 정치인들, 특히 남서부 출신 정치인들이 이 문제를 두고 아무리 자신만만하게 떠들어대도 어느 한 가지도 전혀 도움이 되지 않는다. 오히려 그 반대이다. 신뢰할 수 없기로는 이들도, 영악한 철새 정치인 기지[63]보다 못할 것이 없는 작자들인 것이다. 바로 이때 본Bonn의 중앙정부는 하루속히 전화·도로·

---

63) Gregor Gysi(1948-). 사회주의통일당(SED)/민주사회주의당(PDS) 당수 (1989-1993). 민주사회주의당(PDS) 원내 대표(1998-2000). 2005년부터 좌파 정당인 Die Linke의 원내 대표.

철도·하수도, 특히 주택보수와 신규 주택 건립을 위해 대형 인프라 건설 프로젝트를 추진해야 한다(단, 이 프로젝트는 서독 건설업체들에 맡겨서는 안 된다). 그리고 이제는 서독의 각 주와 그 주의 대학들이, 하루빨리 동독의 대학과 학교들이 민주주의를 신봉하는 교수진을 구성할 수 있도록 인적 지원을 해야 한다. 연대의식을 발휘할 때인 것이다.

이미 소련에 수천억 마르크라는 결코 적다할 수 없는 보상금을 지불했고 걸프전 위기까지 겪고 난 마당에, 동독에 대한 모든 재정적 지원을 국가기관의 융자만으로 충당할 수 있다고 아직도 생각하거나 그런 믿음으로 남을 설득하려 드는 사람은 아주 순진한 사람이거나 용서할 수 없는 사기꾼일 것이다. 도대체 장기 금리를 앞으로 얼마나 더 인상하려는 것인가? 벌써 유럽에는 동독 때문에 국가재정을 그렇게 많이 소비하고서도 서독 정부가 과연 폴란드, 헝가리, 체코슬로바키아에 대한 경제원조에 적극적일 수 있을까, 개발 원조를 축소하려 하지는 않을까, 또는 유럽공동체 분담금을 줄이려고 하지는 않을까 하는 의구심이 점차 확산되고 있다.

그런데 다른 한편으로는 어처구니없게도 우리의 이웃인 중동부유럽 국가들과 유럽공동체 회원국들, 우리의 우방인 미국 그리고 소련 내부에도, 심지어는 일본에서까지도 이런 우려와는 정반대의 생각을 가지고 있는 지도급 인사들이 언론과 정재계에 상당히 많다. 즉 그들은 서독이 90년대 말에 가서야 얻게 될 경제력과 재정 규모를 오늘날 이미 지니고 있다고 여기는 것이다. 외국에서 이야기하는 것을 자세히 들어 보면, 인구가 8천만 명에 육박하는 대국 독일에 대해, 우리가 곧 보유하게 될 압도적인 경제력에 대해, 그 경제력에 따라 마르크화 역시 다른 모든 유럽국가들의 통화보다 강력해질 것이란 사실에 대해, 독일 중앙은행과 민간은행들의 지배력에 대해 걱정하거나 나아가 두려움마저 가지고 있음을 알게 된다. 나 또한 독일이 거대한 경제 잠재력을 바탕으로 다시 오만한 외교를 펴지 않을까, 유럽공동체와 그 소속 인사들을 마음대로 주무르려 하지 않을까 하는 그들의 두려움과 부딪치게 된다.

그런데 더욱 나쁜 것은, 독일이 이중 결혼식을 올리려 할지도 모른다는, 그렇지 않아도 작지 않은 의구심을 모스크바조약이 더욱 조장시켜 왔다는 점이다. 앞으로 독일이 동서 양 진영에 양다리를 걸치고 양쪽을 왔다갔다하면서 그 육중한 영향력을 저울 양편에 번갈아 올려 놓으려 할 것이라는 우려인 것이다.

이런 우려는 분명 과장된 것이다. 그러나 우리는 이를 심리적인 사실로, 따라서 정치적 현실로 받아들여야 한다. 파리와 바르샤바에서는 이런 우려가 정국에서 큰 작용을 하고 있는 것이다. 이들 두 국가뿐만 아니라 헤이그, 런던, 로마, 코펜하겐이나 프라하에서도 사정은 비슷하다. 말하자면 이런 우려의 시각에서는 정부와 의회의 기능을 서둘러 베를린으로 이전하는 것이 독일의 기존 외교 및 유럽정책이 향후 중단되는 신호로 비칠 수도 있는 것이다. 그리고 말이 씨가 된다고 이 신호가 현실이 될 수도 있는 것이다.

소련과의 조약은 불가피했다. 이 조약을 맺지 않았다면 '2+4조약'도, 독일 통일도, 소련의 철군도 없었을 것이다. 이 모든 일들을 해낸 외무부장관에게 우리는 찬사를 아끼지 말아야 할 것이다. 그러나 그 누구도 오는 10월 3일부터, 아니면 12월 2일[64] 만 지나면 독일이 마치 제 세상을 만난 것처럼 착각해서는 결코 안 될 것이다. 아니, 그 반대로 경제는 물론이거니와 특히 외교

---

64) 1990년 12월 2일 치러진 통독 이후 최초의 연방의회 선거. 이 선거의 결과로 1991년 1월 17일 헬무트 콜 총리가 재선되었다.

및 유럽정책 부문에서 우리가 풀어나가야 할 과제들은 지난 수십 년간보다 앞으로가 더욱 까다로워질 것이기 때문이다.

강대국들을 상대로 우리의 이익을 관철시키는 것은 독일연방공화국이 반 쪽짜리 주권을 가진 중간급의 국가였을 때가 상대적으로 수월했었다. 우리가 해야 할 일이란 확고한 태도를 견지하는 것이었다. 상대를 존중하듯 자신의 권리도 지키기만 하면 되었다. 또한 타협이 가능한지, 언제 어떻게 가능한지 탐색하다가 만일 타협이 불가능하면 당분간 해결을 포기할 수밖에 없었다.

이에 대한 일례가 바로 슈퍼 파워 소련과의 마찰이었다. 70년대 중반, 소련은 독일의 도시들을 겨냥하여 각기 3개의 핵탄두를 탑재한 신형 중거리 미사일 SS20을 실은 대ㅊ함대를 건조하기 시작했다. 나와 브레주네프가 협상 테이블에 앉았으나 아무 소득도 없었다. 또한 서방 동맹들도 공식 협상과 함께, 필요하다면 소련의 목표물을 겨냥하여 4년 후 유사한 무기를 서유럽에 배치하겠다고 예고했으나 이 역시 소용이 없었다. 그러다가 서방 측이 이 예고를 실제로 실행에 옮기자, 80년대에 와서 비로소 우리가 애초에 원했던 최상의 합의가 이뤄졌다. 즉, 양측 모두 중거리 무기를 완전히 철수하기로 했던 것이다.

이와 같은 갈등 해결의 또 다른 사례는 미국과도 겪은 바 있다. 우리 독일과는 친구이자 동맹인 초강대국 미국이 독일에 중성자 무기를 배치하려 했으나 독일은 이를 원치 않았다. 그러다 내가 타협의 희망을 포기하자 비로소 지미 카터가 양보했다.

그러나 이와는 달리, 유럽의 중간급 국가나 우리보다 훨씬 국력이 약한 나라와의 마찰은 정부책임자에게 있어 강대국과의 갈등과는 비교할 수 없을 만큼 훨씬 미묘하고 어려운 문제이다. 내가 체험한 사례들만을 열거해도 한 보따리는 될 것이다. 특히 서독 주민의 여행 허가, 폴란드의 재정지원 요구, 문화교류, 오데르·나이세국경 인정 방식의 문제 등을 해결하기 위해 독일과 폴란드가 벌였던 협상들이 어려웠다. 폴란드와의 모든 갈등은, 과거에도 그랬지만 현재까지도 아우슈비츠에 대한 아주 오랜 기억을 비롯, 지난 200여 년간의 양국간 아픈 역사에 기인한다. 게다가 과거나 지금이나 폴란드가 독일에 대해 갖는 도덕적 우월의식과 사회·경제적으로 독일에 뒤처진다는 콤플렉스, 그리고 양국 상호간의 불신이 독일과 폴란드 문제에 그늘을 드리우고 있다.

비슷한 국력의 국가와 갈등이 발생할 경우, 강대국과의 관계에서보다 더 많은 배려와 공감대가 필요하다. 그리고 독일보다 국력이 약한 국가에게는 그 밖에 아량도 베풀어야 한다.

폴란드와 프랑스는 21세기에도 독일의 가장 중요한 우방으로 남게 될 것이다. 그런데 본과 파리의 정부 차원의 관계나 독일과 프랑스의 정치권 간의 관계, 여론 간의 관계는 현재 아쉽게도 60년대 초반 아데나워와 드골 재임 시절과, 나와 지스카르 데스탱의 7년간의 재임 시절만큼 긴밀하고 협력적이지 못하다. 물론 양국의 이익이 대립되던 때도 있었다. 예를 들어 유럽공동체의 창설 초반부터 양국은 공동 농업정책의 원칙과 세부사항에서 마찰을 빚어 오다가 나중에는 무기 정책, 무기 수출, 그 밖에 많은 문제들에 관해 이견을 드러냈다. 그러나 독일과 프랑스 양측은 결정적인 사실 하나만은 한 번도 잊은 적이 없다. 그것은 바로 독일과 프랑스 사이에 신뢰와 긴밀한 공조가 없다면 유럽의 평화와 공동의 안보도 없으며 유럽 통합과 유럽공동체의 발전도 없다는 사실이다. 유럽 공동체가 전 유럽을 아우르지 못한다면 우리 유럽대륙은 앞으로 심리적으로나 정신적으로나 경제적으로나 결코 안정을 이룰 수 없는 것이다.

1989년 11월 9일 베를린장벽 붕괴 후, 서독과 프랑스 양국 정부가 이런 신념을 잊은 것은 아니지만 소홀해진 것이 사실이다. 콜 총리가 발표한 '10개안'이 이미 이 점을 매우 소홀히 다룬 사례이다. 이 '10개안'을 마련하면서 미테랑 대통령과 사전 협의도 하지 않았던 것이다. 또한 그 후 독일과 폴란드 국경에 대한 결정을 콜 총리가 무책임하게 유보한 것은 폴란드뿐 아니라 프랑스, 나아가 기타 유럽국가들까지 경악케 했다. 게다가 10월 3일 미국과 소련의 정상들을 베를린으로 초청하겠다고 발표한 서툰 처신이 프랑스에게는 독일의 오만으로 비쳤을 것이다. 그리고 유럽공동체의 공동시장을 위해 공동의 중앙은행 및 화폐를 마련할 필요가 있다는 주장에 대해 독일 중앙은행이 거만하게 거부 입장을 표명한 것도 장기적으로는 역시 부정적 영향을 미칠 것이다. 이런 사건들로 인해 전반적으로 외국에서는 독일의 오만함이 심해지기 시작했다는 인상을 많이들 받게 된 것이다.

10월 3일 통일 이후부터는 우리가 국내외의 정치적 원칙들을 굳건히 고수하는 것이 그 무엇보다 중요하다. 독일 기본법도 당초에 바이에른의 기사당[65]이 반대했다고 해서 계속해서 효력이 손상되지는 않았다. 대서양동맹도 당초 사민당이 반대했다고 해서 그 효력이 손상되지 않았고, 유럽공동체도 당초 자민당[66]이 거부했다고 해서 그 효력이 손상된 것은 아니었다. 우리의 동방정책을 위한 각종 조약 체결에 대해, 핵확산금지조약 서명에 대해, 심지어는 1975년 헬싱키 유럽안보협력회의 조약에 대해서까지 기민·기사 연합의 핵심 인사들이 반론을 제기했지만, 그로 인해 지속적인 손실이 초래된 것은 아니었다. 그것은 후임 정권들이 이 모든 조약들을 사후에 승인했기 때문이다. 그리고 바로 그 조약들 중 상당부분이 오늘날 독일의 통일을 이끌

---

65) Christlich Soziale Union in Bayern(CSU). 기독교사회당.
66) Freie Demokratische Partei Deutschlands(FDP). 독일자유민주당.

어 낸 두 조약의 구성 요소가 되고 있는 것이다.

　독일이 이러한 일관성을 유지해 온 지난 40년 세월이 콜 총리 재임시에 통일로 열매를 맺게 된 것은 그의 행운이다. 야당은 이를 시샘해서는 안 된다. 이 또한 사민당, 자민당, 기민당, 기사당 모두의 행운이기도 하기 때문이다. 모두가 각자 조금씩 오류를 범하기는 했지만 함께 일관성을 견지했으며 그 열매를 키워 낸 것이다. 정부와 총리는 이런 행운에 거만하게 고개를 뻣뻣이 세워서는 안 될 것이다.

　드레스덴에서 열린 간담회에서 한 참석자가 '차이트'지 편집인들에게 한 자도 안 틀리고 이렇게 물었다. "통일독일이 앞으로 강대국으로서의 역할을 어떻게 이해하고 수행해 나가야 하겠습니까?" 동독 시민이, 그것도 아주 순진해뵈는 그가 독일을 강대국으로 보다니 나는 깜짝 놀랐다. 그러나 우리 자신이 미래 독일의 역할을 어떻게 이해하는가라는 질문은 비단 드레스덴에서뿐만 아니라 유럽 각지에서도 제기되고 있는 것이다.

　헌법과 국제법에 따라 독일 통일을 이룩함으로써 전후의 오랜 아프고 힘들었던 역사의 장은 막을 내렸다. 그러나 우리 앞에 기다리는 미래가 우리에게 지금까지보다 더욱 어려운 과제를 부여할 것이다. 독일은 주변국 중 그 어느 국가도 자극해서는 안되며, 우리에 대한 주변국의 신뢰를 일관되게 굳건히 하고 정당화하는 외교 기조를 유지해야 한다. 200년 전 영국인 에드문드 버크Edmund Burke가 쓴 글에 다음과 같은 구절이 있다. "과도한 당파성, 그리고 다른 나라의 당연한 기대와 우려를 경시하는 것만큼 한 국가에 불행을 자초하는 것은 없다." 이 글은 지금도 여전히 타당하다 하겠다.

　민주주의와 시장경제를 기본정책으로 삼고 있는 유럽국가들은 유럽공동체의 발전된 미래를 고대하고 있다. 그러므로 독일은 유럽공동체의 발전을 위해 정치적으로나 경제적으로나 총력을 기울여야 한다. 유럽공동체 회원국들과 마찬가지로 유럽의 비회원 국가들, 그리고 소련 역시 헬싱키협약이 확고히 뿌리를 내려 상호 협력이 활성화되기를 기대하고 있다. 그러므로 유럽의 미래를 위해 우리 독일은 지난 20년간 그래 왔듯이 전력을 다해 노력해야 할 것이다.

문화적으로는 이미 수백 년 전부터 유럽이라는 공동의 집이 지어져 있다. 이제는 이 훌륭한 업적을 대중의 인식 속으로 끌어들여 계속 발전시켜야 한다. 유럽의 어떤 콘서트 홀에서도 차이코프스키, 무소르그스키, 쇼스타코비치, 프로코피에프 등의 곡은 빠지지 않는다. 또한 레닌그라드에서도 모스크바에서도 프랑스의 인상파 화가 피카소, 미로, 달리의 그림은 빠지지 않고 전시된다. 물론 셰익스피어와 버나드 쇼의 작품도 유럽의 모든 극장에서 상연된다. 몰리에르나 괴테, 베르디, 바그너도 마찬가지이다. 이제 출판사들은 20세기 서유럽의 훌륭한 문학작품도 동유럽 언어로 번역 출판하는 데 힘써야 할 것이다. 또한 학계, 연구분야, 교수와 교사들도 폭넓은 교류와 최상의 협력을 발의하고 이를 지원해 나가야 한다. 이 분야는 철저한 노력이 있으면 반드시 성과가 뒤따를 수 있는 영역이다.

불행했던 20세기의 끝자락에 이제 독일 민족이 다시 한번 대운大運을 맞이했다. 이 큰 기회를 십분 활용하기 위해서는 동독 형제자매들과의 민족적 연대의식을 넘어 주변국과의 연대의식(이 연대의식이 없었다면 이 기회도 오지 않았을 것이다)을 잊지 말아야 할 것이다. 또 자유의 기쁨에 도취되어 독선으로 흘러선 안 될 것이다. 그리고 자유와 정의와 연대의식은 하나라는 점을 잊어선 안 될 것이다. 우리는 자유즈의 원칙 하에 통일을 이루었다. 이 큰 행운을 그대로 오만으로 그르쳐서야 되겠는가.

8개조 건의안

1991년 5월

"우린 잠자코 듣고만 있으라는 식입니다. 우리는 아무것도 할 수 없고 우리가 한 일은 모두 잘못이었다고 합니다. 그러니까 우리는 그저 배워야 할 입장이라는 거지요. 우리의 경험들은 전부 쓰레기더미에 내다버려야 할 것들이기 때문이라는 겁니다. 우리가 무슨 말을 해도 들을 가치조차 없다고 여기는 모양입니다. 하지만 그렇게 우월감에 젖어 우리를 무능한 패배자로 업신여기는 것을 언제까지나 견딜 수만은 없습니다."

이는 내가 여러 해 전부터 잘 알고 지내는 동독의 한 주교가 최근에 보낸 편지에서 인용한 것이다. 그의 편지는 다음과 같이 이어진다. "우리 교회가 나서서 이 불만에 불길을 댕기려는 것은 아닙니다. 그러나 이 같은 우려를 염세주의나 감상주의라고 폄하할 수는 없습니다. 우리는 사람들에게 용기를 주고자 노력할 것입니다…."

그러나 총리 자신이 오늘도 여전히 할레Halle나 에어푸르트에 가서 경제에 대한 환상을 늘어놓으며, 1994년까지 모든 상황을 호전시키겠다고 호언장담만 한다면 그런 말을 듣고 대체 누가 용기를 낼 수 있겠는가? 정작 지난날 동독의 950만 근로자 중 이제는 그 절반도 안되는 이들만이 자신의 생계를 직접 해결할 뿐이고, 나머지 절반 이상은 각종 생계보조금에 의존해서 살 수밖에 없는 실정이다. 실업수당, 단기근로보조금, 끝도 없는 대기자待機者 신분, 고용창출 정책(ABM), 즉 단기 단순노동, 조기퇴직 등 동독 지역 주민의 태반이 국고에서 나오는 각종 보조금에 의존하고 있는 것이다. 당장 올 겨울을 앞두고 대체 누가 이들에게 용기를 줄 수 있겠는가?

동독 주민들이 받고 있는 정신적 충격의 파장은 더욱 심해질 것이다. 1990년 경솔하게 심어 준 희망이 이제 실망으로 바뀌어 정치적 방향을 상실하게 될 것이다. 그리고 서독에서는 서독대로 많은 이들이 잘못된 생각을 할 것이다. 즉 동독 주민들은 고생스러운 일은 하지 않으려 한다고 비난하면서 서독 주민의 실질소득에서 빠져나가는 엄청난 액수의 보조금 지원을 중단해야 한다고 말이다.

나는 많은 편지들을 받고 마음이 무거워졌다. 그중 하나에는 이런 내용이 있다. "슈타지 정권은 막된 정권이었습니다. 그러나 막되기는 '베씨'[67]들도 마찬가지입니다. 그들은 물어보지도 않고 우리에게 갑자기 들이닥쳐서는 자기들 방식을 강요합니다. 그러나 서독에서는 오히려 ''오씨''[68]들은 게으르다'고 말합니다. 지금의 상황은 절망적입니다. 점점 더 비관에 빠지고, 용기를 잃고 체념하게 됩니다. 그럼에도 불구하고 독일이 1989-1990년, 인류역사상 드물게 찾아온 작은 기회의 틈을 놓치지 않은 것에 우리는 깊이 감사하고 있습니다."

1989년 11월 베를린장벽이 붕괴하고 12개월도 안되어 동서독이 통일된 것은 실로 유례없는 행운이었다. 1990년 소련의 위기 상황이 고르바초프 덕분에 독일에는 득이 되었다. 지금이라면 불가능했을 것이다. 그는 이미 그럴만한 충분한 정치적 기반을 상실했기 때문이다. 소련의 국가체제와 경제가 내부에서부터 붕

---

67) Wessi. 구 동독에서 구 서독 주민을 폄하하여 부르는 호칭. 이 말에서는 상대에 대한 호감보다는 '잘난척 하는 서독놈'이라는 적대감이 묻어 나온다.
68) Ossi. 구 서독에서 구 동독 주민을 폄하하여 부르는 호칭. '게으르고 무능한 2등 시민'이라는 무시의 표현이다.

괴한 이후 일단은 두 가지 가능성만이 존재할 것으로 보인다. 혼란 아니면 독재가 그것이다. 또는 혼란과 독재가 함께 나타날지도 모른다. 이와 같은 소련의 내부상황이 폴란드, 헝가리, 체코슬로바키아 등 전 동유럽에 부정적 영향을 미치면서 큰 위기를 불러올 수도 있다. 만일 우리 독일도 지금의 뜻밖의 행운을 지속적인 행운으로 공고히 하지 못한다면 큰 혼란에 빠질 수 있다.

다시 얻은 통일이라는 행운을 지키기 위해서는 매우 신중한 자세와 인간적인 배려, 커다란 희생정신이 뒤따라야 한다. 우리가 잡은 이 행운을 놓치지 않으려면 주변국에 오만하게 굴어서도, 신연방 주민에게 고압적으로 대해서도 안 된다. 소심해서도, 영혼과 지성이 타성에 젖어서도 안 되며, 정치·경제·사회적 지도력이 흔들려서도 안된다. 어쨌든 한 가지만은 분명하기 때문이다. 즉 지금보다 통일비용이 세배가 더 소요될지라도 우리는 통일을 포기할 수 없는 것이다. 비싼 비용을 치른다 함은 경제적인 의미에서만이 아니다. 오히려 우리는 더 많은 정신적 시련과 마음의 고통을 감내해야 할 것이다.

통일과 통일조약을 촉박하게 이끌어 내다 보니 여러 오류를 범하게 되었다. 가장 큰 실책은 정부에 있었다. 정부는 통일비용이 쌈짓돈 정도에 불과할 것이라며 통일과업을 완수하는 것이 마치 누워서 떡먹기인 양 호언장담을 일삼았던 것이다. 1990년 하반기, 정부가 무능한 경제운용에서 비롯되는 말잔치에 스스로 도취되어 있었음을 우리는 지켜보았다. 정부는 서독 주민들이 부담해야 할 엄청난 재정원조의 필요성을 도외시했다. 서독 주민들이 연대의식과 자발적 희생정신을 발휘해야 한다는 사실도 눈감아 버렸다.

유감스럽게도 본Bonn 정부에는 국민에게 연대의식을 호소할 용기 있는 사람이 하나도 없었다. 1991년 초까지도 본의 정부나 정치권은 이 복합적 문제를 충분히 진지하게 다루지 않았다. 또한 경제단체나 노조, 사용자 연합BDA: Bundesvereinigung der Deutschen Arbeitgeberverbände, 독일 전경련BDI: Bundesverband der Deutschen Industrie, 상공회의소DIHT: Deutscher Industrie-und Handelstag, 수공업조합, 농업조합, 은행조합과 그 대표들도 정부에 보다 광범위하고 구체적인 행동을 촉구하지 않았다. 마침내 야당이 나섰고, 한스 요헨 포겔Hans-Jochen Vogel 사민당 당수가 총대를 메고 나왔다.

많은 아마추어 정치인들은 오늘도 여전히 현재 구 동독 지역의 높은 실업률이 지난 40년간 동독 정권의 잘못된 경제운용의 결과라고 말한다. 그러나 실제로는 서독 정부가 1990년 여름 구 동독의 제품을 독일과 세계시장의 완전 경쟁에 전격적으로 내놓았을 때, 이에 따른 구 동독의 판매와 매상, 고용의 붕괴를 예상하지 못했을 리가 없다.

구 동독 기업이 순식간에 기존 거래처와 고객의 태반을 잃을 수밖에 없음은 1990년 여름 이래 자명한 사실이었다. 소련과 코메콘 국가들뿐 아니라 무엇보다도 구 동독 내의 기존 고객까지도 말이다. 이미 산업생산 규모는 1988년 말에 비해 절반 이상으로 대폭 감소했고, 이러한 감소 추세는 지속되고 있다. 그러나 정부는 시장경제에 의해 이런 손실이 단기간 안에 만회될 것이라는 환상에 빠져 있다.

총리는 정말 순진하게도 동독에 서독 마르크를 도입한 조치를 1948년 단행된 화폐개혁에 비견하는데, 이는 아무것도 모르고 하는 소리다. 서독은 50년대 말까지 외환 통제를 통해 외국과의 경쟁으로부터 국내 상품을 적극적으로 보호했으며, 또 수입 압력도 크지 않았었다. 이는 큰 차이이다. 이 점에서 볼 때 현재 폴란드나 헝가리, 체코슬로바키아의 산업 여건이 구 동독 지역보다 낫다고 할 수 있다.

제발 오해는 말기를 바란다. 서독 마르크 지대와 유럽공동체 공동시장에 동독을 서둘러 편입시킨 것은 정치적으로는 옳은 결정이었다. 지금도 나는 10년 안에 동서독의 시간당 생산성이 같아질 수 있을 것이라 믿고 있다. 이 말은 동독의 생산성이 지금보다 세배 증가한다는 의미로, 즉 나는 현 상황을 결코 비관적으로 보지는 않는다.

그러나 나는 통일 과정에서 불가피하게 인력의 대량해고가 뒤따를 것임을 작년 여름부터 알았고, 이 점을 1990년 8월 이후 구 동독 지역 어디서나 기회 있을 때마다 밝혀 왔다. 새로운 일자리를 창출하여 타 부문에서 방출된 실업 인구를 수용하려면 수년간은 무조건 주택의 신규 및 재건축, 도로·철도의 현대화, 통신망 확대, 생필품 사업 지원, 폐기물 처리, 환경보호, 새로운 산업지대 조성 등 대형 인프라 투자 프로그램이 필요했고, 앞으로도 수년간은 이 사업이 이어져야 한다는 것이 나의 주장이다.

이와 함께 민간투자를 유도하고 고용 창출을 꾀하고자 한다면 실용적인 법률을 시급히 제정하고 행정적 제반 조건을 조속히 마련해야 한다고 주장했으며, 여전히 나는 이 주장을 펴고 있다.

지난 주에야 정부와 입법기관은 그동안 방치해 온 일들을 일부 바로잡았다. 그러나 너무 늦게 이뤄진 작업이요, 또한 아쉽게도 소폭적인 개선이었다.

분명히 알아둘 것이 있다. 올해 구 동독에 투입하는 공공재정이 1,000~1,300억 마르크라고 할 때, 그중 4분의 3 이상은 단기고용기금, 실업보조금, 공무원의 임금으로 나간다. 극히 일부만이 신규 투자에 투입될 뿐 나머지 대부분은 소비로 들어가는 것이다.

그러나 국민경제의 생산성 향상을 위해서는 기업과 공공기관의 투자가 단연코 중요한 요소이다. 단기적 효과를 내는 데에는 결정적이다. 투자만이 타 부문에서 해고된 실업자에게 생산적인 일자리를 지속적으로 제공하여 그들에게 용기와 자신감을 돌려줄 수 있기 때문이다. 기반시설에 대한 공공투자는 기업의 경영비용 합리화와 기업의 투자를 위한 제반 조건으로서 절실하다. 구 동독에 보다 많은 투자를 하고자 한다면, 최소한 다음의 8개 사항에서 적극적으로 방향전환을 모색해야 한다.

1. 모든 관료주의적 절차를 과감히 간소화하라. 5개 주정부, 베를린 시의회 및 각 지방 자치정부가 언제라도 직접 결정할 수 있는 사안에 대해 이들에게 자체 결정권을 주어야 한다. 그리고 이들 결정기관들은 공사업체가 동독의 인력을 고용하도록 하는 강제조항을 입찰 공모에 명시해야 한다. 서독의 건설업체에 사업을 맡겨서는 안 될 것이다. 또 토지 활용 권한과 설계 권한에서부터 건축 허가에 이르기까지, 시공자 공모에서부터 계약에 이르기까지, 지나치게 까다로운 행정절차를 간소화하고 축소해야 한다. 그러나 정부는 여태껏 이론적으로만 '간소화'를 외칠 뿐, 낡은 주거 지역의 재개발과 현대화를 누가 담당할지 재원은 어떻게 조달할지에 대해 구 동독 지역의 실무자들은 아직껏 아무것도 모르고 있는 것이다.

30년 전 북부 지역에서 큰 물난리가 났을 때 우리는 해당 법조항과 금지규정을 하나하나 따지지 않았다. 수많은 생명이 위태로웠기 때문이다. 우리는 행동했다. 현재 동독은 당시보다 훨씬 큰 위기 상황에 있다. 그러므로 행동으로 보여주어야 한다. 그러기 위해서 슈톨페[69]와 비덴코프[70]의 제안에 귀를 기울여야

---

69) Manfred Stolpe(1936-). 사민당(SPD)소속. 브란덴부르크 주지사(1990-2002), 건설교통부장관(2002-2005).
70) Kurt Hans Biedenkopf(1930-). 기민당(CDU)사무총장(1973-1977), 연방 하원의원(1976-1980), 연방 상원의장(1999-2000).

한다. 이들은 신연방주의 행정기구가 어떤 문제들을 어떻게 극복해나갈 수 있는지 본의 정책수립가들보다 더 잘 아는 사람들이다.

만일 토지 매각은 바트홈부르크Bad Homburg에 소재하는 연방재산관할청의 소관이라는 이유로, 어느 한 대도시 지자체가 투자자에게 토지를 매각하지 못한다면 이는 무언가 잘못된 것이다. 결정권을 분산시킨 신탁관리청의 선례를 연방 재무부도 따라야 한다. 이제는 각 지방에서 결정할 수 있는 것은 현지에서 결정할 수 있도록 해야 한다.

묄레만[71]이 전 분야에 걸친 간소화 계획안을 정부에 제출한다면(불가피하다면 5년간의 한시법으로) 이는 대단한 업적이 될 것이다. 행정의 간소화가 가져올 부작용은 대규모 실업사태가 우리의 민주주의에 끼칠 위험에 비하면 아무것도 아니다.

동독 지역에서는 제대로 업무를 수행할 줄 아는 공무원이 턱없이 부족해 경제활동에 필요한 행정업무가 너무나 많이 지체되고 있다. 그러므로 서독 공무원들에게 일시적으로 동독에서 파견근무를 하도록 촉구해야 한다. 이를 위해서는 승진과 기타 인센티브가 있어야 할 것이다. 물론 기본법에는 공무원들을 파견할 수 있다고 명시되어 있다. 우리는 서독의 공무원들도 대형 은행들의 본보기를 따르도록 요구해야 할 것이다.

2. 신탁관리청도 업무를 지금까지보다 더 철저하게 초지역적 문제에 국한시키고, 각 지역 담당자들의 결정권을 더욱 확대해 주어야 한다. 신탁관리청은 적재적소에 감독기관을 설치하여 기업의 구조조정에 필요한 인력을 대부분 확보했다. 그러나 신

---

71) Jürgen Wilhelm Möllemann(1945-2003). 자민당(FDP)소속. 교육부장관(1987-1991), 경제부장관(1991-1993), 부총리(1992-1993), 자민당(FDP)당수(2001-2002).

탁관리청이 8,000개 기업의 구조조정과 재정 지원을 전부 도맡을 수는 없다. 신탁관리청의 주 업무는 민영화 작업이어야 한다. 이때 신탁관리청은 매각금액에만 신경쓸 것이 아니라, 스스로 투자하고 미래를 위해 안정적으로 일자리를 창출하려는 기업에 우선적으로 매각해야 한다.

한편, 신탁관리청이 지금처럼 지방사무소를 많이 가지고 있는 것은 잘못이다. 이는 동독 시절 사회주의통일당의 구획 획정에서 비롯된 것이다. 각 주에 하나씩 모두 여섯개면 족하다. 그러면 업무의 질과 결정의 효율성이 상당히 높아질 수 있다.

3. 투자와 고용이 우선이다. 전前 소유주의 상속인에게 사유재산을 반환하는 일보다 투자와 고용을 무조건 우선시해야 한다. 최근 개정된 재산법은 복잡하고 일목요연하지 못해 여전히 이해가 잘 안 된다. 가장 핵심적인 항목인 3조 a항의 시행을 1991-1992년까지로 한정해서는 안된다. 1992년 말까지는 신탁관리청이 도저히 업무를 완수할 수 없기 때문이다. 또한 교회, 각 주와 시의 지자체, 신탁관리청이 재산·토지·건물·주택에 대한 결정권을 행사하는 데 어떠한 제약도 있어서는 안 될 것이다.

사유재산 보상 문제를 해결할 시간은 충분하다. 사유재산을 강탈한 것은 이미 오래 전의 일이다. 현재로서는 보상이냐 반환이냐를 둘러싸고 사유재산 문제를 서둘러 처리해야 할 어떠한 경제적, 사회적 이유도 없다. 그러나 개정된 법도 여전히 사유재산권자의 선매각권을 규정하고 있다. 현재까지 1천2백만 건의 반환 요구가 접수되어 있다. 변호사들에게는 한몫 잡을 수 있는 환상적인 소송 특수가 아닐 수 없다.

4. 동독 지역 투자 촉진을 위한 조세 혜택 및 각종 보조금 지원이 경제질서 지상주의자들의 눈에는 분명 최선의 방법으로는

보이지 않을 것이다. 그러나 현재로서는 지원이 절실하기 때문에 우리는 지원을 더욱 확대해야 한다. 이와 관련한 칼 쉴러의 제안을 진지하게 받아들일 필요가 있다. 구 동독 지역의 투자에 대해 즉시 세금을 전액 면제하는 한편 결손금의 이월 공제와 소급 공제를 실시하며, 가상 매입세액의 공제를 보장하면서 부가세율을 제로로 하자는 것이 그의 제안이다. 이미 과거에도 유사한 방식으로 이 모든 조치를 시행한 적이 있었다. 이것은 결코 혁명적 조치가 아니다. 다만 한시적으로만 운용하여 이에 길들여지게 하거나 불필요한 승수효과를 유발시키지는 말아야 할 것이다.

5. 이 모든 조치를 취한다 해도 여전히 어려울 것 같은 지역에서는 직업 알선기관과 재교육기관이 도움이 될 것이다. 그러나 이것은 응급처방은 될지언정 영구적 해결책은 아니다. 현재로서는 교육 프로그램을 받겠다는 사람이 많지 않은데, 이는 미래의 유망 직종을 아직 예측할 수 없기 때문이다. 그러므로 경제적 구조조정의 성공이 가시화되는 과정에서 추가적으로 직업 재교육을 실시하는 것이 보다 큰 성과를 낼 것이다.

6. 공공 인프라 건설계획을 실시하기 위해 더 많은 재정을 확보해야 한다. 거리에 나가 보거나 마을에 찾아가 보면 해야 할 일들이 한눈에 들어온다. 그러나 1991년 신연방주의 건설 현황을 보면 실제로는 그 규모가 감소하고 있다. 메클렌부르크, 우커마르크Uckermark, 튀링엔 등 그 어디에도 이유를 아는 사람은 하나도 없다. 나 역시도 이해가 안된다.

7. 세금인상은 불가피하다. 지금까지 투자 저해 요소가 너무 많았기 때문에 연방정부와 신탁관리청의 공적자금 대출로 이뤄진 재정원조의 대부분이 동독 주민들의 소비 지원으로 끝나버리고 있다. 이는 대규모의 적자재정 운용으로서, 그 혜택은 경

기 진작을 위한 처방이 필요치도 않고 감당할 수도 없는 서독과 공동시장에 돌아간다. 레이건 미국 대통령이 취한 불합리한 재정운용에 비견할 만한 과오라 하겠다. 물가와 임금이 상승함에 따라 중앙은행은 단기금리를 크게 인상하여 이 오름세를 잡으려 할 것이다. 게다가 금융시장에서는 장기 금리인상까지도 우려되는 상황이다. 이렇게 되면 개인이 주택건축 융자를 받기란 거의 불가능해진다.

연방, 주, 지자체, 신탁관리청, 국채발행기관, 철도, 체신청 등 공공기관은 전년에 비해 올해(91년), 대출을 몇 배로 늘려야 할 것이다. 그러나 이에 상응하여 저축과 자본형성이 몇 배로 증가하는 일은 결코 없을 것이다! 1991년 정부예산이 곧 확정될 텐데, 이 예산안에 포함되어 있지 않은 많은 항목에서 차후에 대규모 추가지출이 발생할 것이다. 인프라 건설 프로그램의 확대, 대규모의 부채 인수(공공기관에서 얻은 빚은 탕감해 주어야 옳을 것이다), 신탁관리청에 의한 재건축 담보물의 상환(현재까지 300억 마르크), 신탁관리청이 떠맡게 될 환경오염 부담금, 그러나 무엇보다도 고실업으로 우리가 떠안게 될 지출 부담은 다른 부담들에 비해 훨씬 클 것이다. 게다가 앞으로는 독일이 폴란드·헝가리·체코슬로바키아의 재건비용까지 지원해야 하므로 부담은 더욱 늘어날 것이다.

앞으로 10년 동안 독일 국민의 세금 및 공과금 부담이 증가하리라는 점을 분명히 인식할 필요가 있다. 이 사실을 일찍 인식시킬수록 앞으로가 수월해질 것이다. 이때 부가가치세, 유류세, 기타 간접세를 인상하는 것이 손쉬운 방법이기는 하나 사회적으로 가장 옳은 방법이라고는 할 수 없다. 진정으로 정의를 원한다면 전 국민의 근로세 및 소득세를 추가 징수하는 종전의 방안을 확대 실시해야 한다. 추가 조세를 실시할 경우 개인이 납부하는 세금이 백분율로 동일하게 인상되지만, 사회적으로는 소득에 따라 세부담이 차등적으로 나뉜다. 물론 질질 끌어오던 세금 보조금 및 기타 보조금을 단호히 폐지할 수만 있다면 필요한 예산 확보를 위해 가장 좋은 해결책이 될 것이다.

다만, 어떤 경우에도 헌법적 질서가 손상되어서는 안 된다. 연방정부가 신연방주의 경제 재건을 지원함으로써 연방과 서독 각 주 사이의 재정격차 해소는 사실상 지연되고 있다. 구 연방주들이 연방 상원에서 예산부족에 불만을 제기하면 할수록 연방정부는 일방적인 세금인상 압력을 받게 되고 이는 독일의 연방제에 뜻하지 않게 균열을 가져올 것이다.

8. 임금정책도 재구실을 해야 한다. 단체협상을 통해 이미 동독의 임금수준을 조기(1994년 4월까지)에 서독의 수준으로 끌어올린 데 대해 많은 비판이 쏟아지기는 했다. 그러나 이 조치는 적절했다 하겠다. 그렇지 않았다면 동독 주민의 이탈이 훨씬 심했을 것이기 때문이다. 지난해만도 거의 30만 명이 서독으로 이주해 왔다. 뿐만 아니라 역으로 생각하면 지금만큼 서독의 전문인력을 동독으로 많이 유인하지는 못했을 것이다. 반면 초기의 대폭적인 임금인상으로 신연방주의 생산비용이 갑작스레 증가하는 반면, 모든 분야에서 생산성이 그만큼 따라주는 것은 결코 아니다. 따라서 실업의 추가 발생 위험을 배제할 수 없다.

또 다른 문제는 만일 작센이나 브란덴부르크의 임금의 기준이 되는 서독의 임금이 올해 초처럼 매년 거의 7%씩 인상된다면, 1994년까지 동독의 임금은 약 60% 인상되어야 한다는 것이다. 그러나 구 동독 지역의 전반적 생산성이 이 속도로 증가하기란 불가능하다.

40년 이상 노조에 몸담아 온 나로서는 다음과 같은 확고한 결론을 내릴 수 있다. 신연방주의 실업에 맞서 정당하게 이 문제를 해결하고자 한다면, 그리고 근로기본권을 헌법으로 보장하고자 한다면, 연대의식을 발휘하여 서독의 임금인상에 고삐를 죄어야 할 것이다.

라이프치히에서 동독 주민들이 '우리는 한 민족'이라는 구호를 외쳤지만, 그때 그들은 통일의 방법에 대해서는 알지 못했다. 1948년 이래 경제가 차차 발전했고, 그 이후로 많은 것을 배우게 된 서독의 우리들 역시 통일에 대해서는 아는 바가 없었다. 그러나 정부는 동독의 형제자매들에게 단시일 내에 서독처럼 잘살 수 있게 될 것이라고 약속했고, 서독 주민들에게는 통일비용이 얼마 되지 않을 것이라고 약속했다.

우리가 지금 처해 있는 이 어려움을 생각할 때마다 나의 의식 속에는 항상 에른스트 발라흐[72]의 조각이 떠오른다. 두 사람이 조우한다. 근심스러운 표정으로 고개를 숙이고 있던 한 남자가 얼굴을 들어 희망 어린 눈으로 다른 이의 얼굴을 쳐다본다. 그러자 그는 남자를 일으켜 꼭 껴안는다. 오랜 방황을 끝낸 귀향자의 모습이다. 부당하게 오랫동안 감옥에 가 있던 형제가 마침내 대문 앞에 서 있다면 그를 안으로 들이고 형제애로써 가진 것을 나누지, 돈 계산부터 하지는 않는다. 1989년 11월 9일 이래 최대의 실수는 우리의 동족애와 자발적 희생정신에 호소하는 일을 게을리한 것이었다.

8천만 독일 국민 중 5분의 4가 서독에 거주한다. 현재 서독 주민들은 과거 그 어느 때보다 경제적으로, 사회적으로 풍족한 삶을 누리고 있다. 그러므로 이들 다수는 나머지 5분의 1의 경

---

[72] Ernst Barlach(1870-1938). 조각가, 화가, 극작가. 독일 표현주의 작가. 대표작으로 〈귀스트로프의 천사〉, 〈고행자〉 등. 나치 시대에 그의 작품은 전시가 금지되었다.

제적, 사회적 안정과 자립을 당연히 도울 수 있다.

그러나 우리는 이들 다수에게 동독의 동포들에 대한 지원을 더욱 촉구하고 그들의 연대의식을 조직해야 한다. 지난 50년대 우리는 박해받는 자들과 망명자, 공습피해자들을 도와주고 우리 사회에 편입시킨 경험이 있지 않은가. 포기할 만큼 늦지는 않았다. 그러나 이미 상당히 늦은 것이 사실이다.

구 동독 주민들은 이제 거들먹거리며 하는 약속에는 신물이 났다. 그들은 뮌헨이나 본, 이르제Irsee 등 옆 무대에서 벌어지는 풍자극을 이해할 수 없다. 1994년 선거에 누가 당선되는지가 중요한 게 아니다. 결정적인 것은 1945년 이래 최대의 집행유예 시험대에 오른 우리가 한 국가의 국민으로서 과연 이 시험에 합격하느냐 못하느냐이다.

동독은 무너졌다. 누구나 아는 사실이다. 그러나 모두가 배워야 할 것이 있으니, 바로 통일독일은 서독의 연장이 아니라는 사실이다. 정신적 통합, 정신적 화합을 이루는 데에는 한 세대 이상이 걸릴 것이다. 그러나 우리가 지금 이 10년 동안 경제적, 사회적 화합을 이루지 못하면 정신적 화합도 성공하지 못할 것이다. 지금 우리에게 필요한 것은 공동체의식과 동족애를 한껏 고양하는 일이다.

통일 1주년을 맞이하여

1991년 10월

말도 안된다! 얼마 전 우리 독일인들을 가리켜 '사실상 통일을 더 이상 원치 않는 민족'이라고 단정한 뮌헨의 역사학자 크리스티안 마이어Christian Meier의 의견에 나는 결코 동의할 수 없다. 독일 민족의 정체성이란 것은 더 이상 시대에 맞지 않는 것이며, 따라서 우리 스스로 이를 포기해야 한다고 틈만 나면 주장하려는 지식인들이 이미 오래 전부터 많이 있어 왔음을 나는 알고 있다. 그들은 평화를 위해서는 국가의 통일을 위한 노력을 단념해야 한다느니, 통일을 주장하는 사람들도 말이 그렇다는 것이지 통일을 진정으로 바라는 것은 아니라느니 하면서 우리를 설득하고자 한다는 것을 나는 잘 알고 있다.

약삭빠른 좌파 자유주의자들의 이런 소리는 독일의 역사를 감안한다면 이해하지 못할 것도 없다. 그것은 그들과 같은 몇몇 부류, 즉 자신을 자민족과 동일시하는 데에 어려움을 느끼는 사람들만을 위한 주장에 불과한 것이다. 사실 라이프치히에서건 바이마르에서건, 아니면 브란덴부르크 문의 동쪽에서건 서쪽에서건, 또는 함부르크에서건 하이델베르크에서건, 우리 독일인들은 한 민족이란 생각을 고수하고 있다. 이는 폴란드나 헝가리, 에스토니아, 라트비아, 리투아니아, 프랑스, 네덜란드, 영국의 국민들이 각기 민족의식을 갖는 것과 같은 이유에서이다.

그렇다. 민족국가가 절대로 최고의 가치가 되어서는 안 된다는 것은 분명히 맞는 말이다. 그러나 민족국가는 유럽 전역에서 여전히 필수불가결한 지고의 정신적 가치이다. 어느 민족이고 그들 스스로가 사랑하지 않는 국가에 갇혀 산다면 그 민족의 자유와 평화는 위협받기 마련이다.

1989년 11월 9일 베를린장벽이 무너지고 민족의 통일이 눈앞에 다가왔을 때, 거의 모든 독일 국민은 지난 백 년간 느껴보지 못했던 깊은 행복에 휩싸였었다. 그리고 1990년 10월 3일 통일조약이 체결되었을 때에도 다시 한번 그와 같은 행복을 느꼈다.

일년하고 하루가 지난 오늘 우리는 그때 그 행복으로부터 무엇을 일구어 냈는지 자문해 보지 않을 수 없다. 우리가 내적 통일을 향해 과연 바른 길로 가고 있는가? 주변국들이 아무 근심 없이 우리와 기쁨을 나눌 수 있도록 그들을 초대했던가? 이 두 질문에 대해 진심으로 답을 하려니 상당한 회의가 드는 것을 어쩔 수 없다.

우리나라의 정치권과 여론은 독일의 통일이 유럽 전역에 미치게 될 영향을 의식하지 않고 있다. 독일은 유럽의 다른 어느 국가보다도 많은 나라들과 국경을 맞대고 있다. 그러므로 우리는 이 모든 주변국과 우호관계를 유지해야만 하는 특별한 어려움을 안고 있는 것이다. 더구나 거의 모든 이웃 국가들은 빌헬름 2세의 과대망상증을 기억하고 있을 뿐 아니라, 이보다 더욱 생생하게 히틀러 점령 하에서 자행된 범죄를 기억하고 있다.

때문에 유럽공동체와 나토는 처음부터 소련으로부터의 방어뿐 아니라 또 하나의 목적을 가지고 있었으니 바로 독일로부터의 안전보장이었다. 그 방법은 바로 당시 5천만 인구의 서독을 유럽공동체와 나토의 회원국으로 묶어 두는 것이었다. 현재 통일독일의 인구는 7천5백만 명이고, 머지않아 8천만 명에 이를 전망이다. 이는 거의 프랑스나 이탈리아, 영국의 1.5배, 폴란드의 2배, 네덜란드의 5배나 되는 인구수이다. 지금은 잠시 감추고 있지만 이들의 마음 속에는 독일에 대한 우려가 자라고 있는 것이다.

이웃나라들이 독일에 대한 두려움을 갖게 된 배경을 보면, 사실 우리가 여러모로 그 원인을 제공한 측면이 많다. 그 단초는 1989년 11월 29일, 콜 총리가 미테랑 대통령과 아무런 사전 협의도 없이 독일 통일에 관한 '10개안'을 공표한 일이었다. 이런 실수는 계속됐다. 독일·폴란드 국경선을 마지막 순간까지도 공식적으로 인정하지 않고 주저했다. 독일 국내에서는 이 두 가지 실책에 대해 거의 비판이 일지 않았으나, 프랑스와 폴란드에서는 그 여파가 상당했다. 전사자 묘역과 아우슈비츠 수용소를 참배하는 상징적 제스처들이 현실 정치를 대신할 수는 없는 일이다. 프랑스와 폴란드는 역사적으로나 지리적으로 우리의 첫 번째 우방국들이다. 이런 현실을 감안할 때, 오데르 강 유역에서 발생한 반反폴란드 소요사태는 독일과 폴란드 관계를 해치는 악재가 아닐 수 없다. 더구나 우리 독일이 서방과 소련/러시아 사이에서 '교량 역할'을 수행하겠다고 헛소리까지 해대고 있다. 또한 모스크바에 대한 대규모 재정지원은 폴란드뿐 아니라 프랑스 및 기타 유럽 국가들까지 당혹스럽게 만들고 있는 것이다.

사방 온갖 나라들과 벌이는 독일의 공수표 외교[73]는 주변국에 군침을 흘리게 할 뿐, 주변국의 희망사항을 다 충족시킬 수는 없는 일이다. 공수표 외교의 남발은 주변국들 내에 독일의 경제력에 대한 시기를 불러일으키고 두려움만 키울 뿐이다. 최근 콜 총리가 유럽공동체의 틀 속에서의 통화동맹을 정치동맹에 예속시키려하는데, 그리된다면 주변국의 공분을 자아내게 될 것이 뻔하다(그러한 제안은 마치 주변의 기대와는 정반대로 미래의 유럽 중앙은행 제도가 공동의 정치기구로부터 완전히 독립할 수

---

73) 독일이 동유럽 국가들에 경제재건을 지원하겠다는 약속을 남발한다는 지적.

없다는 말이 되기 때문이다). 주변국들은 사실 독일은 단일통화를 전혀 원치 않을 것이며, 독일이 추구하는 바는 독일 마르크화와 독일 금융기관이 압도적으로 우월한 지위를 획득하는 것이라고 여길 것이다. 한마디로 90년대 말에 가서는 제2의 일본이 되는 것이 독일의 야심이라며 주변국들은 분노할 것이다. 랄프 다렌 도르프Ralf Dahrendorf의 말처럼 유럽 내 독일의 우방국들이 혼란에 빠지고 우려하는 것은 놀라운 일이 아닌 것이다.

독일은 이라크전쟁이나 세르비아·크로아티아 분쟁에서 오락가락 갈지자(之) 행보를 보였다. 총체적으로 미련했던 독일의 이 같은 돌출행동은 유럽공동체와의 연대를 위태롭게 하는 것으로, 정부의 무심함과 오만함을 보여주는 또 다른 단적인 예라 할 수 있다. 독일 연방군의 미래에 관한 문제에서 정부가 미적거리는 태도를 보인 반면 조지 부시 대통령은 전력 감축을 위해 그에 필요한 사전 조치를 단독으로 단행함으로써, 본Bonn 정부의 우유부단과 부시 행정부의 돋보이는 행보는 너무나 큰 대조를 이루고 있다.

독일연방공화국의 비중이 우방국들에 비해 커지면 커질수록 우리는 더더욱 조심스럽고 신중하게 처신해야 한다. 우방국들을 배제하고서는 아무것도 하지 말라. 가능한 한 우방과 함께 하라. 프랑스, 폴란드와 함께 할 때에만 독일에 대한 선입견과 적개심, 우려를 불식시킬 수 있을 것이다.

콜 총리가 지금까지 경솔한 낙관론만 떠벌리고, 단기간에 쉽게 얻어낼 수 있는 성공만을 약속하고 있기 때문에 근래 들어 '베씨'들과 '오씨'들 사이에서 실망의 목소리가 터져 나오고 있다. 차라리 1990년 10월 3일 동서독이 통일되던 날, 서독 주민들에게 연대의식을 호소하고 앞으로 10년 동안은 제약이 따를 것이라고 말했더라면 훨씬 나았을 것이고 도덕적으로도 떳떳했을 것이다. 마찬가지로 동독 주민들에게도 앞으로 10년이라는 힘든 적응의 시간이 기다리고 있다고 분명히 이야기했어야 했다. 그러나 지금이라도 동서독 양측에 이 같은 사실을 솔직하게 고백한다면 결코 늦은 것은 아니다. 지금까지 지나간 일은 차치하고서라도 내년도에 대한 명확한 방향 제시와 더불어 '국가적 상황'에 대해 광범위하고 적정한 조사를 벌이는 것이 어떨까? 침체일로의 동독 경기에 1992년 처음으로 소폭의 성장세가 나타날 수도 있을 것이다. 그렇다면 이를 위해 우리가 해야 할 일은 무엇인가? 행정당국이 해야 할 일은 무엇이며, 사법당국은 무엇을 해야 하는가? 또 대학은?

'베씨'들은 자신들이 무엇을 잘못하고 있는지 정부의 말을 귀담아 들어야 한다. '베씨'들은 오만불손하게도 '오씨'들을 이래저래 2류 국민으로 낙인찍고 있다. "우리를 가르치러 서독에서 온 자들은 너무 참을성이 없고 오만하다. 사기꾼 같은 의심스러운 인간들까지 몰고 다닌다"(크리스티안 마이어). 우리는 정당 독재 대신 '자본 독재'(디터 E. 침머 Dieter E. Zimmer)가 들어선 것 같은 잘못된 인상을 심어 주어서는 안 될 것이다. 또한 1933년에서 1990년까지 숨돌릴 틈 없이 독재정권의 통치를 받아온 동독 주민들에게 "저들은 실수투성이에다 잘못된 교육을 받고 자랐다"(리하르트 슈뢰더[74])고 비난할 권리가 우리에게는 없다. 우리의 사법부도 '승자의 법정'이 되는 오류를 범해서는 안 될 것이다. 상당수의 서독 주민들의 위선은 역겹기 그지없다. 클라우스 폰 도냐니[75]의 말이 옳다. "우리는 과거의 나치세

---

74) Richard Schröder(1943-). 철학자이자 신학자. 통일 당시 사민당(SPD)의원.
75) Klaus von Dohnanyi(1928-). 사민당(SPD)소속. 교육부장관(1972-1974), 함부르크 시장(1988).

력이나 공산세력에 대해 가졌던 오만함을 버려야 한다. 대신 앞을 보고 나아가야 한다."

'서독의 나홀로 도덕성 주장'(로버트 라이히트Robert Leicht)은 근거 없는 소리다. 지난 수십 년간 동독 여성들의 권리였던 낙태 여부 및 그 시기에 대한 단독 결정권을 이제 와서 박탈하려는 것은 일종의 오만불손한 행위이다. 동독의 간호사들이 오랫동안 힘든 직장생활 속에서 쌓아 올린 근로연수를 축소하려는 작태는 말도 안 되는 강등 처사이다. 우리 노조를 보기가 부끄러울 지경이다.

정치적 피억압자를 위한 기본적 망명권을 광범위하게 악용하는 실태와 관련하여 만일 정치권과 언론이 수개월째 실질적 도움은 주지 못하는 채 매일 저녁 TV에서는 폭력과 살인을 보도하고 있다면, 이에 대해 어떤 식의 극단적 반응이 나오더라도 놀라지 말아야 할 것이다. 그러나 극좌파가 현재 신용을 잃고 있기 때문에 호이어스베르다Hoyerswerda에서 브레멘에 이르기까지 민심이 극우파에게 쏠리고 있다.

만일 오로지 동독 주민들만이 새로운 것을 배워야 한다고 생각한다면 이는 착각이다. 서독 주민들도 변화해야 한다. 동서독 주민 모두가 서로를 향해 다가갈 때에만 1989년 라이프치히의 시위대가 바라고 외친 것처럼 우리는 내적으로 '한 민족'이 될 수 있다. 물론 동독 주민들이 아주 많은 것을 배워 나가야 하는 것은 여전히 사실이다. 그들 앞에는 힘든 나날들이 기다리고 있다. 그러나 바로 이 때문에 그 누구도 동독 주민들의 자존심과 자부심을 건드려서는 안 되는 것이다!

기본법 1조에 천명하고 있는 인간존엄성 불가침 의무는 국가에만 해당하는 것이 아니다. 모든 이에게 해당된다. 또한 신문, TV, 그리고 정치인들에게도 마찬가지이다. 얼마 전 유력 일간지 '프랑크푸르터 알게마이네 차이퉁Frankfurter Allgemeine Zeitung'지가 동독 주민들에게 "뜻밖에 얻은 자유를 잊어버리거나 내팽개쳐서는 안 된다"고 경고하고 그들을 '독일의 울보'라고까지 표현한 바 있다. 이런 오만함은 동독 주민의 존엄성을 해치는 것으로, 몇 년 전 "이른바 투쟁방식에 있어 동독의 사회주의통일당과 서독의 사민당이 하나도 다를 것이 없다"라는 참을 수 없는 글을 실었던 어느 신문보다 못할 것이 없다. 현재 우리의 언론과 국내 정치가 샬크 골로드코프스키[76]나 볼프[77]와 같은 그저 잠시 거론될 뿐인 인물들을 이슈화하고, 과거 슈타지나 동독의 기타 기관들에서 억압의 주체였던 인사들을 불가피하게 해고한다는 내용을 여러 주 동안 기사거리로 삼을수록, 우리가 진정 주목해야 할 문제들은 시야에서 밀려나게 될 것이다.

한 세대 전 쿠르트 슈마허가 대중 앞에 마지막으로 섰을 때, 그는 다음과 같이 앞날을 내다보았다. "독일의 통일은 독일의 각 부분부분이 함께 노력하고 함께 위험을 짊어질 때에만 성공할 수 있다." 슈마허는 이와 관련해 동독 주민들이 '당연히 요구할 수 있는' 인간적 연대가 거부당해서는 안 된다고 강력하게 경고했다.

현재 독일의 국가적 상황은 1933년 이래 그 어느 때보다 좋다. 모든 독일 국민은 자유를 누린다. 모두가 법 앞에 평등하다. 우리는 정부를 스스로 선택했고, 다른 정부를 선택할 수도 있다. 국가의 폭압을 두려워할 필요도 없다. 우리의 평균 생활 수준은 그 어느 때보다 높다. 우리에게는 그 어떤 외부의 위협

---

[76] Alexander Schalck-Golodkowski(1932-). 동독 사회주의통일당(SED)소속. 통상부장관(1967-1975), 통상부차관(1976-1989).
[77] Markus Johannes Wolf(1923-). 구 동독의 비밀경찰 슈타지의 해외정보부장(1956-1986). 통일 이후 복역 중이다.

도 없다. 그러나 정작 위협은 우리 내부에 존재한다. 우리는 이를 인식하고 이에 대응해야 한다. 이를 위해 우리 국민 간, 또 유럽 주변국들과의 높은 수준의 연대의식이 필요하다. 우리에게는 두려워할 이유가 전혀 없다. 그렇지만 낯두껍게 안주할 이유도 없다.

통일 과업을 완수하기 위해 초당적 협정을 맺자

1992년 2월

1월 실업자 수가 3백만 명을 넘었다는 보도로 불안감이 조성되고 있다. 그런데 이 수치는 잘못된 것으로 긴박한 실제 상황을 오히려 은폐하고 있다. 이 수치에는 구 동독 지역의 공개되지 않은 높은 실업자 수가 포함되어 있지 않기 때문이다.

상황을 오도하기로는 헬무트 콜 총리가 프랑크푸르트 증권거래소에서 했던 호언장담도 마찬가지이다. 연방정부의 1992년 새 부채가 5천억 마르크 이하로 감소할 것이며, 이로써 금융시장에서 정부에 대한 신뢰가 강화될 것이라고 했다. 그러나 실제로는 수많은 갖가지 추가 및 비공개 예산 속에 위험이 도사리고 있다. 총리와 재무부장관이 재정적자를 억제한다 하더라도, 그와 동시에 공개 및 비공개 추가예산에서 계속 증가하는 적자를 은폐한다면 문제 해결에 도움이 되지 않는다. 공공재정의 총적자는 92년과 93년에도 증가할 것이다.

지난 10년 동안 공공부채는 2배가 되었는데 그중 대부분은 최근 들어 급격히 증가한 것이다. 그 결과 독일은 이제 자본수입국이 되었고, 우리는 부분적으로 외국에서 저축한 돈에 의존해 살고 있다. 이러한 상황이 오래 지속될수록 우리의 신용은 더욱 나빠질 것이다. 지난 주 '파이낸셜 타임즈'에는 "정치인, 기업가, 노조가 나서서 함께 행동하지 않는다면, 그것도 조속히 행동하지 않는다면 상황은 돌이킬 수 없을 정도로 비관적이 될 것"이라는 기사가 실렸다. 독일의 성장이 끝장난다는 이야기이다.

끝없는 적자 정책의 말로가 무엇인지 미국의 예를 들어보자. 방만한 재정운영에 있어 조지 부시 대통령은 전임자의 기록을 경신했다. 1989·1990년 회계연도에 2천억 달러의 적자를 낸 데 이어 1990·1991년에는 다시 2천7백억 달러를 기록했고, 1991·1992년 현재는 총 적자 규모가 3천5백억 달러에 이를 것으로 보인다. 이미 오래 전부터 미국의 금융시장들은 재정적자를 메우기 위해 외국의 대규모 자본 수입에 의존하고 있다. 지구상의 최고 부자 나라가 세계의 나머지 국가들에 대하여 최대 채무국이 된 것이다. 이런 상황은 미국에게는 수치이지만, 무엇보다도 외채에 의존할 수밖에 없는 개발도상국들에게는 부담이 아닐 수 없다.

상황이 미국에는 점점 더 위험하게 돌아가고 있다. 미국의 국가경제 자체는 지금도 경쟁력이 있으나, 수년간 적자경제라는 아편에 달콤하게 중독되었고 그 결과 많은 기업과 은행들은 혁신과 경영합리화, 해외 시장을 소홀히하게 되었다. 지난 80년대 중반 이래 서유럽 통화와 일본 엔화에 비하여 달러가 급락했음에도 미국 기업들은 수출을 크게 늘리지 않았다. 대부분의 경우, 수출보다는 일확천금을 노리는 투기성 금융투자에 관심이 집중되어 있는 것이다.

믿을 수 없는 말로 대중을 현혹했던 금융계의 곡예사들은 일시적으로 대중의 영웅으로 떠올랐지만 지금은 법정에 서 있다. 경솔하게 정크본드[78]와 주식 투기, 부동산 투기에 나섰던 거의 모든 저축은행들이 도산 직전이다. 그리고 상당수 은행들도 상황이 좋지 않다. 세금은 대폭 인하하면서 동시에 전비 지출은 크게 늘린 로날드 레이건 전 대통령의 순진함으로 인해 결과적으로 정말 중요한 현안들은 소홀히 다루어졌고, 지속적인 경기

─────────
[78] 수익률이 높지만 신용도가 낮아 투자위험성이 높은 채권.

침체가 유발되었다. 워싱턴 정부는 수년 동안 스스로를 속여 자승자박의 상황에 빠진 것이다.

미국은 2차세계대전 당시 엄청난 전비戰費를 부담하고도 전후 자기 자본만으로 마셜플랜을 조직, 전 세계의 절반을 원조할 만큼 강력한 국가였다. 그러나 오늘날 미국은 걸프전 같은 단기전조차도 외국의 수천억 달러 원조에 의지했다. 전비의 대부분은 일본과 독일, 사우디 아라비아가 부담했는데, 사우디 아라비아는 이 때문에 현재 자본수입국이 되고 말았다. 미국의 일부 정치인들은 세계 지도자 역할을 원하지만 그럴만한 경제적 기반이 현재 미국에는 없는 것이다. 국제사회에 정치적 악재가 돌발하여 외국인 채권자들이 미국에서 수익과 배당금 및 이자액을 인출하고 자국의 통화로 전환하려 든다면 큰 재앙이 닥칠 것이다. 더욱이 채권자들이 자본마저 미국에서 철수시키기 시작한다면 더 큰 불행을 각오해야 할 것이다.

달리 말해, 오늘날의 미국 경제는 세계경제가 미국의 신용에 의존하는 정도보다 훨씬 더 큰 정도로 세계의 신용에 의존하고 있다. 그리고 그 신뢰에 금이 가고 있는 것이다. 그러나 이와 같은 혹독한 현실을 만회할 수 없는 것은 아니다. 즉 대통령과 의회가 금융정책에서 획기적인 방향전환을 결심한다면, 정치권이 제발 이제는 효과적으로 국가소비를 줄이고 개인 저축에 세제 혜택을 준다면, 그리고 병적인 라스베이거스 카지노식 사고방식에 젖어 있는 많은 금융인들과 병적인 자산 늘리기 사고방식에 빠져 있는 업계의 최고경영자들에 대해 도덕적으로 대응해 나간다면, 정치지도자들이 일본과 유럽공동체를 비난할 것이 아니라 좋은 본보기로 하여 이들 나라보다 앞서 간다면, 미국은 90년대 말에 가서는 벌써 다시 건전한 경제적 기반 위에 우뚝 설 수 있게 될 것이다. 왜냐하면 아직 미국민의 저력은 결코 다하지 않았기 때문이다. 금융정책 면에서 구태의연한 폐단이 미국보다 상대적으로 덜한 독일은 더 빨리 회복할 수 있을 것이다. 그러나 독일의 정치권도 스스로를 속이고 국민에게 진실을 은폐하기는 마찬가지이다.

독일도 현재로서는 자력으로 동유럽에서 경제적으로 주도적 역할을 하기에는 역부족이다. 우리나라의 경제 또한 현재로서는 세계경제가 신용해 주느냐 여하에 달려 있고, 이 종속의 정도가 심화되고 있는 것이 현실이다. 또한 독일연방공화국의 민간 금융계에도 요사이 아찔한 줄타기를 하는 곡예사들이 등장하여 특히 구 동독 지역에서 설쳐대고 있다. 본에서도 경제정책 및 금융정책에 대한 예측이 불가능해졌다.

연방정부는 공공기관의 예산이 종전 이후 최대규모로 증가했다는 사실을 인식하지 못하고 있는 것 같다. 그런데 공공기관은 예산증액을 계속 요구하고 있다. 재무부장관은 세수 확보를 위해 부가가치세 인상을 추진하고 있는데, 그 자신이 이미 종전 이래 세율을 최고치로 올려놓았음을 인식하지 못하고 있는가 보다. (다만 1977년 1차 석유파동 당시 단 한 번 현재처럼 높은 세율을 기록한 적이 있다.) 이는 결국 근로소득세 납부자와 소비자의 부담으로 전가되고 마는 것이다.

재무부의 부가가치세 인상 추진과 더불어, 노동부장관은 사회보장비[79]를 추가로 도입할 계획이다. 무슨 일만 생기면 엄살부터 피우는 경제부장관은 수천억 마르크 규모의 보조금을 폐지할 것이라고 지난 반년 동안 국민을 속여 왔다. 실제로 예년의 보조금예산에서 35억 마르크가 삭감되기는 했다. 그러나 동

---

79) Pflegefallversicherung. 고령이나 건강 상의 이유로 자가부양이 불가능한 상황에 대비한 보험. 1-3단계로 구분된다. 제1단계는 피보험자가 1일 1회, 제2단계는 1일 3회, 제3단계는 24시간 도움이 필요한 경우이다.

시에 신탁관리청이 구조조정을 목적으로 그보다 훨씬 더 큰 규모의 보조금 조치를 새로 도입했다.

야당은 이 문제들을 두고 상원과 하원에서 의견이 갈린 것 같다. 구 연방주들은 기민당 집권 지역이든 사민당 집권 지역이든 공공재원이 계속 연방에 유리하고 지방에는 불리하게 흘러가는 상황을 조심스럽게 주시하고 있을 뿐, 자체적인 저축 확대나 신연방주에 대한 지원은 생각도 않고 있다. 정당, 원내 교섭단체, 정당 유관 재단들은 수십억 마르크에 이르는 자체 활동비를 세금으로 충당하면서 말이다. 서독의 기업과 노조는 동독 재건 문제에 관한 한 아예 이성적인 경제관념을 잃은 것 같다.

다음으로 연방은행을 한번 보자. 연방은행은 유럽공동체 통화동맹의 가입조건을 보다 엄격하게 설정하라는 주장을 독일정부가 펴야한다고 촉구했으나, 사실 이 조건은 현재로서는 독일조차도 기준을 충족시킬 수 없을 정도로 너무 까다롭다. 본$_{Bonn}$ 정부를 향해 국내 경제의 취약성을 경고했으나 소용이 없자, 연방은행은 전후 최고 수준의 금리인상 조치를 내렸다. 이는 사용자와 근로자 모두에게 큰 장애가 되는 동시에, 그렇지 않아도 악화되어가는 경기에도 걸림돌이다. 그리고 대다수 유럽공동체 회원국에게도 매우 화가 나는 일이 아닐 수 없다. 그것은 이들 국가가 독일의 고금리 압박으로 인해 유럽 통화시스템 내에서 자국 통화를 평가절하하든가, 자국의 경기 하락을 감수해야 하는 양자택일의 상황에 놓이게 되었기 때문이다. 그러나 이런 악재의 원인과 핵심이 본$_{Bonn}$ 정부에 있을진대, 누가 프랑크푸르트 연방은행을 탓하랴!

독일 통일은 건전한 재정정책의 기반을 심히 손상시켰다. 우리 정치권이 향후의 필수과제에 대한 밑그림을 그리기까지, 1990

년 초부터 여름까지 수개월이나 걸린 것은 그나마 이해할 수 있다. 그러나 그해 말에 이르러서도, 또 1991년 내내 다소나마 확실한 계획을 세우지 못한 것은 일면 서툴고 판단력이 부족했던 탓도 있지만, 근본적으로는 기회주의가 더 큰 원인이었다. 이 두 가지가 미국의 재정정책에 필적하는 한심스러운 큰 실책이다.

가장 먼저 재정부담을 예상하고 이를 공략한 사람은 사민당의 총리후보였다. 그러나 그는 마치 이 짐을 지기 싫어하는 듯한 인상을 주었기 때문에 90년 말의 대선에서 패배했다. 현 총리가 선거에서 승리한 것은, 자신이 파악한 실상과는 정반대로 마치 통일비용이 시쳇말로 쌈짓돈에 불과하다는 인상을 심어 주었기 때문이다. 그 후 1년도 넘게 흘렀으나 경제 및 재정과 관련한 불투명성들은 지금도 계속되고 있다.

새 정부의 출범 첫해, 신연방주의 GNP는 전체의 약 7%를 기록했고 구연방주가 93%를 차지했다. 즉, 신연방주의 일인당 경제활동이 구연방주의 3분의 1에도 못 미친다는 말이다. 물론 공적 자금 및 민간 자본의 투입으로 구 동독의 생활수준은 상당히 개선되어 현재는 호네커정부 당시보다 배 이상이나 잘살게 되었다. 또한 신연방주는 지난 2년간의 극심한 경기침체 끝에 92년 처음으로 상당한 수준의 경제성장을 이룰 것으로 예상된다. 10%도 거뜬할 것 같다. 그러나 증가하는 것은 생산성뿐이 아니다. 실업도 늘고 있는 것이다.

금세기 말까지 내다본다면 다음 사실을 반드시 알아 두어야 한다. 90년대 말까지 서독 지역이 국민총생산의 평균 2% 경제성장을 달성한다 하더라도 신연방주와 구연방주 간의 생산성 격차를 완전히 해소하려면 동독 지역은 연간 17% 이상의 성장을 이뤄야 한다. 그러나 이런 엄청난 성장을 이룬다는 것이 금세기 안에는 가능할 것 같지 않다. 따라서 2000년까지 최소한 동서독 지역 간 생활수준이라도 어느 정도 균형을 이루고자 한다면, 신연방주의 경제 및 사회적 발전을 위해 대규모의 공적 자금 및 민간 자본을 동독 지역에 투입해야 한다(그럼에도 불구하고 주거환경의 격차를 해소하는 데에는 앞으로도 반세기는 더 걸릴 것이다).

그렇게 되면, 향후 서독은 현실적으로 분배에는 신경을 쓸 여력이 전혀 없다는 말이 된다. 그러나 유감스럽게도, 지난 주 서독에서 벌어진 노사 간 논쟁에서 양측이 보인 논거와 논쟁 방식을 보면, 그들이 이 당면한 상황을 의도적으로 의식하지 않으려 한다는 것을 알 수 있다. 정부 또한 마땅히 해야 할 일을 의도적으로 회피하고 있다.

정치적 지도력이나 도덕적 지도력은 눈을 씻고 찾아봐도 없다. 정부가 현행 기조를 고집하는 한, 우리는 헛된 분배 투쟁과 장단기 고금리, 이로 인한 사회적 불안을 우려하지 않을 수 없을 것이다.

물리학자 맥스웰Maxwell[80]의 이론이 증명되지 않아 왈가왈부했던 것과 같은 상황에 빠지지 않으려면 정부가 국가경제와 재정에 관한 총체적 상황을 공개하여야 한다. 우선 현재의 상황과 그에 내재된 경향에 대해 공개적으로 밝히지 않고는, 즉 뒤늦게나마 통일독일에 대한 기본 예측과 계획을 하지 않고서는 향후 기조를 확정지을 수 없다. 이를 위해서는 연방정부의 예산과 추가예산 및 비공개 추가예산, 여기에 지방의 예산까지 모두 한데 모아 산정해야 한다. 최근의 중기 국가예산안을 살펴보면 누구나 다음 표와 같이 부채 규모를 발견할 수 있을 것이다(재무부

---

[80] James Clerk Maxwell(1831-1879). 스코트랜드 출신의 수리물리학자. 전기장과 자기장의 관계를 기술한 4개의 방정식, 이른바 맥스웰 방정식을 남겼다.

공공부채			단위: 10억DM
	1982년 말 (구 서독)	1991년 말 (통일 이후)	1995년 말 (통일 이후)
연방	308	601	745
구연방주	187	345	410
구 서독 지방자치지역	97	119	130
신연방주	-	7	110
구 동독 지방자치지역	-	10	55
철도·우편	77	140	265
유럽부흥계획(ERP: European Recovery Program)	5	18	45
독일통일기금	-	50	95
대출기금	-	30	110
신탁청	-	25	160
신탁청의 기존부채	-	70	70
구 동독 주택부문의 기존부채	-	43	60
총 공공부채	675	1,458	2,255
연간 이자지출	50	103	170
1인당 공공부채 단위: DM	10,950	18,340	28,400
1인당 이자지출 단위: DM	818	1,296	2,170

에서 구체적 수치에 이의가 있을 때에는 언제든지 수정해도 좋다).
이 표를 보면 5개 신규 부문에서 추가 예산의 백분율 비중이 엄청나게, 그리고 절대적으로 증가하고 있음을 한눈에 알 수 있다. 앞으로는 이 추가예산 부문을 일목요연하게 파악할 수 있도록 매년 이 부문을 연방예산법에 확실하게 포함시켜야 할 것이다.

1995년 공공부문에서 적자 총액이 2조2천5백억 마르크 증가할 것으로 예상되지만 그 자체는 그리 까무러칠 만한 일은 아니다. 다음 몇 해 동안에도 적자가 불가피하다 할지라도 그러하다. 마찬가지로 1995년 독일 국민1인당 공공부채가 28,400마르크, 1인당 공공 이자지출은 2,170마르크에 이를 것으로 보이지만, 이것도 우리가 현재 판이한 두 개의 경제체제를 하나로 통합하는 엄청난 과제를 수행하고 있음을 고려한다면 그런대로 참을 만하다.

그러나 이 문제에 대해 매우 우려하지 않을 수 없는 이유가 두 가지 있다. 하나는 독일의 국내 저축만으로는 공공기관의 대출을 전부 감당할 수 없다는 점이다. 그 결과 장기간 고금리가 지속되고, 담보가격도 더욱 상승할 것이며(이로 인해 주택 건립이 시급한 이들이 피해를 볼 것이다), 또한 순자본수입으로 인해 독일의 해외 자산이 계속 감소할 것이다. 또 다른 문제는 부채 증가는 예상하면서도 이보다 더 큰 국내경제적 리스크, 국제경제적 리스크, 국제정치적 리스크의 돌발 가능성을 배제하고 있다는 것이다. 이런 발생 가능한 문제들에 대한 논의가 이뤄져야 한다.

그러나 우선 바로 코앞에 닥친 일부터 먼저 살펴보자. 구 동독 지역에 지급되는 공공이전 지출은 91년 약 1,300억 마르크에서 1,400억 마르크에 달했다. 즉 신연방주 주민1인당 약 8,000

마르크를 지급하는 셈이다. 92년에는 아마도 200억 내지 300억 마르크 정도 더 증가할 것이다. 단순한 '보태주기'로는 될 일이 아닌 것이다.

92년 공공기관은 총 2,000억 마르크를 추가로 빌려 쓸 계획이다. 이는 전년도 대비 33%나 많은 금액이다. 그렇다면 정부는 92년 한 해만도 최소한 GNP의 3% 이상을 빌리는 것이 된다 (연방은행은 연말에 이 수치를 4% 이상으로 상향 조정했다).

그나마 위의 수치는 전부 낙관주의에 기초하고 있다. 세계 경기 및 독일 경기가 비교적 무난할 것으로 가정한 것이다. 또 정치와 경제의 본래 특성에서 기인하는 돌출 악재에는 전혀 대비하고 있지 않다.

그러나 국내적 리스크와 관련해서만도 다음 사항들에 주의를 기울여야 할 것이다.

- 구 동독의 경제성장은 총리가 장담하는 것보다 훨씬 오랜 시일이 걸릴 것이다. 그 이유는 공공재정 이전이 대부분 소비로(노동시장 대책의 일환으로만도 350억 마르크를 투입) 들어갈 뿐 투자로 이어지지 않는 데다가, 신연방주 내의 민간 투자도 독일의 전체 민간 투자액의 평균 이하를 밑돌고 있기 때문이다.
- 정치적 이유에서 부득이하게 신탁관리청의 업무를 기업의 민영화에서 기업의 구조조정으로 변경하거나 보조금 지급을 통해 단순히 기업을 존속시키려 한다면, 지금까지의 예상보다 훨씬 큰 비용이 들 수 있다. 또한 신탁관리청이 제공한 담보들은 예상보다 더 큰 규모로 만기가 되어 돌아올 수 있다.

- 구 동독에서 당장 시급한 환경정화 사업에 지금껏 예상치 못했던 지출이 갑자기 생길 수도 있다. 구 동독의 낙후된 교통 인프라를 일단 일부나마 정비하기 시작하면, 이에 필요한 철도, 우편, 도로, 수도, 공항 건설 등의 재건 비용이 현재까지의 예상 대출 규모를 훌쩍 넘어선다는 사실이 곧바로 드러날 것이다.
- 정부의 현재 예산안을 보면 연방의회와 연방정부의 베를린 이전 비용이 어처구니없이 낮게 책정되어 있다. 의사당과 정부 청사 건립 비용도 마찬가지이다.
- 구 동독에서 사유재산을 몰수당한 이들에 대한 보상문제도 역시 얕잡아 본 것 같다.
- 마지막으로 구 소련과 동유럽에 상품을 수출했던 독일 기업들을 지원하기 위한 헤르메스 담보 제도[81]가 연방에 미칠 위험을 분명 지나치게 과소평가했다(소련에 대해서만도 현재 헤르메스 대금이 260억 마르크 부족한 상태이다).

이외에도 향후 수년간 국제경제 및 국제정치적 리스크 발생가능성 또한 배제할 수 없다. 구 소련의 내부적 갈등은 우리에게 엄청난 부담이 될 수 있다. 지리적으로 멀리 떨어진 중동 지역에서 발생한 걸프전 때에만 해도 큰 비용을 지출하지 않았는가. 유사한 상황이 발칸 반도나 중동에서 또 발생할 수도 있다.

어쨌든 우리는 소련과 유고슬라비아 해체 후 태어난 몇몇 신생 독립국에 대하여 이웃 국가로서 도와줄 도덕적 의무를 다해야 할 것이다. 특히 헝가리, 체코, 폴란드가 그런 나라들이다. (우리는 유럽공동체의 확대를 기꺼이 추진해야 하지만) 유럽공동체에 신생 회원국이 하나씩 늘어날 때마다 비용부담이 발생할 것

---

81) Hermes-Deckung. 정부의 수출신용보험 제도.

이다. 이 모든 문제에 더해 만일 미국이 일본 및 유럽공동체와 상품 할당량을 자체적으로 조정하는 불공정 거래를 하여 가트(GATT) 자유무역체제를 부분적으로나마 포기하기라도 한다면 독일의 수출도 위협받게 될 것이다. 이것도 결코 배제할 수 없는 리스크이다.

연방공화국은 이미 전부터 우리의 대외경제의 좌우 양 날개에 닥쳤던 뜻밖의 위협에 슬기롭게 대처해 왔다. 70년대에는 브레튼 우즈Bretton-Woods 체제와 달러를 기축 통화로 하던 고정환율제가 붕괴했다. 그러나 우리는 그로 인한 마르크의 절상이 가져온 충격을 매우 훌륭히 극복했다. 또한 두 차례의 석유 파동으로 물가 상승, 실업, 공공재정 문제가 초래되었으나 우리처럼 비산유국인 다른 유럽공동체 회원국들보다 우리는 더 잘 헤쳐나갔다.

본 정부가 책임질 수 없는 외부적 요인으로 인한 사건들이 발생했을 때 독일이 이를 전화위복으로 삼아 슬기롭게 극복할 수 있었던 원동력은 바로 독일이 사회경제적으로 건강한 기본 체질과 높은 적응력 및 저력을 가지고 있었기 때문이다. 다시 말해 사회적 균형과 사회적 안전망이 잘 짜여 있었기 때문이다. 사용자와 근로자 양측이 경제에 대한 올바른 눈높이를 가지고 있었고, 경쟁이 제대로 기능했기 때문이다. 유럽공동체와 세계경제로 향한 문이 항상 열려 있었고, 세계의 변화에 적응하지 않을 수 없도록 누구나 훈련받았기 때문이다. 저축률과 기업의 자본형성 비율이 비교적 높았고, 공공재정의 기반이 탄탄했기 때문이다. 연방은행이 독립적인 긴축통화 정책을 통하여 물가 상승의 폭을 비교적 제한적으로 유지할 수 있었기 때문이다. 독일 경제에 대한 국제사회의 신임이 유례없이 두터웠기 때문이다. 독일 경제를 세계경제의 기관차로 만들려고 했을 정도이니 말이다.
 물론 몇몇 예외가 있었던 것도 사실이고 신뢰에 손상을 입은 적도 있었다. 그 사례는 80년대 초반 학계의 소장파 사회주의자들로부터 무슨 일만 생기면 엄살부터 피우는 당시 자민당(FDP) 소속의 경제부장관에까지 이른다. 하지만 이성적 판단을 하는 국내외 인사들은 전반적으로 독일의 경제가 견실하다는 것을 추호도 의심하지 않았다.
 1992년 현재에도 그 점에 대해서는 의구심을 품을 이유가 없을 것이다. 우리 국민의 적응력과 저력을 바탕으로 한 독일 경제는 오늘날에도 5분의 4는(그리고 우리 국민생산의 10분의 9 이상은) 근본적으로 건전하기 때문이다. 이런 튼튼한 토대를 가졌음에도 불구하고 연방공화국의 본질을 해치지 않으면서 신연방주의 경제를 연방공화국의 기존 생산성, 품질, 생활수준으로 즉시 끌어올리지 못한다면 큰 일이 아닐 수 없다.
 현재 이 건전한 본질을 위협하고 있는 것은 재정 악화 하나만이 아니다. 신연방주에 대한 투자를 저해하는 큰 장애요인들 때문이기도 하다. 즉 첫째 재산법 운용이 마비되어가고 있으며, 둘째 그렇지 않아도 모순적인 업무들로 과부하가 걸린 신탁관리청은 구조적으로 법률적 결함을 가지고 있다(그것은 브리기트 브로이엘이 잘못한 탓이 아니다). 셋째 지난 주 임금협상 과정에서도 신연방주 주민의 생활수준 향상 문제는 충분히 고려하지 않았다. 이 네 가지 부문은 올해 안에 전부 손보아야 한다. 특히 94년 의회 선거까지는 아직 한참 남아 있는 만큼 조속히 개혁에 착수해야 한다.

 본 정부가 이 문제해결 과정에서 다시 지도력을 발휘하기 위해서는 우선 정부 스스로가 모범적인 본보기가 되도록 처신하지 않으면 안 된다.

첫째, 정부는 모든 공공기관과 관련된 재정상황을 공개해야 한다. 여기에는 올해 92년분뿐만 아니라 92년 이후 예상치까지 포함시키도록 한다. 이 예산편성에서 예거90[82]의 생산 및 기타 군비 확충 사업은 단호히 접어야 할 것이다. 그리고 올해 의회가 의결할 지출 삭감 및 보조금 삭감에 대한 구체적 명세표를 법안으로 제출해야 한다. 한편 의무간병보험과 그 기금의 시행은 97년 또는 그 이후로 연기한다. 그 밖에도 정부는 이번 임기 내에 간접세나 기타 사회보장비를 인상할 계획이 없음을 선언하여 스스로 구속력을 부여해야 한다.

정부가 이렇게 솔선수범하면 심리적으로 떳떳하게 연방의회와 주 정부, 경제단체와 은행, 사용자와 근로자를 향해 서독인들이 동독을 위한 연대의식을 발휘하여 제각기 구체적인 자기 몫을 하도록 요구하고 또 기대할 수 있을 것이다. 칼 쉴러[83]라면 아마도 그런 프로그램을 전 독일 국민의 '총력체제'라고 일컬었을 것이다.

둘째, 정부는 연방의회에 재산법 개정을 재차 제안하고 개정안을 여름 휴회 전까지 제출해야 한다. 이 법안의 목적은 투자 기업에게 토지와 건물을 우선 매각하고, 동독 시절 국가에 재산을 몰수당한 이들에 대한 보상은 매각 후에 하도록 사안의 선후를 정하려는 것이다. 구 동독 시절에 몰수된 사유지에 대한 보상은 1가구 주택과 2가구 주택을 제외하고는 금전 보상의 방식

---

82) Jäger 90. Eurofighter EF2000 공군 전투기.
83) Karl August Fritz Schiller(1911-1994). 사민당(SPD)소속. 경제부장관(1966-1972). 1960년대 중반 경제위기를 극복하는데 주도적 역할을 했고, 이 때 처음으로 총력체제Konzertierte Aktion라는 용어가 등장했다. 총력체제란 국가적 비상시에 관련 부처가 총동원되는 집중적 위기관리 체제를 일컫는다.

으로 하되 10년 뒤로 연기하도록 한다.

기업의 소유지만 상업적으로나 공업적으로 이용되지 않는 모든 토지와 건물에 대한 처분권은 신연방주들의 지방 정부와 베를린 연방 정부에 귀속시킨다. 다만, 예외적으로 철도·우편과 연방 군대의 목적을 위해 이 부동산을 사용하는 것은 바람직한 경우로서 허용되어야 한다. 이 모든 사안을 처리할 수 있도록, 기업이 보유하고 있는 토지에 대한 최종 처분권은 전부 신탁관리청에 넘긴다(이런 규정의 불가피성을 법무부장관이 이해하려면 쿠르트 비덴코프나 비르기트 브로이엘[84])의 옆방에서 8주간 청강생으로 수학하라고 권하고 싶다).

셋째, 신탁관리청이 수행해야 할 산업정책 관련 임무를 법적으로 민영화에 집중시킨다. 이와 함께 신탁관리청을 6개로 분리, 각기 해당 연방주에 설치하여 현행 15개 지방사무소를 대체케 한다. 이 자회사들은 통상적으로 신탁관리청의 지시에 따르고 지방정부와 협력한다. 다만, 재정 상황이 법적 상한선을 초과할 때에만 개별적으로 중앙이 결정권을 행사하도록 한다.

넷째, 경제단체는 소속 기업들이 신연방주에 지역별로 평균 이상의 투자 및 수주를 할 것을 자체적으로 의무화해야 한다. 이와 함께 소속 기업들은 이 조치의 시행 기간 중 임원들의 임금과 수익 배당금을 인상하지 말아야 할 것이다.

다섯째, 사용자와 근로자 대표들은 1994년 말까지 동독 지역의 임금을 서독 지역의 임금 수준으로 끌어올리겠다는 목표를 재확인하도록 한다. 그들도 동독 지역에서 추가 실업 없이 임금 격차를 해소할 수 있는 방법은 단 한 가지, 바로 서독 지역에서 목표 시점까지 실질임금을 인상하지 않는 것이라는 사실을 인

---

84) Birgit Breuel(1937-). 니더작센 주 경제교통부장관(1978-1986), 니더작센 주 재무부장관(1986-1990), 신탁관리청 청장(1991).

정하고 있다. 그러므로 1992년, 1993년 그리고 1994년까지 서독의 임금 인상율 한도를 제한하도록 의무화해야 할 것이다.

여섯째, 서독의 중앙과 지방 모두 희생을 감수해야 한다. 그렇다고 전 독일의 총력체제 기간 동안 공공재정의 파이(pie)에서 그들의 몫이 늘어나는 것은 결코 아니다. 그러므로 희생정신이 필요하다는 것이다.

야당이 사회경제적 발전 방향에 영향을 행사하는 데에는 물론 한계가 있다. 야당의 주요 책무는 독일이 직면한 경제 및 사회적 난제들을 본의 현 연합정부보다 더 잘 해결할 수 있는 대안으로, 신뢰할 수 있는 새 정부의 모습을 제시하는 데에 있다. 보다 나은 미래에 대한 탁상계획이나 이론만을 가지고는 열심히 일하는 대다수 서민들에게 그러한 신뢰를 주기란 어렵다. 그리고 또한 앓는 소리나 해대는 염세주의로도 그같은 신뢰를 줄 수는 없다.

훨씬 효과적인 것은 야당의 지도적 인사들이 개인적 신용을 높이고 사회경제적 현안들을 해결할 수 있는 전문성을 갖추는 것이다. 그리고 야당 인사들 상호 간의 합의와 단합을 이끌어내는 것이다. 60년대를 풍미한 브란트[85], 에를러[86], 카를로 슈미트[87], 베너 그룹이나, 누구나 알아주는 전문성을 지닌 알렉스

---

85) Willy Brandt(1913-1992). 사민당(SPD)소속. 외무부장관(1966-1969), 연방총리(1969-1974). '접근을 통한 변화'를 모토로 동방정책Ostpolitik을 추진했고, 냉전시대 긴장 완화의 공로로 1971년 노벨평화상을 수상했다.
86) Fritz Erler(1913-1967). 사민당(SPD)소속. 나치 시대에 저항운동으로 옥고를 치른 후, 1949년 최초로 구성된 연방하원에 등원했다. 연방하원 부의장(1949-1953), 서유럽연합Westeuropäische Union(WEU) 군사위원회 위원장(1956). 명연설로 유명.
87) Carlo Schmid(1986-1979). 사민당(SPD)소속. 독일 기본법 제정에 참여. 독

밀러[88]나 칼 쉴러 등과 같은 이들을 본보기로 삼아야 한다. 지금처럼 망명자 처리 문제, UN군 문제, 부가가치세 문제, 총리 후보 지명 등으로 옥신각신 소모성 논쟁을 일삼는 것은 야당의 임무를 수행하는 데에 아무런 도움이 되지 않는다.

정부 스스로 재정의 건전성을 회복할 것과 전국적 연대 하에서 총력을 기울여 단합된 행동을 이끌어낼 것을 정부에 공개적으로, 누구나 공감할 수 있게 촉구한다면 야당은 더욱 신뢰를 얻을 것이다. 야당이 그렇게 재촉하는 것이 또한 공익에도 기여하는 일이다. 그것은 서독의 연대를 통해 동독 지역을 조속히 재건해야만 현재 위태로운 서독 지역의 경제적, 정치적 미래까지도 안정적으로 보장할 수 있기 때문이다.

90년 콜 총리는 독일 통일을 이루기 위하여 소련의 대외정치력 약화와 자금 부족을 이용했다. 이것은 콜 총리의 업적이다. 또한 독일 통화동맹과 동독의 유럽공동체 공동시장 편입 역시 그의 업적이다. 그러나 콜은 이 세 가지 올바른 기본정책을 수행하는 과정에서 최대의 경제적 실책을 범했고, 올바른 결정을 내려야 할 적기를 놓쳤다. 그 실책은 바로 동서독 마르크의 지나치게 높은 교환 비율에서부터 한스 모드로 사회주의통일당(SED)[89] 대표로부터의 신탁관리청 인수, 불가피하게 발생할 대규모 실업인구를 흡수할 대책으로서 추진된 대규모 투자계획을 중단한 잘못에까지 이른다. 그러나 그의 최대 오류는 경제에 관한 헛된 낙관주의, 또는 기회주의였다. 그로 인하여 위에 언급

일과 프랑스의 화해 및 우호 증진에 이바지. 유럽이사회 협의회 위원(1950-1960, 1969-1973).
88) Alexander Johann Heinrich Friedrich Möller(1903-1985). 사민당(SPD)소속. 연방하원 의원(1961), 재무부장관(1969-1971). 선거전략가로 유명.
89) Sozialistische Einheitspartei Deutschlands(SED). 사회주의통일당.

한 위기와 함께, 동서독 내에 적개심을 넘어 실망감이 나타난 것이었다. 그러나 오늘날과 같은 상황에서는 낙관주의 대신 비관주의에 빠지는 것도 결코 현명한 일은 아니다.

분명한 사실은 현 상황이 매우 어려우며, 필요 이상으로 어렵게 되었다는 것이다. 그러므로 우리는 또다시 모든 경고를 흘려들어서는 안 된다. 또다시 모든 리스크를 하찮게 보아서는 안 된다. 또다시 전문성과 결단력을 접어 둔 채 기회주의로 대응하여 미국의 나쁜 선례를 따르는 일이 생겨서는 안 된다. 독일 국민과 독일 경제는 본래 건강하기 때문이다. 만일 진실을 이야기하기만 한다면 우리 국민은 충분히 허리띠를 졸라맬 수 있기 때문이다. 새 천년이 밝아올 즈음 동서독 지역의 생산성과 실질적 생활수준의 격차가 대폭 해소될 수 있는 여지는 여전히 남아 있다.

통일 과정에서의 7대 과오

1993년 2월

이건 아니다! 우리 민족의 통일이 이런 식으로 전개될 줄은 정말 상상도 못했다. 1989년 11월 9일에도, 1990년 10월 3일에도 그랬다. 그리고 지금도 여전히 나는 이런 식의 통일을 원하지 않는다.

1989년 11월 첫째 주에 나는 아내와 작센 주에 갔었다. 평소처럼 만프레드 슈톨페가 은밀하게 주선하여 우리는 교회에 모인 많은 남녀 신도들과 당시 상황에 대해 이야기를 나누었다. 그리고 민족의 통일이 다시 이루어질 수 있는 가능성과 통일에 대한 우리의 희망에 대해, 또한 불안과 근심에 대해 대화를 나누었다. 라이프치히와 베를린에서 대규모 시위들이 임박했었는데, 자칫 잘못하여 이로 인해 소련 사령관이나 인민군 장군, 또는 슈타지 사령관 하나가 무력을 투입하려 들지는 않을까 걱정스러웠다. 그날 작센에서, 이튿날엔 동베를린에서 우리는 대기 중에 엄청난 긴장감이 감돌고 있음을 느꼈다. 동독 주민들이 마침내 자유를 요구한 것이었다. 마침내 통일을 요구한 것이다. 그들은 어떤 경우에도 폭력은 피하고자 했다. 그러나 상대방도 우리와 마찬가지로 폭력을 포기할지는 아무도 장담할 수 없었다.

며칠 후, 내가 지난 수십 년 동안 고대해 왔던 일이 벌어졌다. 베를린장벽이 무너진 것이다. 베를린 주민들은 환호했고 눈물을 흘리며 서로를 부둥켜안았다. 그리고 단 한 발의 총성도 울리지 않았다. 나는 이날을 결코 잊지 못할 것이다. 이날과 같은 감동을 나는 내 생애에서 단 한 번 경험한 적이 있다. 전쟁이 끝나고 포로수용소에서 돌아와 부모님 댁에서 내 아내와 재회했을 때 느꼈던 감격이 그것이다. 여태껏 이산가족으로 살았던 수십만의 베를린 시민들이 서로 부둥켜안았다. 장벽의 양편에서 수백만, 수천만의 동서독 주민들이, 그리고 전 세계 수억 인구가 그날 밤 우리와 이 기쁨을 함께 나누었다.

이튿날 나는 이제 독일이 통일될 것이라고 확신하게 되었다. 그런데 그 과정이 오래 걸릴 것인가? 아니면 산사태로 토사가 흘러내리듯 단번에 이뤄질 것인가? 일단 국제사회와의 문제 해결이 급선무였다. 우선 모스크바 정부가 동의하느냐가 관건이었지만 그 밖에도 2차대전의 서구 전승국들도 문제였다. 또한 법률·경제·사회·재정 분야에서 동서독 간 해결해야 할 과제가 산적해 있었다. 그러나 앞으로의 과정도 다 풀리게 되어있듯, 우리는 결국 통일을 이루게 되어 있었다. 통일은 이미 눈앞에 다가와 있었던 것이다.

그 무렵 어느 날 나는 '차이트'지의 편집부 동료에게 "지금 총리가 나서서 독일 민족에게 피와 땀과 눈물로 호소해야 한다"고 말했다. 물론 말이 그렇다는 것이지, 내 말의 의도는 누구나 알고 있었다. 1940년 5월 윈스턴 처칠이 영국 국민에게 이를 악물고 버티자며 큰 희생을 감내할 것을 촉구했는데, 결과적으로 이 위대한 지도자의 호소가 성공을 거둔 역사에 빗댄 것이었다. 1989년 11월 독일 국민에게 한 가지 분명한 사실이 있었으니, 서독 주민들은 유례없이 엄청난 노력을 기울이는 동시에 희생을 감수해야 하며, 동독 주민들에게는 많은 인내가 필요하다는 점이었다. 그러나 헬무트 콜 총리는 아쉽게도 국민에게 그러한 사실을 호소하지 않았다. 당시 그가 만약 그렇게 했더라면 동서독 주민들로부터 크나큰 자발적 의지와 동의를 구할 수 있었을 텐데 말이다.

마땅히 했어야 할 일을 하지 않은 것에 나 역시 실망했다. 그러나 정부가 그렇게 하지 않은 데에는 아마도 정부 나름대로의 계산이 있었을 것이라고 생각했다. 통일과정에 동참해달라고 전승 4개국을 초반부터 지나치게 압박하지 않으려 했을 것이고, 따라서 차후에 진실을 호소할 것이라고 내 나름대로 추측하며 위안을 삼았던 것이다. 그러나 사실 콜 총리는 통일이 되던 날에도, 또 그 후로 단 한 번도 그 같은 호소를 하지 않았다. 반드시 밝혔어야 할 사실에 침묵한 것이었다. 더 화가 나는 일은 콜 총리와 그 밑의 장관들이 동서독 양쪽에서 행한 수도 없이 많은 연설에서 낙관적 환상만 자꾸 지어낸 점이다. 동독 주민들에게 "짧은 시일 안에 국가의 번영을 이룰 것"이라는 등의 '장밋빛 미래'를 수도 없이 약속했다. 그리고 콜 총리는 통일 조인 전날 독일 전역에 방송된 대국민 TV연설에서, "지금 우리는 그 어느 때보다도 통일의 경제적 과제를 극복할 준비가 잘 되어 있다"고 동독 주민들에게 장담했다. 또 서독 주민들에게는 통일이 어떠한 희생이나 세금 인상도 야기하지 않을 것이라고 여러 차례 단언했다. 콜 총리 자신이 TV에 나와 토씨 하나 안 틀리고 "우리는 어떠한 경우에도 세금을 인상하지 않을 것"이라고 말했단 말이다.

물론 이 모든 호언장담들은 90년 12월 의회 선거를 노린 것이었다. 기민당, 기사당, 자민당도 이 호언장담 늘어놓기에 물론 적극 동참했다. 그러나 본_Bonn 정권이 이 때 당시 이 모든 성명들의 내용을 사실로 여겼으리라고 보기는 어렵다. 콜이 '독일 제2의 경제 기적'을 공언한 것도 마찬가지다. 그러나 어쨌든 늦어도 통일 1주년이 되는 1991년 말에라도 오류를 시인하고 수정했어야 했다.

그러나 실제로는 통일이 초래할 경제적 난제를 해결할 준비가 전혀 되어 있지 않았다. 정부는 이 엄청난 문제를 완전히 과소평가했던 것이다. 실제로 정부는 처음에는 법률·경제·재정의 현안을 아예 이해하지 못했고, 나중에는 한동안 이 문제들을 감추려 했다. 실제로는 현재까지 6개 항목의 세금 및 실업보험 기금이 인상되었다. 실제로는 신연방주의 근로자 100명 중 55명이 일자리를 잃었다. 실제로는 동독 지역 공장과 기업이 하나 둘씩 차례로 문을 닫고 있다. 실제로는 토지와 건물이 근동 지역의 바자Basar시장에서 물건을 흥정하듯 거래되고 있는 모습을 목격하게 된다. 실제로 동독에서는 해고에 대한 두려움, 월세 인상에 대한 두려움, 그리고 생소한 일자리에서의 부적응에 대한 두려움 등 여러모로 근심걱정이 많다. 동독 주민들은 그동안 통제사회 속에서 살아왔다. 그러나 이제는 경쟁사회에서 살아남는 법을 배워야 하는 것이다.

통일에 대한 환상이 깨지자 동독에서는 물론 서독에서도 국민들은 깊은 실망에 빠졌다. 많은 동독인들은 자긍심과 자존심에 상처를 입었다. 서독의 복잡한 법규와 절차가 하룻밤 사이에 들어와 동독 주민들에게 강요되자, 많은 이들은 힘에 부쳤고 어찌할 바 모를 처지에 놓이고 말았다. 그리고 자신들의 회사를 인수해 간 사람들을 오만하다고 여기고, 그들 자신이 식민화되었으며 외지인에게 지배당한다고 느끼고 있다.
그리고 실제로도 너무 많은 서독 주민들이 동녘의 동포들에게 지나치게 오만하게 군다. 그들은 현재 그들 앞으로 청구된 경제적 부담이 앞으로도 더욱 증가할 것임을 잘 알고, 이에 반발하고 있다. 많은 이들은 "왜 우리가 내놓아야 하지? 우리도 지난 40년간 뼈빠지게 일해서 지금 이만큼 살고 있어. 40년 동안 경제가 그 지경으로 몰락할 때까지 '오씨'들은 대체 뭣들 하고 있었단 말이야!"라고 강변한다.

　많은 서독 주민들은 동쪽의 동포들이 고통을 모면하고자 공산주의 독재에 적응했을 것이라며 정색을 하고 비난한다. 마치 그러는 그들 자신이나 그들의 부모는 나치 독재에 항거한 저항군이나 되었던 것처럼, 그래서 그들은 남들에게도 그렇게 똑같이 요구할 권리라도 있듯이 말이다. 그러나 사실은 서독보다는 동독의 동포들이 히틀러 전쟁의 패배를 더 쓰라리게, 더 크게 경험했다. 서독이 12년의 독재를 참아 내야 했던 반면, 동독은 그 기간이 1933년에서부터 1989년까지인 것이다. 반 세기도 넘게 독재를 견뎌 내야 했던 것이다.

　1949년 이후 서독이 얻은 개인의 자유와 경제 부흥에서 서독인들 스스로 기여한 바는 일부에 지나지 않는다. 미국과 프랑스, 영국의 현명한 예방 조치가 없었다면, 스탈린과 흐루시초프, 브레주네프의 제국주의에 대항하여 군사적 방어 태세를 갖추지 않았다면 서독인들의 노력과 근면은 결코 열매를 맺을 수 없었을 것이기 때문이다. 서방 전승국들의 보호와 지원이 없었다면, 콘라드 아데나워, 야콥 카이저, 루드비히 에르하르트, 쿠르트 슈마허, 에른스트 로이터, 한스 뵈클러, 테오도르 호이스[90]와 전후 서독에서 정신적, 도덕적, 정치적 지도력을 발휘했던 모든 이들이 그렇게 많은 업적을 달성하지는 못했을 것이다. 반면 울브리히트는 점령 세력의 총독이었다. 또 히틀러 치하 오랫동안 감옥에서 보낸 호네커는 막판에 가서야 다소 민족적인 모습을 보였을 뿐이다. 그러므로 두 인물은 결코 본보기가 아니었다. 그들의 정권은 필경 독재와 슈타지, 인민경찰로 유지되었던 것이다.

　그러나 현재 독일을 보면 그 누구를 정신적, 도덕적 권위를

---

90) Theodor Heuss(1884-1963). 독일연방공화국 초대 대통령(1949-1959).

갖춘 인물이라 할 수 있겠는가? 교회는 속빈 강정이 된 지 이미 오래이다. 부모와 학교는 교육의 과제를 TV와 비디오 산업에 계속, 너무 많이 떠넘겨버렸다. 대학의 기능은 점점 더 전문지식의 전수에만 국한되고 있다. 일부 작가와 신문이 방향을 제시하고자 노력하고 있으나 그들의 영향력은 지금껏 단 한 번도 그리 대단하지 않았다. 괴테, 쉴러, 하인리히 하이네나 토마스 만 역시 사후에나 널리 알려지게 되지 않았는가. 마지막으로 정치인들은 또 어떠한가. 그들이 과연 정신적 지도력을 발휘하고 있는가? 이 질문에 우리는 정신적 지도력을 발휘하는 것은 정치인의 천직이 아니라고 답해야 할 것이다. 그들이 깨끗한 도덕의 본보기를 보여주는가? 유감스럽지만 아니라고 부인할 수밖에 없다. 오히려 그 반대일 것이다. 물론 여러 예외가 있긴 하겠지만 말이다.

우리 민족에게는 현재 전반적으로 보아 수준 높은 정신적, 도덕적, 정치적 지도력을 발휘하는 인물이 없다. 어쩌다가 리하르트 폰 바이체커[91]의 일장연설이나 저서를, 때로는 신문의 명쾌한 사설을, 때로는 쿠르트 비덴코프나 볼프강 티어제[92]의 지식 전달형 논설을 접하는 것이 고작이다. 지금 우리 의회에는 예전 50, 60년대 우리가 알던 페터 넬렌[93], 한스 디히간스[94], 토마스 델러, 구스타프 하이네만[95], 또는 아돌프 아른트[96]처럼 정치적

---

91) Richard Karl Freiherr von Weizsäcker(1920-). CDU소속. 베를린시장(1981-1984), 제6대 연방 대통령(1984-1994).
92) Wolfgang Thierse(1943-). SPD소속. 연방하원 의장(1998-2005).
93) Peter Nellen(1912-1969). CDU소속이었다가 당의 군사정책에 반대하여 1960년 SPD로 당적을 바꿨다.
94) Dr. Hans Dichgans(1907-1980). CDU소속. 연방하원 의원(1961-1972).
95) Gustav Walter Heinemann(1899-1976). 내무부장관(1949-1950), 법무부장관(1966-1969), 연방대통령(1969-1974). CDU소속이었다가 아데나워 총리의

지도자인 동시에 도덕적으로도 훌륭한 인물이 없다. 그리고 카를로 슈미트와 같이 압도적으로 풍부한 교양을 자랑하는 정치인이나 헤르베르트 베너나 프란츠 요제프 슈트라우스[97)]의 요지부동의 독자성을 갖춘 인물도 요즘은 찾아보기 힘들다. 물론 그들 모두를 동시에 본보기로 삼을 수는 없었다. 그러나 그들은 각자 제시해야 할 내용의 몫이 있었기 때문에, 그들 각자가 남과 다른 고유한 내용을 제시했기 때문에 국민은 제시된 본보기들 중에서 취사선택하여 스스로의 판단에 이를 수 있었던 것이다.

하지만 오늘날 우리에게 제시되는 것이라고는 전술적 잡동사니들뿐이다. 그리고 도토리 키 재기 식의 고만고만한 수준의 것이라 저울질해 볼 것도 없다. 1990년 통일이 되던 해, 몇 안되는 훌륭한 정치인 중의 한 사람인 당시 사민당의 총리후보 라퐁텐은 우리가 직면한 경제적 난관의 규모를 정확히 파악했고, 이를 국민에게 공개 연설에서 밝혔다. 그러나 이로써 라퐁텐은 통일을 원치 않는 듯한 인상을 주게 되었다. 이런 연고로 그는 지도력을 상실했던 것이다.

그리하여 이제 우리 국민은 불안과 울고 싶은 심정, 그리고 무관심과 의례적 언행이 뒤죽박죽 섞여버린 상태에 이른 것이다. 더 안좋은 것은 사람들이 탐욕에 눈이 어두워 노골적으로 개인의 이익만을 추구한다는 것이다. 새로 도입된 이자 분할상환세를 피해 1992년 말까지 600억 마르크 규모의 개인 자산이 독일에서 외국으로 - 대부분 룩셈부르크로 - 빠져나갔다. 현재

정책을 비판하며 SPD로 당적을 바꿨다.
96) Karl Otto Adolf Arndt(1904-1974). SPD소속. 연방하원의원(1949-1969). 아데나워 총리의 권위주의적 정치를 비판했다.
97) Franz Josef Strauß(1915-1988). CDU/CSU소속. 특임부장관(1953-1955), 국방부장관(1956-1962), 재무부장관(1966-1969), 바이어른 주지사(1978).

우리 사회에 탐욕과 이기심이 만연하고 있음을 보여주는 또 다른 징후는 엄청난 투기성 자금이 선택적으로 증권이나 외국통화 등에 쏠리고 있다는 점이다. 결론적으로 말해 우리 은행들만 크게 한몫 챙기고 있는 것이다. 서민들은 그런 이득을 함께 나눌 수 없다. 그 대신 서민들이 기대할 수 있는 것은 노조가 가능한 한 높은 임금을 관철해 주는 것 뿐이다. 그러나 우리 기업들의 현재의 계약 판매 실적 상황을 볼 때, 임금이 지나치게 높으면 결과적으로는 동독 지역뿐만 아니라 서독 지역에서도 안 그래도 높은 실업률이 더욱 상승할 것이라는 사실을 대부분 사람들은 인식하지 못하고 있다.

그 누구도 희생을 감수하려 하지 않는다. 반면 거의 모든 사람들은 더 많이 가지려 한다. 갖고, 갖고, 또 갖고! 그리고 안 내놓고! 거의 모든 개개인이 오직 자기 자신만을 생각하고 있는 것 같다. 그 결과 우리 모두는 서로에게 점점 남이 되어 가고 있다. 장벽이 많은 독일인들을 갈라 놓았으나 사실 동서독 주민들은 서로 훨씬 가까웠었다. 적어도 정신적 측면에서는 말이다. 레스 푸블리카[98], 공공복리, 복지, 협동정신 — 그런데 이런 개념들이 이제 서서히 사람들의 의식에서 사라지고 있는 것이다. 이런 말들이 사라진다는 것은 곧 조국의 수백만 동녘 동포들에게는 희망이 사라진다는 것을 의미한다.

이게 장밋빛 미래란 말인가? 아니다. 우리 민족의 통일이 이런 식으로 전개될 줄은 정말 상상도 못했다.

---

98) res publica. 공화주의.

판단 착오의 원인

어떻게, 어찌하여 콜-겐셔[99] 정부와 그 후임인 콜-묄레만 콤비가 통일이라는 과제를 그리도 경솔하게 과소평가하게 되었는지에 의문을 갖는 이들 중에 정말 공정하고 공평하게 평가하고자 하는 이가 있다면, 미리 분명히 알아야 할 것이 있다.

바로 1989년 한복판까지도, 심지어 그해 가을까지도 정부는 통일 가능성을 제대로 예측하지 못했다는 것이다. 또 통일을 위한 어떤 계획도 마련하고 있지 않았었다. 그 후 1989년 말부터 1990년 상반기에 기회가 오고 있음을 간파하고 여러 단계별로 이 기회를 활용한 것은 물론 콜 총리의 공이다. 1990년 5월 18일 통화·경제·사회통합에 관한 조약과 1990년 8월 31일 통일조약(10월 3일 발효), 그리고 1990년 9월 12일 동서독·미국·영국·프랑스·소련 간의 2+4회담 결과 체결된 '독일에 관한 최종합의 조약'을 단계별로 이끌어냈다.

마지막에 언급한 조약은 비교적 분량이 짧고, 얼핏 보아 흠잡을 데가 없다. 반면 처음에 언급한 두 조약은 무척 광범위하고 세부 내용도 많은데, 시간적으로 매우 촉박했다는 이유만으로도 이 조약들은 많은 오류 조항을 담고 있다. 그 밖에도 전 과정을 급하게 추진하다 보니 서독 의회와 동독 국민의회가 세심하게 참여하고 자문할 여유가 없었다. 본의 서독 정부와 동베를린의 동독 정부가, 외교적인 이유로 서두르지 않으면 소련과

---

[99] Hans-Dietrich Genscher(1927-). 내무부장관(1969-1974), 외무부장관(1974-1992), FDP총재(1974-1985). 긴장완화 정책으로 독일통일에 기여했다. 1989년 여름 프라하의 서독대사관에 망명을 신청한 동독 주민에게 서독으로의 입국을 허가했다. 폴란드와 헝가리의 개혁을 지원했으나, 지원을 남발한다는 의미에서 그의 정책은 공수표 외교라는 비난도 받았다.

의 이해를 도모할 수 있는 기회를 다시 놓칠 수도 있다고 판단했기 때문이었다고 할 경우에만 이런 속전속결을 정당화할 수 있을 것이다. 어쨌든 고르바초프도 그 후 얼마 지나지 않아 소련의 정상 자리에서 내려왔고, 소련은 여러 독립국가들로 해체되었다. 두 독일이 주요 4개국뿐 아니라 더 많은 국제 파트너들과 조약을 맺어야 하는 상황이었다면 이 조약은 성사되기 어려웠을 것이다.

통화조약과 통일조약에서 중대한 실책을 범하긴 했지만(이 실책들에 관해서는 이 장에서 다시 언급하겠다), 독일의 통일을 촉발하고 구 동독을 독일(서독) 마르크 지대로 끌어들였을 뿐 아니라 유럽공동체의 공동시장으로까지 포용한 것은 기본적으로는 당연히 잘한 일이었다. 이는 국가이익에 합치하고 동서독 양측 국민의 오랜 염원에도 부합하는 것이었다. 바로 이것이 콜 총리와 콜 정부의 여전히 부인할 수 없는 업적이다.

그러나 그 사실에 못지않게 분명히 말할 수 있는 것은 콜 총리가 1990년 10월 3일 이래 단행하고 결정하고 실행에 옮긴 기타 거의 모든 조치들은 일부는 옳지 않고, 일부는 결함 투성이며, 일부는 지나치게 조심스럽고 일부는 너무 늦기까지 했다는 점이다. 40년간 서로 차단되어 상호 적대적인 정부형태 아래에서, 판이한 경제 및 사회 질서, 법 체제, 교육 체제 아래에서 어쩔 수 없이 너무 다른 방향으로 발전해버린 우리 민족의 양 진영을 다시 한데 묶는 것, 한 편의 생산성의 3분의 1에도 못 미치는 다른 편을 다시 한데 끌어 안아야 하는 지난 1945년 종전 이래 최대의 도전을 콜 총리는 이겨내지 못한 것이다. 이 도전에 제대로 대처하지 못하기는 콜 내각의 테오 바이겔 재무장관, 경제부의 헬무트 하우스만Helmut Haussmann 장관과 위르겐 묄레만 장관도 마찬가지이다. 한편 야당인 사민당은 조약 협상에 참여하지 못했다. 그 때문에 정부의 통일안에 대해 사민당이 독자적으로 광범위한 계획안을 제시하고 국민에게 공개하기란 매우 어려웠을 것이며, 아니 어쩌면 불가능했을 수도 있다. 결국 사민당은 이런 대안을 제시하는 대신, 정부의 통일안을 비판하고 세부적인 항목에서 대안을 제시하는 역할에 그치고 말았다.

독일은 유례를 찾아보기 힘들 정도로 포용력 있고 평화적인 노력을 통해 민주적이면서도 자의식을 가진, 인간적이며 그 스스로 연대의식이 강한 사회로, 당당한 국민으로 성장할 수 있는 역사상 유일한 기회를 맞이했다. 이 기회가 유일하다고 하는 것은, 비스마르크는 이를 추구하지도 않았고 바이마르공화국은 이를 이루지 못했기 때문이다. 그런데 우리는 이 소중한 기회를 제대로 포착하지 못했고 활용하지 못했다. 여러 가지 논쟁의 악화가 뒷받침하듯이 이 기회는 이미 물 건너갔다고 생각할 수도 있다.

그러나 아직은 결코 자포자기할 필요가 없다. 아직 우리는 도덕적으로 일어설 수 있고 독일 역사의 수레바퀴를 멈추게 할 수 있다. 이를 달성하고자 하는 자는, 특히 우리 민족이 이 역사적 과업을 수행하는 데에 기여하고자 하는 정치인이라면, 4반세기(25년) 전에 프리츠 에를러가 한 말을 좌우명으로 새겨야 할 것이다. "우리는 한 민족이다. 그러므로 각자가 서로의 짐을 짊어지고 있다." 그리고 정치가로서의 일상적 당리당략에서 벗어나야 하고, 나와서 별 말도 하지 않는 자잘한 TV 출연과 언론 인터뷰 따위를 즐겨서는 안 될 것이다. 같은 생각을 가진 이들을 비롯, 전문가 집단과 연대하여 다음의 세 가지 주요 논제들을 밝혀야 한다.

1. 우리가 통일이라는 과제를 과소평가한 원인이 어디에 있는가? 병의 원인을 알아야만 병을 고칠 수 있다.

2. 어떤 잘못을 저질렀고 어떤 사안에서 중도하차했는가? 지금이라도 바로잡을 수 있는 것은 무엇인가?
3. 우리가 구체적으로 무엇을 해야 하는가? 제 1순위가 무엇인가? 제 2순위는 무엇이며 맨 마지막에 할 일은 또 무엇인가?

본의 정치인들이 오류를 바로잡기로 결심했다면 같은 생각을 가진 이들과 함께 이 질문에 대한 해답을 찾아야 한다. 답을 얻었다고 믿게 되면, 그들 스스로 옳다고 더 이상 믿어 의심치 않게 되면, 국민 앞에 나서서 그들이 찾아낸 진실을 큰 소리로 분명하게 고백하고 국민들에게 함께 동참하여 각자의 위치에서 제 역할을 다할 것을 촉구하고 용기를 북돋우어야 한다.

판단 착오를 일으킨 원인 가운데 하나는 분명 본Bonn 정부의 관료들이 구 동독 기업의 상황과 능력, 경쟁력에 무지했다는 것이다. 그러나 서독의 경제 연구소들이 오래 전부터 동독 기업에 대한 많은 연구를 발표해 오고 있는데도 동독 기업에 대해 무지했다는 것은 참으로 납득하기 어렵다.

당시까지 아직 존립하고 있던 동독에 서독 마르크가 도입되고 며칠 지나지 않은 1990년 7월 초까지는, 늦어도 10월 3일의 석 달 전인 이때까지는 본의 모든 어설픈 정치인들도 동독의 상징적 국민 제품이라 할 수 있는 트라반트에 무슨 일이 일어났는지 목도할 수 있었다. 지난날 동독 주민은 트라비를 주문한 후 인도받을 때까지 수년을 기다려야 했다. 그러나 이제는 같은 값에 오펠이나 폭스바겐, 또는 포드나 피아트의 소형차를 살 수 있게 되었다. 이들 서방세계의 차들이 더 좋은 것은 말할 나위도 없었고 인도도 주문 즉시 이루어졌다. 또한 품질 면에서도 신형 트라비보다 앞서고 가격도 훨씬 저렴한 중고 자동차가 시장에 엄청나게 쏟아져 나왔다. 며칠도 지나지 않아 아무도 신형 트라비를 사려 하지 않았다. 이 때문에 몇 주가 지나자 트라비의 생산을 중단해야 했고, 많은 근로자들이 일자리를 잃게 되었다. 트라비의 운명은 엔지니어와 근로자들의 근면과 피땀 어린 노력에도 불구하고 경쟁력 부족으로 유럽공동체 시장에서 팔리지 않는 동독 공산품의 전형적인 운명을 제일 먼저 보여준 예라 하겠다.

현재 이 같은 운명이 구 동독의 수많은 공산품에서 반복되고 있다. 직원들은 거리로 나앉았다. 아무리 경제학적 지식이 없는 본의 정치인일지라도 경제학자들은 이미 알고 있던 이런 상황을 늦어도 1990년 7월 중에는 예견했어야 했다(단, 구 동독의 환경 파괴정도만은 서독도 1990년 이전에는 파악하기 어려웠다). 이제야 정부는 동쪽의 노동생산성이 서쪽의 3분의 1이며, 일인당 GDP는 포르투갈과 그리스 수준이라는 사실을 알게 되었다. 이 수치를 어떻게 끌어올리느냐는, 우선적으로는 동독 기업의 설비에 이뤄지는 투자의 규모와 속도, 그리고 현지 인프라의 발전에 달려 있다.

오늘날 신연방주에서 나타나는 경제적, 사회적 몰락의 가장 핵심적인 원인은 시장이 만병통치약이라는 순진한 믿음에 있다. 우리가 강력한 통화를 동독에 가져가서 동독의 사회 안전망과 사회적 기능을 서독의 수준으로 끌어올리면 공동시장이 곧바로 형성되어 전 부문을 지배할 것이라고 본 정부는 믿은 것이다. 총리가 제2의 경제기적을 운운했을 때, 그는 스스로를 제2의 아데나워로 여겼을 뿐 아니라 한술 더 떠 제2의 에르하르트로까지 여겼던 것이다.

콜 총리는 50년대 경제기적의 시대를 정확하게 기억하고 있지 않다. 내가 총리보다 약간 나이가 들기도 했지만 내 기억이 더 정확하다. 특히 1948년 화폐개혁 후 수년간 당시 함부르크 시의 경제위원인 칼 쉴러와 함께 일한 바 있고, 화폐개혁과 더불어 통화·재정·무역정책의 성공 조건을 국제적으로 비교하여 1949년 디플롬 논문을 썼기 때문이다.

에르하르트의 성공은 여러 요인에 기인한다. 그중 하나는, 나치 시대와 전쟁 이래 이어진 억압적인 계획경제를 단계적으로 폐지했기 때문이다. 위축되었던 서독의 산업은 국제적으로 보았을 때 필연적으로 낮은 생산성을 특징으로 하는데, 이 산업을 하루아침에 국제경쟁에 내놓는 것에 대해 에르하르트는 말도 안 된다고 생각했다. 그래서 협력관청(JEIA)이 수출입을 관할했고, 조선업과 같은 대규모 투자는 허가를 받도록 했다.

1989-1990년과 비교하여 한 가지 중요한 차이점은 그 시절 서독의 기업과 근로자, 생산자와 소비자가 전후 물질적으로나 정신적으로 모두 동일한 조건 하에 있었다는 사실이다. 모든 (거의 모든) 사람들이 배를 곯았고, 거의 모든 사람들이 무(無)에서 시작했다. 기업가로서, 바이에른 출신이 니더작센 출신보다 더 유리하게 시작하지도 않았고, 함부르크 출신이 슈투트가르트 출신보다 더 나은 출발선상에 있지도 않았다. 시장은 매우 동질적이었고 이 동질적 시장으로부터 에르하르트는 출발했던 것이다. 이 말은 시장 기회가 모든 (거의 모든) 이들에게 동일했다는 것을 의미한다. 인프라 시설도 모든 지역에 걸쳐 골고루 파괴되어 있었다. 그리고 동맹을 맺은 관청들의 관료주의나 자본 부족으로 인한 핸디캡도 어디나 마찬가지였다.

그러나 동독 기업들이 1990년 통화조약 이후에 처한 제반 상황은 이와는 판이하다. 서독의 경쟁자들이 지난 수십 년간 최상으로 적응해 온 환경에, 이 낯선 환경에 동독 기업들은 하루아침에 내동댕이쳐진 것이나 다름없었다. 동독의 산업은 신제품

시장을 찾는 일에 극히 미숙했다. 자율적 운영 대신 국내용으로 무엇을 얼마나 생산할지, 소련과 폴란드, 체코슬로바키아 등등에는 어떤 상품을 수출할지에 관하여 오랫동안 위에서부터 하달된 명령에만 따라 왔던 것이다. 그들은 마케팅에 익숙치 않았다. 또 비용 편익을 세밀히 검토하는 데에도 익숙치 않았다. 왜냐하면 모스크바가 통제하는 코메콘 경제시스템 안에서는 사실상 국가와 국가 간의 교환 경제를 기본으로 했으며, 정치적으로 합의된 청산 가격이 결제 수단으로 사용되었기 때문이다.

전통적 판매처였던 모스크바, 바르샤바, 프라하가 90년대 초반부터 떨어져 나감으로써 동독이 시장경제에 적응하는 데에 어려움이 가중되었다. 동구권에서의 공산주의 붕괴와 모스크바의 소비에트연방 통치의 종식으로 코메콘이 붕괴했기 때문이다. 그렇다고 이제 막 해방된 구 코메콘 국가들이 강력한 통화를 지불할 수 없었고, 오히려 이들 국가는 수출을 통하여 달러 같은 강력한 통화를 벌어야 하는 처지였다. 그러나 이들의 상품은 세계시장에서 구 동독의 상품과 마찬가지로 잘 팔리지 않았다. 즉, 두 독일 국가의 통일이 아니었더라도 코메콘의 붕괴는 구 동독을 심각한 경제 및 고용 위기로 몰고 갔을 것이다.

그러나 정부는 동독의 옛 고객이 급속히 이탈하는 과정을 분명 처음에는 알아차리지 못한 데다가, 나중에는 그것이 신연방주의 수주와 고용에 미치는 치명적인 영향을 과소평가하기에 이르렀다. 그리고 이에 대해서도 서구식 시장경제의 자연치유 능력에만 의지하고 있을 뿐이었다. 그들의 순진한 믿음은 대단하여 심지어 동독 마르크를 서독 마르크로 전환할 때 임금·비용·가격을 급격히 평가절상했고, 이런 부주의로 말미암아 동독 산업의 경쟁력은 더욱 약화되었던 것이다.

반면 동서독이 경제적으로 통일되면 불가피하게 나타날 현상에 대해 제3자로서 현실적인 판단을 내릴 수도 있음을 보여주는 적절한 예도 있다. 1958-1959년 내 벗인 헤르베르트 베너의 격려와 지도 아래 몇몇 사민당 의원들은 독일계획을 제출하고 통일에 대비한 다양한 준비 연구를 수행했다. 그때 내가 맡은 부분은 경제였다. 이 연구물은 60년대 서독에서 출판되었고, 1990년 초에 한 동독 출판사가 다시 발굴하여 재발행했다. 이 연구는 '경제적 사회적 통일과정의 예측 가능한 단계'라는 제목을 달고 있었다. 초점은 일차적으로 '단계'라는 단어에 맞추어져 있었다. 1959년 나는 이 연구에서 3단계이자 마지막 단계는 약 5년 후에 완성될 것이라고 했다. 지금으로부터 34년 전에도 이미 나는 통일을 단숨에 억지로 이루는 것은 너무 위험하다고 생각했던 것이다. 그때는 소련과 코메콘 국가들이 붕괴하고 동독 경제가 동구권에서 이탈하리라고는 아무도 예상하지 못하던 시절이었다.

그럼에도 불구하고 이미 1959년에도, 동서독의 구조적 차이 및 경제력의 격차와 그로부터 결과적으로 도출될 수 있는 난제들, 그리고 통합과정이 가져올 결과를 쉽게 파악할 수 있었다. 나는 기업 경영이 계획 및 통제경제의 사슬에서 해방되는 것은 필연적이라고 생각했다. 그러나 오늘날 강행되는 사유재산화의 과정까지 필연적이라고는 생각하지 않았다. 자율적 투자와 서독 금융자금의 보조금 지급은 경영 합리화와 생산성 향상을 유도할 것이다. 그러므로 나는 대규모의 해고 파동이 일어날 것을 예견했고, 그 대량해고의 피해를 줄이는 방안으로 사회정책적 조치를 제안했다. 특히 실업인구의 일부를 다시 흡수하기 위한 방안으로, 동독의 낙후된 인프라 시설에 대규모 투자를 제안했다. 대규모의 인프라 구조 개선을 통하여 세계시장에서 경쟁력 있는 현대적 기업을 만들어 내고, 신생 산업에서의 고용 안정을 용이하게 하거나 아니면 최소한 가능하게라도 해야만 했다.

이 연구는 저명한 시장경제 학자가 수행한 것이었다. 그는 시장경제를 실현하고자 했지만 동시에 시장경제의 피해자를 배려했고, 또한 과도기에는 국가의 대규모 경제 활동과 재정적 원조를 포기해서는 안 된다는 점도 잘 알고 있었다.

그 사이 동일 주제에 대한 여러 가지 연구가 진행되었다. 예를 들어 브루노 글라이체Bruno Gleitze의 연구와, 그보다 훨씬 나중에 발표된 쿠르트 비덴코프의 1989년 12월과 1990년 2월의 연구를 우선 떠올려 볼 수 있다. 1989 - 1990년에 연방 경제부가 그러한 연구에 대해 몰랐을 리는 없다. 특히 전문가위원회가 1990년 1월 동독의 경제개혁에 관한 특별 평가를 내놓았기 때문에 그러한 연구에 대해 몰랐다는 것은 나로서는 믿기 어렵다. 그러나 그러한 평가에 대해 알지 못하는(아니면 알고 싶어하지 않는) 총리는 독일 전후 역사상 가장 결정적인 순간에 그 중대 사안을 어떤 전문지식을 토대로 처리했는지 답해야 할 것이다. 분명 경제부장관(FDP)의 순수 시장경제 만능주의가 그 같은 연구물이 총리의 손에 들어가는 것을 막았을 것이다. 한스 프리드리히 장관[99]의 퇴임 이후 그의 소속 정당에서 4명의 장관이 차례로 나왔는데, 그들의 행동은 국가의 경제적 목표를 추구하기보다는 대중적 정치놀음과 선전에 훨씬 치중되어 있었으니 말이다.

---

100) Hans Friedrichs(1931-). FDP소속. 경제부장관(1972-1977).

7대 과오

첫 번째 중대 과오는 동서독 간 경제적 통합이 초래할 수 있는 예견 가능했던 문제들을 어리석게도 과소평가한 것이다. 이런 과소평가에서 여러 잘못된 결정과 소홀함이 비롯되었는데, 이는 오늘날 오직 단계적, 부분적으로만 시정되고 있으며 전체적으로 봐서는 충분히 고칠 수 없는 상황이다.

다음으로 구 동독 경제가 수년 내에 저절로 시장경제화하여 (콜은 '1994년' 까지라고 했다) 구 동독이 경제 선진국으로 탈바꿈할 것이라고 너무도 순진하게 믿었던 것, 이것이 두 번째 큰 과오이다.

세 번째 큰 과오는 구 동독 마르크의 가치를 약 3배나 부풀린 사실상의 평가절상에 있다. 이로써 가격 면에서만 경쟁력이 유지되었다면 독일과 유럽 공동시장, 세계시장에 내놓아도 손색없는 제품을 만들던 동독 기업들은 경쟁력을 잃게 되었다. 당시 푀엘Pöhl 연방은행장은 위기가 오고 있음을 직시했고 다급하게 경고를 보냈다. 그러나 총리는 자신의 정책 기조를 견지하려 했고, 이는 결국은 반년 후에 치러질 통일 후 첫 의회 선거에서 동독의 표심을 얻기 위한 것으로, 동독 마르크와 서독 마르크를 1:1로 교환함으로써 동독 주민들에게 후한 인심을 베풀고자 하는 의도였다. 1990년 초 콜 총리의 뜻에 따라 단일통화 조약을 성사시킨 사람은 당시 한스 티트마이어Hans Tietmeyer 재무차관이었다. 현재 그는 연방은행의 감독이사회 소속인데, 이 연방은행은 정부의 이런 실책으로 인해 전무후무한 고금리 정책을 취함으로써 우리 독일과 유럽의 절반에 고통을 주었다. 티트마이어의 동독 측 협상 파트너였던 귄터 크라우제Günther Krause는 통화에 대해 아무것도 몰랐으므로 이 실책에 대해서는 아무런 책임이 없다.

네 번째 큰 과오는 통일 조약에 포함된 부분으로서, 동서독 간 광범위한 재정 격차 해소를 포기한 것이다. 그리하여 연방과 서독 주들이 공동으로 부담하는 '독일 통일기금'을 1994년 말까지만 운영하도록 했다. 그리고 1995년부터 동독의 연방주들은 별도의 기금 없이 법에 따라 16개 주 사이의 '수평적' 재정 격차 해소 및 연방과 주 사이의 '수직적' 재정 격차 해소 정책에 편입될 예정이다. 현재까지 이 통일 기금으로 엄청난 금액이 모였지만 여전히 부족한 실정이다. 1994년까지 기한을 못박은 것을 비롯하여 이 모든 상황은 근본적으로는 두 번째 중대 과오, 즉 1994년이면 동독의 경제가 꽃필 것이라는 순진한 추측에서 비롯되었다. 1994년 말에는 동독의 연방주들이 원칙적으로는 재정 자립을 이룰 것이란 가정은 물론 오늘날 이미 희비극적 환상인 것으로 판명되었다. 오히려 신연방주의 부채가 빠르게 증가하고 있으며 몇 년 내에 금융 위기로 치달을 것이다.

게다가 1995년 새 연방정부(1994년 말 새 의회가 구성된다)가 해결해야 하는 재정 격차 해소 문제는 분명 총체적인 국내정치적 위기를 야기할 것이다. 서독의 연방주는 동독을 위해 그들 주머니에서 엄청난 자금을 또다시 내줄 준비가 되어 있지 않으며, 유감스럽게도 추호도 그럴 마음이 없다. 그런데 연방이 이 틈을 메워야 할수록 더 많은 예산이 연방에 들어가고 지방의 몫은 줄어들 것이다. 계속 이런 식으로 나아간다면 필연적으로 각 주에 비해 연방 기관이 더욱 강화되고, 안 그래도 위협받고 있는 연방주의의 균형이 깨짐으로써 정치적으로 심각한 변화가 올 것이다. 이 같은 현상은 오늘날 이미 나타나고 있는데 실은 1990년부터 싹트기 시작한 것이다.

오늘날 동독 연방주의 재정적 의존성은 정치적으로, 심리적으로 위험한 결과를 낳고 있다. 동독의 연방주들은 연방정부(또 연방정부 산하 기관, 예를 들어 신탁관리청, 노동청 등)에 계속 손을 벌리는 청원자 역할을 할 수밖에 없는 것이다. 이것이 서독의 연방주에 비해 신연방주의 정치적 입지를 절대적으로 좁게 만들고 있다. 산적한 문제를 해결하려면 최소한 당분간만이라도 신연방주가 서독 연방주보다 더 큰 결정의 자유를 누려야 하는데도 현실은 오히려 그 반대이다. 이런 의존도가 주의회와 주정부에서 근무하는 직원들의 심리 상태와 동독 연방주의 여론에 영향을 미침은 물론이다. 괴리감과 함께 서독의 기관과 직원 밑에 종속되어 있다는 의식이 깊어지고 있는 것이다. 이는 그들이 바라던 바와는 정반대이다. 많은 동독 주민들은 서독에 지배당한다고 느끼고 있다.

신탁관리청의 활동에 의해서도 어쩔 수 없이 이와 유사한 심리적 결과가 유발되고 있는데, 이것이 바로 다섯 번째 큰 과오이다. 튀링엔이나 작센안할트에서 과거에는 인민 자산이었던 중대 규모의 기업이 매각되는 경우, 그 결정은 에어푸르트나 할레의 지방정부 또는 지방 주의회가 아닌 베를린의 신탁관리청에서 내린다. 기업의 폐쇄 및 부분 폐쇄, 그리고 유휴토지를 투자자에게 매각하는 일조차도 마찬가지이다. 사실상 신탁관리청은 동독 기업들의 구조조정을 담당하는 연방 부처인 셈이다. 그런데 이 신탁관리청의 활동에는 어떤 입법 과정도 필요치 않기 때문에 실제 신탁관리청의 행정은 사회적 동의와 활동에 대한 감독만 이뤄지면 된다. 의회가 참견하는 일도 없다. 결과적으로 신탁관리청은 동독의 모든 연방 주정부와 주의회에게 있어 큰 권한과 자금력으로 무장한 절대적인 제2의 정부로서, 유일하게 연방 재무부의 명령만 따를 뿐이다. 동독 주민은 이 권한을 나누어 갖지 못한다. 간혹 아무리 신탁관리청의 고위 직원일지라도 마찬가지이다. 많은 동독 주민들에게 사유화 담당자와 구조조정 담당자는 영락없이 '그림책 속의 전형적 자본가'의 모습이다(볼리Bohley). 그런데 여기서 사회주의통일당(SED)은 자본가를 타인을 노예로 부리는 사람을 일컫는 말로 사용했다는 점을 염두에 두어야 할 것이다. 이렇게 동일시되는 것은 정치적으로나 심리적으로 결코 달가운 일이 아니다.

신탁관리청은 한때 '인민자산'이었던 기업을 민영화 시킴과 동시에 구조조정의 과제를 맡고 있다. 이 두 가지는 조화를 이루기가 매우 어렵고 또 비용도 엄청나게 소요되기 때문에 1994년 말이면 신탁관리청은 3,000억 DM에 달하는 빚을 추가로 지게 될 것이고, 이에 연방정부가 나서지 않을 수 없을 것이다.

기업을 자립시키고, 경험 많고 검증된 전문 경영진의 손에 기업을 맡기는 것은 의심할 나위 없이 옳은 일이다. 그리고 또한 머지않아 자립할 수 있다는 정당한 믿음이 서는 기업에는 일시적인 추가 지원도 합당할 것으로 생각한다. 그러나 제품 선택, 개발, 투자, 경영 제한, 그리고 해고까지 포함하는 그 밖의 모든 결정은 기업이 내부에서 자체적으로 내려야 한다. 지금까지는 대부분 자금을 대거나 위험을 감수하는 민간 기업가나 기업에 매각하는 경우에만 기업이 그런 독립성을 가질 수 있었다. 그런데 지금은 기업의 본사건, 작업장이건, 출장소건, 신탁관리청이 단독으로 관리하고 있다. 이 회사들은 계속 적자를 낼 것이고, 끊임없이 지원금을 요청할 것이다. 그러다가 결국 머지않아 파산을 신청할 것이다. 총리가 '핵심 산업의 유지'라는 새 모토를 외치고 있지만, 그것으로도 이러한 사실을 가릴 수는 없을 것이다.

결국 아직 유지되고 있는 사업장에 관한 결정 권한은 주정부나 신설될 주정부 산하 지역 신탁관리청의 손에 있다. 그러나 이를 운영하기 위해서는 동독의 연방주들이 재정적 자립을 이

록해야 한다. 현재 신탁관리청의 구조와 업무가 잘못되어 있기 때문에 동독연방 주민의 미래뿐 아니라 여러 사안에 대한 중차대한 결정이, 과거 호네커와 미탁[101]의 시절 그러했듯이 누구의 책임인지도 모르게 되어버린 것이다.. 비르기트 브로이엘과 살해된 그의 전임자 데트레프 카르스텐 로베더[102]가 과업에 착수하며 보여준 용기와 에너지는 놀랍지만, 그렇다고 신탁관리청의 업무와 구조를 정치적 주요 실책이라고 평가하지 않을 수는 없다.

여섯 번째 큰 과오는 다섯 번째 큰 과오와 관련되어 있는데 바로 통일조약에 의거한 재산처리 규정이다. 현재 과거 개인자산의 보상에 관한 법적 원칙인 '선 반환 후 보상' 원칙은 어느 정도 완화된 상태이다. 그러나 많은 경우 사유재산 몰수가 이미 오래 전의 일이어서 보상 청구자는 대개 과거 소유자의 상속인인 경우가 대부분이다. 현재까지 접수된 전체 240만 건 가운데 처리된 것은 10분의 1에 불과하다. 나머지는 다음 세기까지 이어질 텐데, 결국 이는 변호사와 사법부를 위해 예약된 훌륭한 밥벌이가 될 것이다.

그러나 한편으로는 최종 소유권자가 결정됨으로써 발생할 수 있는 두 가지 부정적 결과에 대한 불안이 상존하고 있다. 하나는 현재 집 소유주들은 여태껏 살던 집에서 당연히 계속 살 것으로 믿어 왔는데, 이제는 언제 내쫓길지 모른다는 두려움을 안게 되었다는 사실이다. 그리고 다른 하나는 이렇게 불투명한 상황이니 보수와 투자가 이뤄지지 않고 있는데, 이는 경영 측면에

---

101) Günter Mittag(1926-1994). SED의 중앙위원회 위원(1962-1989). 동독의 계획경제를 주도했다.
102) Detlev Karsten Rohwedder(1932-1991). SPD소속. 신탁관리청 초대청장(1990). 적군파의 울리히 베셀Ulrich Wessel에 의해 암살되었다.

서나 국민경제상 매우 해로운 일이다. 결국 반환 원칙은 비덴코프의 말대로 '심각한 투자 저해 요소'로 드러난 셈이다.
만일 반환원칙[103] 대신 보상원칙[104]을 규정으로 삼았더라면 훨씬 합리적이었을 것이다. 1989년까지는 과거 재산소유자의 상속인들이 그들의 부모나 친척이 과거에 소유했던 자산을 돌려받을 생각을 할 수 없었다. 그러므로 이제 법을 통해 적절한 보상 조치가 허용되었다면 그들은 매우 환영했을 것이다. 그런데도 오류투성이인 반환원칙을 굳히려고 하는 것은 괜한 관심, 즉 견물생심에서 비롯된 무분별한 사유재산 이데올로기에서 그 이유를 찾을 수 있다. 쿠르트 비덴코프가 재산법을 두고 '국가가 조장한 지속적 균열'이라고 일컬었는데, 이는 결코 과장이 아니었다.
일곱 번째 큰 과오의 책임은 일차적으로 사용자 연합과 노조에 있으나 정부도 책임이 없는 것은 아니다. 1990 - 1991 - 1992년의 임금 협상 과정을 이야기하는 것이다. 이미 1990년 (서독의) 협상자들은 생산성 향상이라는 더 중요한 문제를 놔두고 동독의 임금 문제를 자꾸 협상 테이블 맨 위로 올려 놓았다. 특히 공공노조가 앞장섰다. 그 결과 단위 노동비용이 폭발적으로 인상되어 안 그래도 제품 경쟁력이 없는 구 동독의 기업들은 직격탄을 맞았다. 1989년 말 동독의 월평균 수입은 1,170 DDM이었는데 92년 초에는 2,090 DM로 증가했다. 일자리를 지킬 수 있었던 이들에게는 매우 훌륭한 임금 증가세였다. 그러나 그렇지 못했던 수백

---

103) Rückerstattungsprinzip. 과거 동독 정권이 몰수한 재산을 원형 그대로 원소유권자나 그 후손에게 반환.
104) Entschädigungsprinzip. 과거 동독 정권이 몰수한 재산에 대해 상응하는 가치를 갖는 다른 형태로 보상. 재산 외에도 건강의 손상, 부당한 복역 등에 대한 금전적 보상까지 포함한다.

만 명에게는 일자리를 잃는 가장 큰 요인이 되어버린 것이다.

잘못된 징조가 보였을 때 정부는 노사 양측을 불러모아 동독의 임금 인상 가능성을 직시하고 각자 절제할 것을 촉구했어야 했다. 이를 좌시한 정부는 비난을 면할 수 없다. 칼 쉴러의 말처럼 '총력 체제'가 이때만큼 필요했던 적도 없었는데 말이다.

연방의 엄청난 자금 투입으로 시행되는 단기 근로, 조기 퇴직, 고용 창출 프로그램과 고용 기구(이른바 제2의 노동시장, 솔직히 말하면 드러나지 않은 실업)를 통해 실업이 현저히 감소한 것은 사실이다. 그럼에도 동독 지역의 많은 산업도시에서의 현재 실업은 1932년 당시 대공황으로 촉발된 1차 세계 경제위기 때보다도 훨씬 높다. - 당시 실업자들의 절망감이 선거에서 NSDAP[105]와 히틀러에게 표를 던진 주요 동기가 되었다. 오늘날 실업자들의 경제적 조건은 당시보다는 비교할 수도 없이 좋다. 그러나 현재의 경제 상황은 노여움과 실망의 원인으로서, 이 노여움과 실망이 다른 불안과 겹쳐 체념과 심한 공격성을 띠게 만든다. 특히 젊은이들 사이에서 이런 경향은 더욱 뚜렷이 나타나는데, 바로 로슈토크-리히텐하겐Rostock-Lichtenhagen 이 그 예이다. 아마도 많은 이들에게 끝이 안 보이는 높은 실업은 1993년 초부터 동독 지역의 분위기를 침체시킨 핵심 요인일 것이다.

서독에는 그러한 대량해고를 기억이라도 하는 이가 매우 드물다. 그러므로 대부분의 서독인들은 동독 지역 실업자의 심정을 공감하지 못한다. 공식적으로 집계된 실업 외에도 잠재된 실업자 수는 엄청나다. 동독에서 1989년 당시에는 완전고용 상태였던 경제활동인구 가운데 1992년 현재 약 45%만이 정규직에 종사하고 있는 것이다.

---

105) Nationalsozialistische Deutsche Arbeiterpartei(NSDAP). 국민사회주의 독일 노동자당.

나라의 장래를 위하여

1994년 8월

독일민족재단 같은 것을 하나 만들어 보자는 아이디어가 나온 후 20년이 훌쩍 흘러 작년에 마침내 재단이 탄생했다. 70년대 초반 우리 민족이 오랜 분단기를 거치며 이대로 영영 남남으로 살 수도 있겠다 싶어 우리는 심히 우려했었다. 그리하여 더욱 의식적으로 해마다 '민족의 현실'에 대한 정부의 성명이 발표되고 의회에서 토론이 열렸다. 언젠가는 독일의 통일이 이뤄질 것이라고 확신했다고는 하지만 그것이 언제가 될지는 몰랐다. 80년대 후반까지도 통일이 얼마 남지 않았다고는 아무도 생각하지 못했다.

그리하여 독일민족의 정체성을 상실할 위험이 점점 커지는 듯했다. 특히 동독 정권이 '사회주의국가'라는 선동적 구호를 선전하기 시작하면서 더욱 그러했다. 연방 대통령[106]도 알고 있듯이 우리는 이미 그의 첫 임기 중에 민족재단 설립을 위한 이론적 준비를 하고 있었다.

그 후 1989-1990년, 국제정세와 유럽의 상황이 근본적으로 변화하여 독일 통일이 실현 가능해졌을 때만 해도, 1990년 이후 시간이 가면서 드러난 것처럼 심리적 정신적 통일이 그렇게 어려울 줄 우리는 미처 몰랐다. 우리가 민족재단이라는 과거의 구상에 다시 착안한 것은 바로 그 때문이었다.

그러나 8천만 인구의 독일이 '내적' 정체성을 회복해야 하는 문제뿐 아니라 그와 동시에 새로이 다져가야 할 이 정체성을 유

---

106) 바이체커 대통령을 가리킨다.

럽 내에 뿌리내리게 하고, 수많은 주변국들이 모두 감당해낼 수 있고 '받아들일' 수 있도록 만드는 문제가 대두되었다. 이 두 번째 우려 때문에 국내의 일부 인사들은 - 서독에서도 그렇고 동독에서도 그렇고 - '민족' 재단이라는 명칭 사용을 꺼렸다. 우리가 살고 있는 이 피의 20세기에 독일민족의 이름으로, 독일민족의 깃발 아래 저질러졌던 많은 치욕적 범죄에 대한 끔찍한 기억들이 우리 모두에게 너무나도 생생하게 남아 있기 때문이다.

그러나 곧 우리는 명칭에 대한 우려를 해소했다. 여기에는 우리가 민족이라는 개념을 하늘에 맹세코 두 번 다시는 극우주의자들의 전유물로 허용해서는 안 되겠다는 정치적 의지가 크게 작용했다. 나 자신도 역시 내 정치 일생을 통해 '독일민족'과 '독일국민'이라는 개념을 항상 의식적으로 동의어로, 같은 의미로 사용해 왔다.

우리는 유럽 통합을 반대하는 사람들이 민족 개념을 독점하도록 놔둬서는 안 된다는 생각에서 출발했다. 그러나 아마도 우리에게 가장 중요한 과제는 유럽공동체에 대한 우리의 소속의식을 가정과 고향과 자연에 대해 우리가 갖는 일체감과 자민족에 대해 갖는 소속감에 의식적, 의도적으로 밀착시키는 일이다.

민족적 정체성과 유럽적 정체성은 결코 서로 배척하는 관계가 아니라, 오늘날 정치적, 역사적 사고를 같이하는 우리 구대륙의 대다수 시민에게는 단지 동일한 정체성이 다양하게 발현된 형태일 뿐이라고 우리는 확신한다.

유럽이라는 작은 대륙의 동쪽 절반이 독재와 외세의 지배에서 해방된 지금, 도처에서 민족적 정체성과 민족적 자결이 정신적, 정치적 필수 요소로 대두되는 상황에서, '민족국가 유럽'이나 - 오히려 이와는 반대되는 의미에서 - '지역으로서의 유럽'이라는 개념을 굳이 만드는 것은 민감한 사안인 민족개념을 회피하거나 아니면 그 반대로 현재 진행 중인 유럽의 통합, 즉 12개국에서 그 다음은 15개국, 그리고는 19개국이나 20개국이 하나가 되는 유럽의 통합에 반대하기 위한 교묘한 시도일 뿐이다.

그러나 이처럼 민족이라는 개념을 회피하려고 교묘히 수를 써 봐도 그것이 현실적으로 불가능하다는 것은 숨길 수 없다. 그러나 안간힘을 써서 그런 개념을 만들었을 때 얻을 수 있는 작은 장점도 하나 있다. 바로 유럽을 강조하는 것이다. 이렇게 함으로써 우리 유럽 시민들이 (민족 이외에) 또 다른 정신적 필수 요소를 간직하고 의식하게 하는 데에 다소나마 기여하고 있다. 즉, 유럽 통합을 열망하고 이렇게 통합된 유럽에 소속되고자 하는 열망을 갖게 하는 것이다.

오해를 피하기 위해 참고적으로만 언급해 둘 것이 있다. 특정 지역협력은 매우 유익할 수 있다. 그러나 그렇다고 특정 지역협력만이 유럽통합의 핵심으로 실체화되어서는 안 된다는 점이다.

그 어떤 프랑스 인도, 그 어떤 폴란드 인도, 그 어떤 스페인 인도, 그 어떤 영국인이나 미국인도 자민족의 정체성과 자민족에 대한 소속감에 의문을 품은 적은 없을 것이다. 아담 스미스는 일고의 의구심도 없이 당당하게 '국부론'을 썼다. 대부분의 우리 이웃 국가들도 아주 당연하게 민족이란 동일한 단어를 사용하며 동일한 개념으로 이해한다. 그리고 그들의 국기나 국가(國歌) 또는 왕실에서 사용하는 민족적 상징을 자랑스럽게 여긴다.

그러나 그런 당위성이 금세기 두 번의 사건으로 우리 독일 국민에게는 매우 어려운 일이 되었다. 1차세계대전 후에도 그랬고, 특히 이제는 그 책임이 고스란히 독일제국의 나치정권의 몫으로만 돌아간 2차세계대전 후에 특히 그러했다. 그러나 그렇다고 해서 만일 우리가 - 주변 민족들과는 전혀 다르게 - 우리의 조국과 민족에의 소속감을 '헌법 애국주의'와 같은 인위적이고 비역사적인 개념으로 대체하려 한다면 그 어떤 우리의 이웃들도 우리를 신뢰하지 않을 것이다. 또는 우리가 민족의 자리에 유럽을 대신 갖다 붙이려고 해도 결과는 마찬가지일 것이다. 왜냐하면 주변 민족들은 우리가 그런 짜깁기한 개념을 영원히 사용하리라고는 믿지 않을 것이기 때문이다. 그리고 이 때문에 생겨날 수밖에 없는 정신적 진공 상태를 메우기 위해 어느 훗날 우리가 또 무슨 일을 벌일지 그들은 걱정스럽게 물어볼 것이다.

그렇지 않아도 우리 이웃들은 독일이 또다시 독자적인 길을 갈지도 모른다고 우려하는데 이와 같은 우려는 결코 사소한 것이 아니다. 유럽에서 독일은 러시아의 뒤를 잇는 8천만의 인구 대국이다. 이런 독일에게 주변국이 기대하는 것은 평범함이다. 외교적으로는 평범함과 신뢰를, 국내정치적으로는 민주주의 및 사회경제에서의 평범함을 바라고 있다. 우리 독일을 향한 주변국의 대외정치적 기대치, 이것을 아래에 핵심내용으로 기술해 두었다.

그러나 그 전에 위에서 언급한 평범함, 또는 그 파급력과 목표를 예측하기 어려운 독일의 독자적 행보에 대한 주변국의 우려에 대해 이야기하겠다. 그렇다면 우리를 다른 유럽 민족들과 구분짓는 독일만의 특별한 무엇이 과연 실제로 존재하는가? 나는 최소한 3가지가 있다고 본다.

- 첫째는 히틀러 정복전쟁이 안겨준 고통, 즉 군사적 점령과 그 관련 범죄 행위들, 그중에서도 특히 홀로코스트가 그것이다(우리가 바이마르에 우리 재단의 본부를 두기로 한 이유 중 '하나'는 바이마르 외곽의 부켄발트[107]가 우리에게 홀로코스트를

---

107) Buchenwald. 나치 시대의 대규모 강제수용소. 바이마르 근교의 에터스베르

상기시켜 주기 때문이다. 다른 이유로는 독일 역사상 최초로 민주주의의 실패를 겪은 바이마르공화국을 지속적으로 환기하기 위함이요, 한편으로는 쉴러, 헤르더, 괴테의 영광스런 바이마르 시대를 기억하기 위함이었다).
- 둘째, 독일이 대부분의 유럽 민족들보다 훨씬 늦게야 분권주의와 의회민주주의 원칙을 수용하고 실현한 것이다.
- 셋째, 거의 유일하다시피한 독일의 지정학적 위치이다. 우리는 다른 어떤 유럽 국가보다도 많은 나라들과 국경을 맞대고 있다(한 가지 예외로 러시아가 있는데 러시아는 전 아시아를 거쳐 태평양까지 뻗어 있다). 우리의 이웃으로는, 직접 국경을 맞대고 있는 이웃 나라 외에도 영국·러시아·이탈리아·스웨덴과 같은 간접적 이웃 나라까지 포함된다.

비스마르크는 말년에 이르러 독일의 미묘한 지정학적 상황을 인식하고 균형을 목표로 외교를 펼침으로써 현실에 대응하고자 노력했는데, 그는 아마도 이렇게 행동한 독일의 첫 번째 지도자였을 것이다. 2차세계대전 후에는 아마도 아데나워가 초반에는 그의 외교적 행동반경이 제한되었음에도 불구하고 독일의 지정학적 위치에 잠재된 특수한 위험성을 인식하고 그로부터 올바르고 적실한 결과를 이끌어 낸 첫 번째 인물이 아니었나 싶다.
유럽 민족이 생성되기 시작한 때는 약 10세기 전이다. 그때부터 유럽의 제 민족은 많은 부분을 상호 수용, 발전시키며 연관성을 갖는 문화 모자이크를 창조해 냈는데, 이것이 놀라운 이유는 유럽 민족들이 문화창조와 동시에 끊임없이 서로 전쟁을 치렀다는 점 때문이다.

크Ettersberg에 위치한 이곳 부켄발트 수용소에는 1937년부터 1945년까지 5만 6천여 명이 수용되어 있었다.

특히 독일민족은 처음부터 운명적으로 많은 전쟁에 끼어들게 되었다. 결정적 원인은 우리의 지리적 위치(전문 용어를 쓰자면 지정학적 위치)에 있다. 우리는 동해(발트해)와 알프스 산맥 사이의 좁고 길다란 땅에 살고 있고 서쪽, 남쪽, 동쪽으로 옆 나라와 바짝 붙어 있으며, 북부 지역의 동해까지도 원래는 큰 내륙호에 불과했다. 이와는 반대로 포르투갈과 덴마크는 단 한 개, 스페인과 네덜란드는 두 개 국가와 국경을 맞대고 있을 뿐이고, 영국은 직접적인 인접국이 전혀 없다. 그러나 작은 유럽 대륙의 한복판에 살고 있는 우리 독일은 그 어떤 다른 유럽 민족보다 많은 국가들과 직접 국경을 접하고 있는 것이다.

타 민족들은 끊임없이 중심을 향하여 진출했다. 바이킹은 배를 타고, 아시아의 유목민족은 말을 타고 쳐들어 왔다. 헝가리가 나중에는 터키가, 구스타프 아돌프 치하의 스웨덴이, 루이 14세와 나폴레옹 치하의 프랑스가 중심부로 밀고 들어왔다. 반대로 우리 독일이 강성했을 때에는 중심부로부터 폴란드로, 프랑스로, 그리고 히틀러 치하의 세계대전 중에는 마침내 모든 인접국을 향하여 동시에 진출했다(스위스만이 유일한 예외였다). 이에 대항하여 독일의 인접국들은 지난 수 세기 동안 반反독일 연합세력을 구축했다. 허풍쟁이 빌헬름 2세는 이 반독일 연합세력에 허풍으로 맞섰고, 전범자 히틀러는 피로써 반독일 세계 연합전선을 탄생시켰다.

우리가 유럽연합(EU)과 나토(NATO)의 일원이라고 해서 우리의 지정학적 중심 위치가 바뀌는 것은 아니지만, 이 두 집단에 속함으로써 구 연방공화국, 즉 서독은 서유럽의 확고한 구성원이 되었고, 이를 통해 서방 국가들에게 독일의 재돌출 가능성에 대한 걱정을 덜어 주었다. 또한 서유럽과 미국은 한 편이 되어 소련의 서부 팽창에 과감하게 군사적으로 대응했다. 독일이 분단되지만 않았더라면 우리는 서방과의 연대에 100% 만족했을 것이다.

독일 통일 이후 (인구수로는 프랑스나 영국보다 훨씬 많고, 폴란드보다 두 배, 네덜란드보다는 다섯 배, 체코공화국보다는 여덟 배나 많은) 독일의 적극적 역할이 불가피해졌다. 그것은 우리가 다음 세기에 또다시 원심 세력과 구심 세력 간의, 그리고 또다시 반 독일 연합과의 파괴적 겨루기를 하지 않기 위해서이다. 그러므로 유럽 통합이 진척되기를 바라는 것은 우리의 진심일 뿐 아니라, 우리 민족의 아주 중요한 이해관심사이기도 하다.

세계 역사상 유일무이하게 촘촘하게 얽힌 유럽문화는 나치의 독재도, 이탈리아와 이베리아 반도의 파시스트 독재도, 공산 독재도 파괴하거나 억압하지 못했다. 유럽의 철학·학문·문학·음악·미술·건축은 생명력이 매우 강한 것으로 증명된 것이다.

그런데 민주주의의 정치문화, 유럽식 법문화, 자유시장이라는 기본 요소, 사회적 약자에 대한 배려 문화, 특히 개인의 존엄과 자유존중 등 유럽 공통의 문화를 결정짓는 이 요소들이 아직 미치지 못한 나라가 '하나' 있으니 바로 러시아이다. 또한 대다수의 구 소련 국가들 역시 과연 이러한 유럽의 문화를 수용하여 발전시킬 수 있을지 지금도 여전히 불투명하다.

헬싱키조약과 유럽안보협력회의의 전 과정은 유엔(UN)과 유엔 안전보장이사회와 마찬가지로 항구적 평화를 전혀 보장하지 못한다. 이는 구 소련과 발칸반도 지역의 수많은 분쟁 지역에서 목도하고 있다. 또한 클린턴 미 대통령이 러시아에 평화 파트너십을 제안했어도, 폴란드와 발트해 연안 국가들이 강대국 러시아에 대해 갖는 두려움을 덜어주지는 않는다(폴란드가 오늘 당장이라도 나토의 일원이 되고자 하는 것도 바로 이 때문이다).

고르바초프가 언급한 유럽 공동의 집은 희망찬 비전을 담은 표현이었지만 아주 가까운 단계를 가리키는 말은 아니었다. 러시아의 이웃 국가로서 독일은 물론 서방 세계가 잊지 말아야 할 사실은, 러시아는 문화적으로 하나의 독자적 세계를 구축하고 있으며 보다 정확히 말해 그 자체가 하나의 대륙으로서 고유한 문화적 특징을 가지고 있다는 점이다. 현재는 긴 침체기를 견뎌내야 하지만 그래도 여전히 러시아는 세계 강대국이다.

이와는 달리 유럽연합은 비교적 동질적인 중소 국가들의 결합체이다. 동질적이라고 하는 것은 회원국들의 정치 · 법률 · 경제적 전통이 서로 매우 유사하다는 의미이다.

처칠(1946년 비전이 가득했던 취리히 연설)과 장 모네, 로베르 쉬망이 유럽의 평화를 주도한 이래 거의 반 세기가 흘렀다. 또 1950년의 쉬망 계획으로부터 유럽공동체와 오늘날의 유럽연합(EU)이 탄생하기까지 오랫동안 단계적인 발전을 이뤄왔다. EU는 분명 많은 오류를 안고 있으며 불완전한 민주주의로 난항을 겪고 있다. 그럼에도 EU는 유럽 역사상 초유의 새로운 모델이고 서로 깊이 맞물린 톱니바퀴인지라 회원국 간의 적대감은 찾아볼 수 없다.

과거 그 어느 때에도 유럽의 민족들이 자발적으로 이렇게 크고 중요한 국가 주권의 일부를 포기해 본 적은 없었다. 또 과거 어느 때에도 공동의 타협을 통해 다양한 이해 관계를 해결하도록 자발적으로 스스로를 구속한 적은 없었다.

원래 유럽공동체의 두 가지 설립 동기 중 하나는 소련 제국주의에 맞서 울타리를 치는 것이었는데 그것은 이제 필요 없게 되었다. 또 다른 동기는 설립 당시와 마찬가지로 지금도 여전히 긴요한데 바로 독일을 끌어들여 묶어 두는 것이다.

그러나 이제 세 번째 동기가 추가되었다. 런던에서 코펜하겐까지, 아테네에서 리스본까지, 빈에서 헬싱키까지 대부분의 유럽인들은 혼자 힘으로는 요원했을 경제적 진보가 공동시장에 참여함으로써 가능해진다는 사실을 이해하게 되었다.

바르샤바와 프라하, 부다페스트의 정치 책임자들도 이를 잘 알고 있다. 또한 그들은 EU를 통해 정치적 뒷받침을 얻고자 한다. 기존 EU 회원국들이 이들의 가입을 지체 말고 실현시켜 주어야 한다는 것이 내 개인적인 생각이다. 즉, 중부 유럽의 절반인 동구권에서 새로운 민주주의가 실현되어 경쟁력을 충분히 갖추게 되면 그 즉시 이들의 EU 가입을 허용해야 한다. 이들 국가가 가진 큰 장점은 실질임금이 낮아 입지조건으로 활용할 수 있다는 점이다. 그리고 우리 기존 회원국들은 지금이라도 이 국가들이 유럽공동시장에 자유롭게 제품을 들여오도록 하고 한시적으로는 아예 일방적 교역을 허용해야 할 것이다. 그들이 빠르게 발전할수록 이웃인 서방세계에도 이득이기 때문이다.

여기서 오늘날 EU가 겪는 포스트 마스트리히트[108] 위기에 우리가 크게 불안해할 필요는 없다. 그것은 우리가 1954년 이래 이미 최소한 다섯 번은 유럽공동체의 심각한 위기를 겪었기 때문이다. 물론 이 위기들은 모두 극복되었는데, 그것은 유럽공동체의 기본 동기가 올리브와 바나나, 또는 농업 부문의 화폐 균형 기금과 철강 쿼터에 관한 개별적 이해관계보다 훨씬 강력했기 때문이다. 이런 경험을 토대로 나는 EU의 기저에 깔린 근본 동기로부터 이 난관을 헤쳐나가 결국에는 마스트리히트의 위기 또한 극복하리라고 기대한다.

한편 유럽연합이 국가연합이냐 연합국가냐, 또는 국가연합이

---

[108] Maastrichtsvertrag(1991.12.11). 네덜란드 마스트리히트에서 열린 유럽공동체 12개국 회의에서 체결된 유럽의 정치와 경제 및 통화 통합을 위한 유럽 통합 조약.

어야 하느냐 연합국가여야 하느냐라는 전형적인 독일식 논쟁은 건설적이지 못하고, 그러므로 불필요하다. 왜냐하면 국가연합과 연합국가는 독일 역사와 독일의 국가론에서 유래하는 일종의 모델일 뿐이기 때문이다. 실제로는 유럽연합은 유일무이하게 이 두 모델의 결합체이다. 하인리히 아우구스트 빙클러[109]의 말을 빌려 유럽연합을 독일어로 달리 표현해 보고자 한다면 '제 민족들의 유럽'이 될 것이다.

독일에서 이는 이 논쟁과 관련하여 중요한 것은 단 한 가지 뿐인데 바로 독일의 모든 독단적인 행보는 파괴로 이어진다는 분명한 사실을 독일이 망각해서는 안 된다는 점이다. 독일의 독자 행보는 존속할 수 없으며 새로운 불행을 야기할 수 있다. 만일 소련에 대항하여, 또는 동유럽에 대항하여, 또는 EU 내에서라도 독일이 특별한 역할을 수행해야 한다고 누군가 외쳐댄다면, 그는 곧 다른 국가들을 자극하여 독일에 맞서게 할 것이다. 그 대신 우리는 인내와 침착함을 견지해야 한다.

지난 세월 세계정치 전반에 급격한 판도 변화가 일어났는데 20세기 말이 되면 그 윤곽이 더욱 분명해질 것이다. 과거에는 동 아니면 서였는데(그 외에 '제3세계'가 있었다), 미래에는 힘의 양극화가 아니라 세계권력이 4각 구도를 이룰 것이다.

1. 미국 — 미국이 세계를 이끄는 한 축이 되는 것은 명명백백하다.
2. 일본 — 일본은 세계 최대의 자본수출국이다.
3. 중국 — 중국은 국가 규모가 엄청나고(전 세계 인구의 5분의 1을 차지), 경제의 고속성장이 기대된다.
4. 러시아 — 러시아는 우선 유라시아에 걸친 엄청난 국토 규모를 자랑하며, 군사적 잠재력 또한 크다.

---
109) Heinrich August Winkler(1938-). 독일 역사가.

유럽의 중소국가들이 각기 뿔뿔이 국제사회에서 자력으로만 국익을 추구하고자 한다면 위와 같은 정치·경제·군사적 힘의 구조 하에서는 변두리 역할만 하게 될 뿐이다. 그리하여 지난 수십 년간 덩치 큰 개발도상국들이 강요받았던 것처럼 행동반경이 제한된 손님으로 머물 것이다.

서유럽의, 남유럽의, 스칸디나비아의, 중부 유럽의 3억 인구가 그들의 이익을 함께 대변할 때에만 비로소 그들은 무게를 얻을 수 있다. 그들의 영향력은 마스트리히트에서 합의되었으나 그 동안 실천이 요원했던 공동의 외교안보 정책이 실현될 때 한껏 발휘될 것이다. 그렇게 될 때에만 그들은 세계 패권의 압력에 맞설 수 있다.

그러면 유럽은 국제사회에서 제5의 세계권력이 되는 것이고 4각형이 아닌 5각형, 펜타곤이 되는 것이다. 바로 이 점에서 유럽 통합을 지속해야 하는 네 번째 추가 동기가 머지않아 나타나게 될 것이다. 이 동기는 폴란드와 기타 중동부 유럽의 여러 민족들에게 특히 해당된다.

독일이 지정학적 중앙 위치 때문에 손해만 본 것은 아니다. 우리 이웃 국가들 덕분에 우리는 문화적 성장을 이룰 수 있었다. 그리스와 로마, 아라비아와 코르도바Cordoba의 유태인, 이탈리아를 포함한 이 모든 이웃들로부터 문화적 자극을 받았던 것이다. 예를 들어 프랑스로부터는 계몽주의와 (늦기는 했지만) 분권주의를 비롯해 프랑스혁명이 가져온 많은 충격들을 받아들였다. 영국으로부터는 자유시장과 민주주의의 실제를 배웠다. 우리는 차이코프스키와 무소르그스키, 베르디의 음악을 감상하고, 쇼와 함순, 도스토예프스키의 작품을 읽는다. 이웃 국가들이 일구어 놓은 문화적 비옥함 하나만으로도 우리가 유럽에 자발적으로 속해 있을 충분한 이유가 될 것이다. 또한 독일 역시

이 문화적 비옥함에 기여했고, 우리는 이에 충분히 자긍심을 가져도 된다.

그 밖에도 우리는 EU를 통해 오늘날 스웨덴이나 오스트리아, 핀란드, 또는 폴란드, 체코, 헝가리 등이 EU에 기대하는 것과 똑같은 모든 혜택을 누리고 있다. 그러나 무엇보다도 우리가 EU의 구성원이 된 것은 독일이 자국의 이익과 야망만을 절대시하는 독자적 외교안보 정책을 취하는 우를 다시는 범하지 않기 위해 보험을 드는 셈이다.

이러한 유럽의 정신을 우리 독일민족 안에서 강화하고 확대하는 것이 독일민족재단의 핵심 과제가 될 것이다. 그리고 유럽의 정신은 우리가 이루고자 하는 정치적 공공선의 확고한 부분이자 우리의 도덕적·정치적 의무의 규범이 될 것이다. 두 번의 끔찍했던 독재를 경험한 후, 우리가 기본법 1-19조에 개인의 존엄과 자유를 보장한 것은 지극히 당연하다. 그러나 우리에게 권리만 있는 것은 아니다. 지켜야 할 의무도 있는 것이다. 바로 양차대전이 우리가 이웃에 대해 지켜야 할 의무가 있음을 가르쳐 주었다. 이 교훈을 얻었기에 나는 여러 외국 인사들이 독일민족재단 이사회에 참여하고자 하는 정성에 특히 감사한다.

자민족에 대한 애정이 절대 다시는 민족주의로 변질되지 않도록, 자민족에 대한 자긍심이 절대 다시는 '민족 혈통' 정치에 악용되지 않도록 우리 스스로가 경계해야 할 것이다.

발터 라테나우[110]와 구스타프 슈트레제만은 바이마르공화국

---

110) Walther Rathenau(1867-1922). 기업가·정치인·작가. 1899년 아버지 E. Rathenau가 세운 AEG_{Allgemeine Elektrizität Gesellschaft}를 이어받아 1915년 사장이 되어 독일의 발전과 경제 수립에 기여했다. 1차세계대전 후 바이마르공화국 하에서 부흥부장관(1921)이 되었고 1922년에는 외무장관이 되어 소련과 라팔로 조약을 체결했다. 그해 우익세력에 의해 암살되었다. '공동경제' 구상으로 유명하다.

시대에 유럽 이웃 국가와의 선린 정신이 필요하다는 사실을 깨달은 몇 안 되는 독일 정치인이었다. 그러나 그들의 영향은 크지 않았다. 이제 우리가 할 일은 장 모네와 샤를 드골, 콘라드 아데나워, 빌리 브란트의 중심 사상이 종국에 반드시 관철될 수 있도록 협력하는 것이다. 그리고 또한 에드문트 버크, 토마스 제퍼슨, 그리고 그 외 많은 훌륭한 인물을 본받고 따라야 할 것이다. 본보기가 될만한 인물이 굳이 국내에만 있는 것은 아니다.

우리 앞에 놓인 과제는 우리 민족의 기억을 상기시켜 독일 민족이 역사에서 바른 교훈과 결론을 이끌어 내도록 돕는 것이다. 우리의 후손이 훗날, "우리는 바이마르의 역사로부터 교훈을 얻어 바이마르공화국의 실수와 오류를 반복하지 않았다"라고 자랑스럽게 이야기할 수 있도록. 우리는 정말로 많이 지혜로워졌다.

동독 지역의 와해

1998년 3월

1996년 이래 동독 연방주의 재건 사업은 중단된 상태이다. 1997년 동독 지역은 처음으로 서독 지역보다 낮은 경제성장률을 기록했고, 올해는 그 격차가 더욱 벌어질 전망이다. 공식 집계에 따르면 동독의 실업률은 서독의 2배에 이른다. 집계에 나타나지 않은 잠재된 실업까지 감안하면 동독의 실업은 서독의 몇 갑절에 달할 것이다. 도대체 잘살 기미라고는 눈을 씻고 봐도 보이지 않는다.

통일의 결과 동독의 산업은 수준 이하로 급격히 떨어졌다. 고용 면에서 산업이 차지하는 비중은 건설 부문이 차지하는 비중을 조금 앞설 뿐이고, 그나마도 서독에 비하면 절반에 지나지 않는다. 오늘날 동독의 산업이 총체적으로 하는 역할은 너무나 미미한 것이다.

동독 지역의 이와 같은 비참한 상황 속에서도 고무적인 예외가 있으니 예컨대 자동차, 전자, 서비스 부문의 기업들이 그러하다. 장기적 안목으로 6개 동독 연방주의 산업 부문을 더욱 확장하는 데에 역점을 두어야 한다(동독 지역의 주도 다섯이 아니라 베를린도 포함시켜 항상 여섯으로 생각해야 한다). 이를 위해서는 서독 민간기업의 집중적 투자가 지속되어야 한다.

동독 산업의 노동생산성은 서독에 비해 여전히 낮다. 생산성은 우수한 기계설비와 숙련된 노동력에서 나온다. 후자에 대해서는 좋은 소리만 들려온다. 하지만 설비투자는 여전히 뒤처져 있다. 생산성에 상응하여 제조업과 판매업에서의 총 수익은 서독의 약 4분의 3 수준이다. 동독 기업의 절대다수는 불가피하게도 단체협약에 따른 고정임금을 지급하지 못하고 있으며 산별임금체계에 속해 있지 않다.

가장 고무적인 분야는 연금 부문이다. 동독은 서독보다 정년이 길고 연금 납부를 할 수 있는 근로연한이 길며, 여성의 경제활동이 일반화되어 있기 때문에 동독 근로자는 서독의 근로자보다 평균 9% 많은 연금을 수령한다. 이 연금 수령자들이야말로 통일 이후 정말로 짭짤한 수입을 올리는 유일한 집단인 것이다.

그러나 물론 동독의 은퇴자들에게 지급하는 비교적 높은 이 법적 연금을 충당하는 데 있어 동독 주민의 연금 납부는 일부에 불과하고, 더 큰 비중을 차지하는 것은 서독의 자금 이전이다. 1991년부터 현재(1998년)까지의 공적자금 이전 액수는 총 1조2천억 DM이다(연금에 대한 세금으로 돌아오는 금액을 감안하면 9천억 DM이 좀 넘을 것이다). 지난 5년 동안에는 연평균 거의 1천8백억 DM에 육박하는 금액이 동독에 공적자금으로 투입되었다. 그런데 1997년 처음으로 이 돈이 삭감된 것이다. 그러나 재건사업이 영원히 중단되지 않으려면 앞으로도 한동안은 공적자금 투입을 예년 수준으로 유지해야 할 것이다.

정부가 납세자들에게 매년 330억 DM씩 세부담을 경감해 주고자 내놓은 세제개혁이 실패하고, 자민당이 연대기금 폐지를 요구한 것에 대해 이러쿵저러쿵 말이 나자 동독에 대한 공공 이전을 축소하려는 저의가 아니냐는 추측이 일고 있다. 왜냐하면 마스트리히트 조약과 재정건전화협약[111] 체결 이후 신용대출

---

111) Stabilitäts- und Wachstumspakt(1997.6.17). 재정 건전화 및 성장 활성화 협약. 줄여서 유로재정건전화협약Euro-Stabilitätspakt이라고 한다. 유로국가들의 신규 부채가 GDP의 3%를 넘지 않도록 규정하고 있다.

확대가 고려된 적이 없고, 또한 책임감 있는 재정정책가로서는 다른 부문에서 국가 예산을 지속적으로 절감하여 이 정도 규모의 자금을 충당할 수 있으리라고는 진정 기대할 수 없었기 때문이다. 정부와 연립내각을 구성하고 있는 3개 정당은 국민에게 이실직고를 하지 않았던 것이다. 어쩌면 그들 스스로가 안개 속에서 헤맸을 수도 있다. 곧 다가오는 선거전을 앞두고 이들 연립 정당들은 다음 네 가지 진실을 명심해야 할 것이다.

첫째, 사회 및 경제 통합 과정에서 범한 실수들은 시정할 수 없다. 그 하나가 동독 마르크의 터무니없는 평가절상이었다(이런 규모의 평가절상으로 산업이 붕괴되지 않을 나라는 세계 어디에도 없을 것이다). 두 번째는 4년 내에 동독 임금을 서독의 임금 수준으로 끌어올리겠다는 약속이었다. 세 번째는 서독에서 조세인상 없이 동독의 경제성장을 달성하겠다는 그라프 람스도르프Graf Lambsdorff의 부추김에 의한 약속이었다(이 약속은 지금까지 여러 번 어겼다). 네 번째는 어처구니없는 사유화 방식이었다. 이것은 심리적으로 식민화나 다름없다고 느껴졌다. 또한 국가 부채를 4천억 마르크까지 불어나게 했다.

이 실책들 중 그 어느 것도 이제는 시정할 수 없다. 하지만 우리는 그 실책의 결과를 단계적으로 극복할 수는 있다. 그것은 바로 경제성장을 통해서이다.

둘째, 그러므로 우선적으로 다뤄야 할 과제가 두 가지 있다. 그 하나는 심각한 실업문제를 극복함으로써 서독의 경제를 부활시키는 것이요, 다른 하나는 동독의 재건 사업을 다시 활성화하는 것이다.

셋째, 동독의 경제성장을 위해서는 다른 모든 조치들과는 별도로 공적자금 이전을 예년 수준으로 유지하는 것이 불가피하다. 그런데 만일 '더 잘 버는 사람'에게, 또는 서독의 은행들과 산업계 일반에, 또는 동서독 재정 격차 해소를 위해 경제적 부담을 지어야 할 연방주에다 대고, 이 재정부담은 1천5백만 동독 시민들에게 돌아가는 것이기 때문에 결과적으로는 재정적 이익이 될 것임을 약속하겠노라고 장담하는 자가 있다면 한마디로 그는 기회주의자에 지나지 않는 한심한 저질 애국자에 불과하다.

넷째, 서독과 마찬가지로 동독 주민의 대다수는 정치인들의 허황된 공언들에 넌덜머리를 내고 있다. 국민의 신뢰를 얻고자 한다면 진실을 말해야 한다. 그 진실이 우선은 불편하고 쓰라린 것이라 할지라도 말이다. 우리 국민은 많은 정치인들보다 현실적이다. 우리 국민은 그 스스로 연대의식을 발휘할 준비가 되어 있다. 그러나 국민들은 알고 싶어한다. 이 여행의 행선지가 도대체 어디인지를. 그리고 어느 정도만이라도 일이 공정하게 진행된다면 희생을 할 각오도 되어 있는 것이다.

"공정하게 진행된다면". 이 말은 주가에 대해 나불거리고, 그 자신에게는 높은 보상과 이익배당을 하면서 주주총회에 가서는 대량해고와 동시에 배당 확대를 발표하는 경영진들 또한 새겨들어야 할 것이다.

구 동독과 베를린의 인구는 체코나 네덜란드보다 1.5배나 많다. 이 엄청난 수의 인구를 기존의 서독 경제에 완전히 통합하는 것은 여전히 어려운 과제이다. 이에 대한 해법으로 최근 사민당은 '10개안 계획'을 제시했다. 볼프강 쇼이블레[112]와 일부 정치인들도 개별안을 공표하기 시작했다. 우리는 이 모든 정책들에 대

---

112) Wolfgang Schäuble(1942-). 내무부장관(1989-1991), 통일조약의 서독측 협상 대표(1990). 1990년 10월 12일 피습으로 하반신 마비. CDU-CSU 원내대표(1991-2000), CDU당수(1998-2000), (現)내무부장관(2005).

하여 논의하고 토론하게 될 것이다. 이때 동독에 대한 공적자금 이전을 비방한 남독일 2개 주정부의 인사들은 게르하르트 슈뢰더가 한 말을 새겨 보아야 할 것이다. "우리가 연간 1천5백억 마르크를 더 이상 이전하지 않아도 될 만큼 동독이 충분히 회복해야 비로소 우리는 현실적으로 세금과 부담금에서 벗어나게 된다."

동독 지역에 충격요법을!

2001년 10월

슈바니츠Schwanitz 장관의 말이 옳다. 만일 폴란드 사람이나 체코, 헝가리 사람이 오늘날의 구 동독 주민의 생활수준을 평가한다면 동독인들이야말로 소련의 속박에서 벗어난 후 동부 유럽에서 시작된 거대한 정치적·경제적·사회적 변혁 과정의 승자라고 말할 것이다. 그도 그럴 수밖에 없는 것이 1990년 통일 이후 6천만 명 이상의 서독 주민들이 자금력과 재정 격차 해소 방안, 투자 활성화를 위한 조세 혜택, 연방 차원의 인프라 건설로 당시 1천6백만 인구의 동독 주민을 지원했기 때문이다. 이와는 달리 서폴란드, 서체코, 서헝가리는 그때나 지금이나 존재하지 않는다. 이 점에서 동독인들은 크게 복받은 것이다. 1990년 이래 나타난 성과는 괄목할 만하다. 반면 구 소련의 위성국들 가운데 전반적인 생활수준이 구 동독과 비슷하게라도 개선된 국가는 하나도 없다.

옌옵틱, 플라네타 등 일부 기업들이 크게 성공한 것이나 지멘스, BMW, 폭스바겐 등이 대규모 투자를 계획하고 있는 것은 향후 동독이 더욱 성장할 수 있음을 보여준다. 그럼에도 많은 동독 지역의 주민들은 불만족스러워하고 있다. 거기에는 여러 가지 이유가 있다. 그 하나는 신연방주 주민들이 스스로를 서독 지역 주민들하고만 비교하기 때문인데, 실제로 서독 주민들이 좀더 잘 사는 것은 사실이다. 다만 동독의 연금생활자만은 예외인데 그들 중 일부는 서독의 연금생활자보다 더 잘살고 있다. 또 다른 이유는 본의 정치인들이 4년 내에 경제적 '장밋빛 미래'와 '서독 수준의 임금'이 가능하다고 호언장담했으나, 두 가지 약속 모두 근거 없고 실현 불가능한 것으로 드러나고 있기 때문에 실망감이 확산되는 것은 당연한 결과이다. 게다가 많은 사람들이 의욕을 상실하고 있는데, 특히 정신적·심리적·정치적 적응 과정은 이들에게 결코 쉽지 않다. 현재 65세가 되는 모든 구 동독 주민과 대부분의 젊은이들은 한평생 독재정권의 정보 및 의견 독점에 지배당했고 하달된 명령에 따르기만 했다. 물론 뒷구멍도 있었고 속이고 '조작'할 수 있는 반半합법적인 작은 가능성들도 많았지만, 크게는 계획과 의무가 1천6백만 동독 주민의 경제적, 사회적 운명을 지배했다. 그러므로 동독 주민들은 1990년 이후 다른 중동부 유럽 국가들과 마찬가지로 급격한 변화에 내적으로 적응해야만 하는 상황에 직면했던 것이다. 그러나 지금까지 많은 구 동독인들은 급격한 환경 변화에 잘 적응했고, 함께 커다란 업적을 만들어냈다.

그런데 오늘날 동독 지역의 분위기는 실제 경제상황보다도 훨씬 좋지 않다. 올 초 볼프강 티어제가 동독의 경제가 절체절명의 위기에 봉착해 있다고 말함으로써 이 같은 분위기를 더욱 악화시켰다. 당연히 그는 이 발언으로 비난을 감수해야만 했는데, 그러나 그로서는 동독의 동포들에게 진심에서 한 말이었다. 사실 1996년 이래 경제재건 사업은 정체되어 있다.

1997년 이래 구 동독의 경제성장은 서독 지역보다 꾸준히 낮게 나타나고 있다. 1995년 이래 동독의 시간당 노동생산성은 서독에 비해 약 3분의 1 가량 뒤처져 있고, 동독의 단위 생산비용은 변함없이 서독보다 10% 높다. 또 1997년부터 서독에서는 속도는 느리지만 실업이 꾸준히 감소하고 있는 반면, 동독의 높은 실업률에는 변함이 없다. 공식 수치를 보면 동독의 실업률은 현

구 동독 및 구 서독 지역의 경제성장률 추이

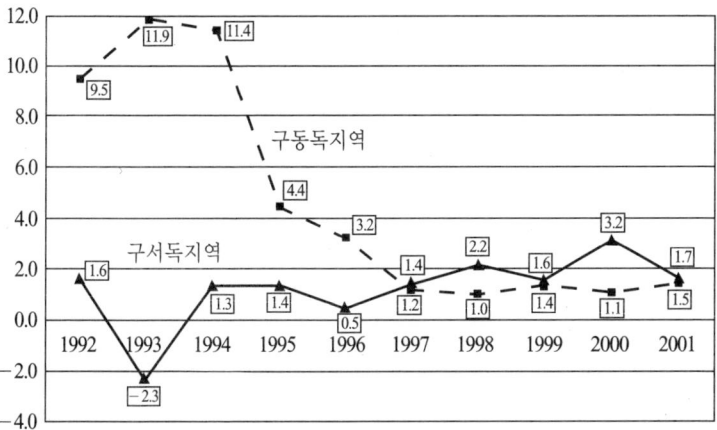

1995년도 물가 기준으로 GDP와 GNP의 변화율(출처: 할레경제연구소Institut für Wirtschaftsforschung Halle(IWH) 2001)

구 동독 및 구 서독 지역의 실업률 추이

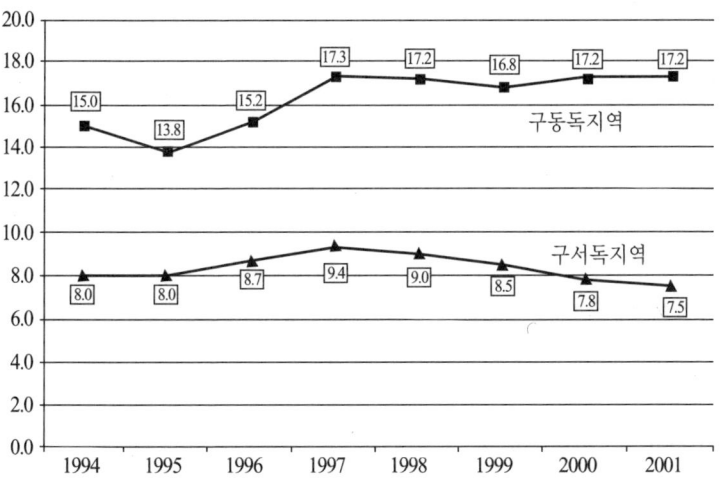

재 서독의 2배로 나타나는데, 여기에는 재교육생과 실업 극복 프로그램 참가자 수는 일절 포함되지 않은 것이다.

동독의 도시인구 중 실제로 30%가 실업자이다. 그러므로 그러한 지역에서 많은 젊은이들이 탈선하거나, 구 공산당이 일자리를 만들어낼 능력이 없다는 것을 알면서도 수백만의 사람들이 항의의 표시로 민주사회주의당(PDS)에 표를 준다 해도 놀라울 것이 없다. 물론 올해 나타난 세계경기의 침체도 동독의 노동시장과 사회 전반의 분위기를 짓누르고 있다. 또한 동독의 현격한 '기업가 부족'은 근로자 고용에 큰 영향을 미친다. 서독 연방주의 평균 자영업 종사자 비율을 기준으로 했을 때 신연방주의 자영업자 수는 현재보다 약 10만 명이 더 많아야 되며, 등록된 기업의 수도 14만 개가 더 많아야 하는데 실상은 그렇지 못하다. 이 수치에서 여전한 구조적 취약성이 드러나고 있는 것이다.

최근 여론조사 기관인 알렌스바흐Allensbach는 동독 주민의 반 이상이 동독의 경제상황을 '나쁘다' 또는 '나쁜 편'이라고 평가하고 있으며, 상황이 더욱 악화될 것이라고 믿고 있다고 밝혔다. 이런 부정적 분위기가 사실 여부를 따졌을 때에는 정당화될 수는 없지만, 그 자체도 경제에 영향을 미치는 일종의 현실이다. 이런 부정적 분위기는 밖으로도 그대로 드러나게 되어 서독과 서방의 잠재적 투자자들에게 영향을 주기 때문에 재건사업의 활성화를 어렵게 한다.

그렇다면 이에 어떻게 대응할 것인가? 이 문제에 답하기 전에 알아야 할 것은 1990 – 1991년에 저지른 심각한 심리적, 경제적 과오 중 어느 하나도 이제 와서 고칠 수는 없다는 사실이다. 황당무계한 호언장담도, 동서독 마르크의 1:1 화폐교환도, 구 동독 내의 '구 채무'를 완전히 탕감하지 않은 실수도, (그동안의 기간에 대해 보상금을 지급하는 대신) 이미 오래 전부터 서독에 거주하는 전前 토지 소유주의 후손들에게 토지를 반환한 잘못도, 하급 군인들과는 비교도 할 수 없이 막중한 책임을 지는 지도부에 앞서 하급 군인들에 대한 재판을 선행한 잘못도, 지금은 모두 물러나고 없는 사회주의통일당(SED)의 지난 행적을 내사하는 뒷북치기도, 연대기금의 도입과 철회를 반복한 무가치하고 혼란스러운 소모적 논쟁도, 부적절한 조세 혜택으로 초기에는 동독에 건설 붐을 일으켰다가 이 건설 경기가 수년 전부터 필연적으로 붕괴하자 동독의 건설 인프라만 남아돌게 만든 실정失政도(통계 수치에서 동독 건설 경기가 계속 하락하여 동독 제조업의 바람직한 성장마저 보지 못하고 있다) 이제 와서는 어찌할 도리가 없다. 오늘날의 시각에서 바라보아 비판의 대상이 되는 당시의 실책과 그 결과는 이미 돌이킬 수 없게 되었다. 이러한 현 상황을 개선하고, 특히 동독 지역의 분위기를 쇄신하고자 한다면 현실적 문제에서부터 실마리를 찾아야 한다.

그 일환으로 슈뢰더 총리는 지난 여름 괄목할 만한 조치를 취했는데, 16개 주에 약속한 재정지원 조치인 연대기금Ⅱ를 2019년까지 유지하겠다고 못박은 것이다. 이로써 지난 1989년 시작한 동독의 재건사업의 예상 기간이 최소한 30년으로 정해짐에 따라 현실을 직시하는 용기가 마침내 생길 수 있게 되었다. 이와 마찬가지로 연방의 장기 교통 건설계획이나 도시 정비 계획, 일부 동독 대학을 진정한 연구의 중심지로 발전시키는 사업을 해마다 진척시키는 것 역시 아주 현실적인 조치라 하겠다.

그러나 심리적 기폭제가, 내적 추진력이, 신바람을 불러일으킬 프로젝트가 없다. 높은 관심과 폭넓은 토론 및 참여를 유발하여 재건사업을 재개토록 할 만한 정책이 없는 것이다.

이를 위해 한 가지 제안을 하고자 한다. 바로 법률조항 폐지 계획을 마련하여 동독 6개 주에 적용하는 것이다. 이 계획의 장점은 추가예산이 절대 들지 않는다는 점이다. 이 건의가 수용되면 앞으로 6개 주는 지금까지 예상치 못했던 업무와 익숙치 않은 책임을 떠안게 될 것이다. 정부는 이 안건을 아래에 정리해 놓은 대로 법조항으로 만들어야 할 것이다.

1조: 6개 신연방주에 현재까지 통용되던 연방법의 일련의 규정들을 각 연방주의 영역에 한하여 철폐하거나 대폭 간소화할 수 있는 권한을 부여한다. 그 목적은 기업 설립, 투자 촉진, 추가 일자리 창출을 용이하게 하기 위함이며, 법적 효력을 갖는 다음의 항목들을 기준으로 삼도록 한다. 이 권한은 2004년 12월 31일까지 효력을 갖는다. 또 주의회에서 이 법을 근거로 폐지하거나 변경한 규정들은 2019년 12월 31일까지만 유효하다. 2020년 1월 1일부터는 다시 연방법으로 대체되며 위에 언급한 기일대로 진행토록 한다.

2조: 임금계약법에서는, 노사 간 맺은 계약이 "보편적 구속력을 갖는다"고 선언할 수 있는 권한을 연방 노동사회부에 부여했던 5항 및 기타 항목을 삭제한다. 현행의 임금계약법은 일자리를 가진 사람들에게 높은 임금을 보장해 주지만, 실업자들에게는 미래를 가로막는 산별 임금 계약의 가장 중요한 근거가 되고 있다. 실제로 동독 연방주에서는 이 법이 일부 지역에서만 시행되고 있다. 가장 적극적으로 시행되는 곳은 공공부문이고 소규모 기업이 가장 소극적인데, 이 법이 근로자의 신규 채용에 미치는 악영향이 상당하기 때문이다.

3조: 임금, 근로시간, 근로조건의 결정에서 기업 경영진과 이사회를 배제하는 경영체 규칙법의 §77,3 및 기타 조항을 삭제한다.

4조: 연방 임금지불법의 §1과 기타 조항은 지방공무원의 급료에 관련된 경우에 한해 일시적으로 효력을 정지시킨다. 공무원 임금이 더 이상 민간기업과 공공기업 근로자의 임금을 주도해서는 안 될 것이다.

5조: 건설법에서는 광범위한 절차적 요건을 규정하고 있는 §§2 - 4, §6, §10, §13만이라도 최소한 그 효력을 정지시킨다. 예를 들면, 위의 조항들은 건설 추진 계획을 간소화하기 위한 변경과 보완을 제한적으로만 허용하고 있다. 많은 경우, 현행의 이런 선先허가 원칙 및 시간만 축내는 행정 절차가 빠른 투자 결정을 저해하고 있다. 오죽했으면 베를린의 IKEA[113]가 관청에서 모든 행정허가를 5개월 만에 받은 것에 대해 베를린 언론이 좋은 기록이라고 환영했겠는가. 그러나 앞으로는 5개월 소요조차도 바람직하지 못한 예외가 되어야 할 것이다.

6조: 현행 환경법은 30여 개의 개별 연방법을 가진 비곗덩어리 규범이다. 중소기업의 대다수가 900페이지에 달하는 난해하고 복잡다단한 규정에 무기력하게 손을 놓고 있을 수밖에 없다. 나로서도 이 난마처럼 얽힌 상황에 어떤 구체적인 길을 제시해야 할는지 모르겠다.

7조: 수공업 부문 규범 중 §1과 기타 조항의 효력을 정지시킨다. 예를 들어, 능력 있는 자동차 수리공에게 카센터는 왜 못 열게 하는가? 현실을 모르고 내실에서만 결정된 탁상 규정들은 전부 중세 시대의 유산일 뿐이다!

8조: 상공회의소법에 관해 규정해 놓은 법률 2조와 3조의 효력을 정지시킨다. 모든 업체에 의무적인 회원 가입과 회비 납부를 강요하는 것은 자율성을 해치는 불필요한 요소이다.

---

113) 스웨덴 국적의 가구 회사. 1943년 당시 17세이던 잉그바르 캄프라트Ingvar Kamprad가 설립했다.

9조: 고등교육기관법 중 연구와 강의, 학생 선발을 규정한 모든 조항의 효력을 정지시킨다. 동독 지역의 주의회는 대학 운영 자율권을 도입하여 대학들이 완전한 경쟁력을 갖추도록 해야 할 것이다.

물론 동독에서 이런 법률안을 제출하면 동의만 얻는 것이 아니다. 반발도 살 수 있다. 특히 서독과 베를린에서 반발이 클 것이다. 관료주의가 만연한 금속 사용자 연합과 금속노조[114]의 성역이 위협받을 것이기 때문이다. 공무원 노조, 공공서비스 노조[115], 연방정부의 여러 부처, 문화부 회의, 상공회의소, 수공업회의소 등도 마찬가지이다. 일부 흥분한 학자들은 조국의 통일이 위기에 빠질 것이라고 생각하고 법철학자들과 헌법학자들은 심각한 우려를 표명하며 '생활수준의 균등화'를 재촉할 것이다. 그러나 엠스란드와 뮌헨의 생활수준이 동일했던 적은 이제껏 한 번도 없었다. 포크트란드와 라이프치히도 생활수준이 다르기는 마찬가지이다.[116] 그러나 근본적으로는 동서독의 현실적 생활수준이 다른 것이다. 이런 상황에서 법률조항 폐지법은 동서 간 생활수준 격차를 조속히 해소하는 데에 기여할 것으로 기대한다.

총리는 이러한 조치를 단행하는 근거로 지난 여름 동독 방문의 경험을 살리면 될 것이다. 지난번 방문에서 총리는 동독 지역에 다행스럽게도 많은 진전이 있었으나 일부 아쉬운 점이 있음을 확인했다. 특히 자영업자와 기업가, 수공업 장인과 소매상

---

114) Industriegewerkschaft Metall(IGM). 금속노조.
115) Vereinte Dienstleistungsgewerkschaft(Ver.di). 공공서비스 노조.
116) Emsland는 서독 지역인 니더작센주의 서부와 노르트라인베스트팔렌주의 북부를 아우르는 지역이고, Vogtland는 동독의 튀링엔주, 작센주, 서독의 바이어른주와 체코의 서부를 아우르는 지역이다. 두 지역 모두 경제 발전이 더딘 곳이다.

독일의 과다한 규제			
년도	법률	규칙	연방 법령관보의 페이지 수
1990	144	341	3,016
1991	65	398	2,404
1992	104	430	2,500
1993	112	380	2,500
1994	179	451	4,000
1995	64	356	2,124
1996	85	381	2,200
1997	100	448	3,444
1998	153	439	4,072
1999	89	332	2,852
2000	97	330	2,096

2001년 1월 5일 기준

들이 수적으로 부족한 실정이어서, 서독에 비해 평균 4분의 1 정도 적은 수준이다. 왜 동독 주민들은 서독 주민들만큼 자영업에 종사할 생각을 하지 않는 것일까? 왜 법인 설립 비율이 비교적 낮게 나타나는 것일까? 왜 '기업가가 부족' 한 것일까? 가장 큰 이유 중 하나는 자영업자로서 그 많은 규정과 늘어나는 관료주의적 절차를 감당해 낼 자신이 없기 때문이다. 그러므로 총리는 차분하고 신중하게 준비하여 - 요제프 하이든[117)]의 놀람 교향곡처럼 - 비대한 규제와 관료주의를 일소하고 새 길을 터야

---

117) 하이든의 교향곡 Nr. 94 〈놀람교향곡 Symphonie mit dem Paukenschlag〉. 하이든은 연주를 들으며 졸고 있는 청중들을 깨우기 위해 교향곡을 피아니시모에서 갑자기 팀파니가 들어가는 포르티시모로 구성하였다.

할 것이다.

슈뢰더가 이런 조치를 취한다면 그의 전임자와 뚜렷이 차별화될 수 있을 것이다. 콜도 '날씬한 국가'를 만들기 위한 좋은 구상을 하긴 했었다. 그러나 좋은 의도로 시작했던 일이 구렁텅이로 빠질 것 같자, 콜은 계획과는 반대로 1990년 이후 8년간, 그렇지 않아도 새로운 법조항들에 치여 살고 있는 동독 연방주에 1,000여 개의 새로운 법규를 추가로 만들었다. 그러나 법규정의 추가 제정은 슈뢰더 당선 이후에도 계속되었다. 1989년부터 1999년까지 연방의회는 그 전 40년 동안 제정된 법률만큼의 많은 법을 만들어냈다(오토 실리 Otto Schily). 유아원의 세면대 개수나 개인 차고의 규격을 정하는 일에 원자력발전소의 안전을 논의할 때와 똑같은 정열을 쏟아붓고 있는 것이다.

우리 독일은 (언제나 정의와 질서라는 이름으로) 규칙에 중독되어 있다. 이런 중독에 빠져 우리 스스로가 자유와 창의성을 얼마나 제한하고 있는지 깨닫지 못하고 있는 것이다. 어쨌거나 우리가 인구 10만 명당 프랑스의 두 배, 영국의 여섯 배나 되는 직업 판사를 필요로 한다는 사실은 하나도 이상할 것이 없다.

법률조항 폐지법이 시행되면 동독 지방정부와 지방의회의 업무가 갑자기 아주 즐거워지고 갑자기 많은 일들이 실현 가능해질 것이며, 정치가 폭넓은 공적 토론을 불러일으킬 것으로 예상된다. 예를 들어 포츠담 주의회가 건축법 6항을 "신청서를 제출하고 4개월 내에 특별한 결정이 없으면 허가한 것으로 간주한다"로 대체하는 식이 될 것이다. 또는 에어푸르트의 지방의회가 고등교육기관법의 규정에서 해방되어 일메나우 Ilmenau를 일류 연구기관으로 키울 수도 있을 것이다.

어쩌면 10개 서독 연방주의 많은 시민과 정치인들까지 "우리도!"라고 외칠지도 모른다. 우리도 이제는 개인적 활동을 위하여 더 많은 자유가 필요하다. 그러나 특정 주정부가 이 조치를 먼저 도입한다거나, 또는 토지 가격을 인하하는 방식으로 연방주 간의 기업유치 경쟁에 국한되어서는 안 될 것이다.

그렇게 되면 아마도 중앙법의 강화로 인해 독일 연방주의가 심각히 손상되는 현실에 대해 마침내 공적 논의가 일어날 것이다. 게다가 1968년 기본법 91a조에 추가되었으나 결과적으로 책임 소재를 알 수 없는 지경으로 흐지부지되어버린(내 책임도 있다) 연방주의 3개 공동과업[118]에 대해서까지 아마도 논란이 일 것이다. 사회정책 수립에 있어 유럽공동체의 기준에 앞서 회원국의 국내 기준을 우선시한다는 원칙을 브뤼셀에서 과시만 하지 말고, 우리 의회에서 실제로 준수해야 할 때가 된 것이다.

누구든 불필요한 규제를 철폐한다면 독일을 위해 큰 공을 세우게 될 것이다. 특히 동독 연방주는 더 큰 활동의 자유가 필요하다. 연대조약으로 동독 연방주가 향후 20년간 재정적으로 안정된 상태에서 청사진을 펼칠 수 있게 되었으니, 이제 연방주에게 필요한 것은 더 큰 자율인 것이다. 새로운 환경에 적응하기 위해서는 특별한 행동이 요구된다. 즉, 시민들이 용기를 좀더 가져야 한다. 손발이 묶인 사람은 비관주의와 체념의 위험에 빠진다. 그러나 우리는 그럴 이유가 전혀 없다. 그 이유는 그라이프스발트나 로슈토크, 드레스덴이나 라이프치히의 주민들은 IQ와 근면성에 있어 하이델베르크나 슈투트가르트, 괴팅엔Göttingen이나 함부르크 주민들과 하등 다르지 않기 때문이다. 지난 수세기 동안 우리가 함께 이룬 정신적, 경제적 발전과 역사의 경험이 이 사실을 잘 말해 주고 있다. 그러니 이제는 결단력을 가지고 독일 역사를 함께 발전시켜 나아가자.

---

118) Gemeinschaftsaufgabe. ① 대학병원을 포함, 대학의 확대 및 신규 설립. ② 지방 경제구조 개선. ③ 농업구조의 개선과 해안지역 보호 강화.

독일은 변화해야 한다

2003년 5월

또다시 우리는 독일 언론의 양떼몰이식 선동을 체험하고 있다. 이토록 호들갑스럽게 사이렌을 울리는 것이 가당한 일인가? 그렇다. 그러나….
심히 우려되는 상황이 나타나고 있는 것은 사실이다. 이 난관에 맞서 누가 무엇을 하고 있는가? 슈뢰더 총리와 그의 측근들은 시급한 입법조치를 일부라도 실현시키고자 고군분투하고 있다. 그러나 국민 대다수는 자기 연민을 일삼으며 언론이 퍼뜨리는 부정적인 군중심리에 빠져 있다. 이러고 있어서는 안 된다. 우리는 라살레[119]로부터 "현실을 말하라"라는 가르침을 배우지 않았는가. 사실을 침묵하거나 미화해서는 상황을 타개할 수 없다.
현실은 이러하다. 실은, 독일의 경제활동 가능 인구의 10분의 1이 실업 상태이다. 이미 콜 총리 재임 당시부터 실업자가 400만 명을 넘었었다. 실은, 올 겨울 실업인구가 500만 명에 달할 것이다. 획기적인 대책이 따르지 않는다면 실업인구는 더욱 증가할 것이다. 실업자는 세금도, 보험료도 내지 않는 반면, 실업인구 100만 명이 증가할 때마다 국가는 150만 유로씩의 추가부담을 지게 된다. 실은, 우리 경제가 침체되어 있다. 실은, 우리 GNP의 3~4%를 꾸준히 잡아먹는 대규모 재정 이전에도 불구

---

119) Ferdinand Lassalle(1825-1864). 작가 · 사회주의자 · 노동운동가. 독일 사회민주주의를 확립했다. 그는 모든 중요한 정치 행위는 현실에 대한 주관적 판단과 "현실을 말하는" 것에서부터 시작한다고 보았다.

하고 동독 6개 연방주의 재건 사업은 1995년 이래 정체되어 있다. 실은, 우리 사회의 지속적인 초고령화와 평균보다 이른 조기 퇴직의 일반화로 인해 연금지급 문제가 국가재정의 큰 골칫거리가 되고 있다.

첫째, 사회 및 경제 구조는 여전히 법에 꽉 막혀 낙후되어 있어 세계경제의 빠른 변화를 따라가기가 버겁다. 실업 문제는 4분의 3이 구조적 문제, 즉 국내적 원인에서 비롯되는데, 그것이 벌써 10년째이다. 우리 독일은 1989년부터 개혁이 정체된 상태이다. 그러나 70년대에 단행된 일부 개혁과 대연정(1966-69) 당시의 3대 기본법 개정에서부터 이미 오류가 있었으니, 이 개혁으로 지방은 재정적 금치산 선고를 받았고 책임 소재 또한 희미해졌기 때문이다.

둘째, 그동안 많은 선전공세로 헛된 환상을 부추겨 놓았고, 통일과정에서 경제 운용을 잘못한 결과 독일은 현재 특수한 경제적 핸디캡을 안고 있다. 동독 지역의 실업은 서독의 2배인 반면 생산성은 거의 3분의 1이나 낮은 수준이다.

셋째, 우리 경제가 어려운 것은 거의 전 세계적이라 할 만한 경기침체 탓도 있다. 미국과 일본, 브라질과 아르헨티나에서, 또 최근에는 사스SARS로 인해 중국에서까지도 성장이 실종되었고 실업이 심각하다. 유로국가들도 그러하고 독일도 마찬가지이다.

구조적 문제는 장기적으로만 해결할 수 있다. 어느 경제학자고 간에 정부 지출을 최대한 줄이라고 말한다. 그러나 현재로서는 과도한 절감이 오히려 경기에 독이 될 것이다. 거꾸로 현재의 경기 하락 추세에서는 중앙은행의 금리 인하뿐 아니라 특히 적자 재정, 즉 대출을 추가로 늘려 정부 지출을 확대하라는 요구가 대두될 수 있다. 이런 '경기부양책'은 과거에 마르크시즘 신봉자들이었다가 통속적 - 케인즈주의자로 노선을 바꾼 많은 이들이 주장하고 있다. 공공서비스 노조와 금속노조, 독일노조연맹[120], 또는 라퐁텐의 추종자들도 비슷한 주장을 펼치고 있다. 그러나 여기서 그들은 다음 예산 회기에서 정부 부채가 늘어날 것이란 점을 간과하고 있다. 또한 이 같은 경기부양책은 중앙정부가 지방정부에 점점 간섭하도록 만들어 관료주의를 더욱 심화시킨다. 이런 것 대신 기업과 '빌트[121]'지가 바라는 것은 세금 인하이다. - 물론 대출도 확대하라고 한다.

대출 및 지출 확대나 세금 인하와 구조정책적으로 요구되는 지출 축소 사이의 딜레마는 6월 초 에비앙에서 열리는 G8 세계경제정상회의에서 논의될 것이다. 지미 카터 재임 시절에도 이런 일이 한 번 있었다. 당시 카터 대통령은 독일과 일본을 세계경제의 기관차로 앞세우려 했고 (큰 성과도 없이) 우리에게 계속적인 적자 재정을 촉구했다. 후에 그의 후임자인 레이건 대통령은 독자적으로 미국의 엄청난 재정 적자를 유발시켰다. 그러나 이 재정 적자의 효과는 클린턴의 재임 시에 가서야 크게 나타났다. 하지만 동시에 (외채를 포함한) 천문학적인 부채도 쌓였다. 현재는 아들 부시 대통령이 레이건 대통령의 실험을 되풀이하고 있는 중이다. 독일은 그런 식의 모험을 감행해서는 안 될 것이다.

그러나 만일 전 세계적인 경기 하락이나 디플레이션 위기가 찾아와 재정 정책으로 이를 제어해야만 하는 상황이 발생하더라도 우리는 G8 8개국과 국제통화기금(IMF)이 결정하는 공동조치만을 수용하는 수밖에 없을 것이다. 하지만 2003년 5월 현

---

120) Der Deutsche Gewerkschaftsbund(DGB). 독일노조연맹.
121) Das Bild. Axel Springer AG가 발행하는 일간지로 1952년 6월 24일 창간되었다. 독일의 대표적 황색저널지.

재 세계경제가 그런 상황에 있지는 않다. 현재 독일은 세금 전선에서 숨 고르기가 필요하다. 그것은 부가가치세, 상속세, 또는 새로 도입된 재산세에도 해당된다.

경기 변동에 따른 세금 누락은 감수하고, 대신 세율 인상이 아닌 일시적 대출 확대를 통해 부족한 재원을 보충하는 것이 적절한 대책이다(독일의 민간 저축률은 매우 높아 투자할 돈은 많다). 이 대책을 시행한다면 독일의 적자율은 재정건전화협약이 정한 3% 상한선을 계속 상회하게 될 것이다. 그러나 다른 유로국가들도 현재 비슷한 처지이며 향후 이러한 상황이 계속될 것이기 때문에 합리적으로 공동의 해결 방안을 찾을 수 있을 것이다(최소한 동일한 진단이라도 내릴 수 있게 될 것이다).

현재의 경기침체는 눈에 보이는 빙산의 일각일 뿐이다. 그 속을 들여다보면 경제의 숨통을 조이는 수많은 법적 규제 또는 당국의 규제 뭉치가 숨어 있다. 후퇴한 경기를 살려 놓는다 해도 독일의 경기는 여전히 서유럽의 꼴찌일 것이다. 그렇게 되지 않으려면 우리가 경로를 수정해야 한다.

지난번 선거를 치르는 동안 사민당, 기민-기사 연합, 그리고 3개 군소 정당은 독일의 경제구조가 열악하다는 사실을 알고는 있었으나 표를 의식해 이를 무시해버렸다. 연방 재무부장관만 그랬던 것이 결코 아니다. 뮌헨, 슈투트가르트, 드레스덴, 뒤셀도르프 등의 주州 재무부장관들이 그러했으며 전全 17개 주의 주지사들도 그러했다. 그들의 선거공약은 전부 환상으로 넘쳐났다. 사민당과 녹색당이 섬세하게 다듬어 맺은 연정 협약은 이 환상주의의 극치를 보여주었다.

오늘날 두 국민정당에서는 격렬한 내부 논쟁이 벌어지고 있다. 힘센 이익단체들과 노조, 간부 등이 자신들의 이익을 사수하고자 의원들에게 가장 강력한 수단으로 압력을 행사하기 때문이다. '오로지 양심에 따라 행동하는' 정치인이 구조 개혁의 필요성을 깨닫는다면 도대체 어떤 노선을 따라야 할 것인가?

어젠다 2010(3월 14일자 총리 연설)과 기민-기사 연합의 '공동결의'(5월 4일) 중 하나를 선택할 수도 있을 것이다. 연방은행의 '위기 탈출 방안'(3월)이나 경제자문위원회의 연례 평가서 (11월 9일)도 있다. 포괄적인 협정임금 제도와 노동시장에 관한 일부 세부안을 폐지하자는 제안도 사실상 나왔고 그 필요성이 대두되기도 했으나 기민-기사 연합이 이 같은 내용을 계획안에서 배제함으로써 이 '공동결의'는 어젠다 2010에 한참 뒤처진다. 그러나 어젠다 2010 역시 시급히 시정되어야 할 일부 사안들을 배제하고 있으며, 연방은행과 전문가들의 제안도 역시 불충분하다. 유용하긴 하지만 그 범위가 너무 제한적인 것이다.

가장 포괄적인 개혁안은 로만 헤어초크 전 대통령의 1997년 4월 26일자 아들론Adlon 연설에서 찾아볼 수 있을 것이다. 그의 연설을 들어보면 정부나 어느 특정 정당에 봉사하려는 것이 아닌가 하는 의구심 같은 것은 전혀 들지 않는다. 또 이 연설이 결정적인 내용들을 모두 담고 있어, 당시로부터 6년이 지난 지금의 현실에도 정확히 들어맞는다. 그러므로 이 연설은 슈뢰더와 메르켈[122], 슈토이버[123]가 제시한 제안들을 뛰어넘어 모든 내용을 아우르고 있다. 아들론 연설에 다음과 같은 대목이 있다. "박사학위를 가진 사이비 전문가들은 떠들어대기는 하는데, 문제는 이들의 주장이 지나치게 염세적이라 사람들에게 근심을 안겨 준다는 것이다. 학자와 정치가들의 거짓 논쟁은 국민이 할 말을 잃고 완전한 혼란에 빠질 때까지 계속될 것이다. … 그러

---

122) Angela Dorothea Merkel(1954-). (現)CDU당수(2000) 겸 연방총리(2005).
123) Edmund Rüdiger Stoiber(1941-). (現)바이어른 주지사(1993) 겸 CSU당수(1999).

나 우리 독일은 저항이 가장 작은 길을 택할 수 있는 상황이 더 이상 아니다."이것은 오늘날에도 들어맞는 말이다. 더욱이 현재의 상황은 콜이 퇴임하기 1년반 전보다 더욱 심각해졌다.
슈뢰더 정부는 조국의 번영이 당의 이익보다 우선시되어야 한다는 사실을 이제 이해한 것 같다. 그러나 당 지도부의 일각에서는 유감스럽게도 아직 그렇지 못한 것 같다. 야당은 연방 상원에서 어젠다 2010의 여러 세부 항목들을 가지고 발목을 잡고 있다. 어젠다 2010은 전체적으로는 반드시 추진해야 할 대사大事이지만 그것은 첫 출발에 불과한 것이다. 메르켈 당수는 "국가적 총력을 기울이는 데에 협력할 준비가 되어 있다"고 밝혔지만, 그는 빠져나갈 뒷문을 열어 놓고 현재로서는 시행 불가능한 세금 인하를 주장하고 있다. 코흐Koch(CDU) 의원과 슈타인브뤼크Steinbrück(SPD) 의원이 연간 200억 유로 이상 연방 재정에 부담을 주고 있는 정부보조금을 단계적으로 축소하려는 방안을 공동으로 제시하는 것이 훨씬 좋을 것이다.
연방 상원이 해야 할 과제는 연방주들의 이익을 지키는 것이지, 정당의 권력과 선거정략적 이해 관계를 유지하는 것이 결코 아니다. 독일에는 개혁을 저해하는 수많은 관청이 있다. 여기에 연방 상원까지 그런 장애물이 되어버린다면 이는 헌법을 악용하는 행위가 될 것이다. 라우[124] 연방대통령은 16개 주의 주지사들에게 중앙당의 간섭에서 벗어날 것을 촉구해야 한다. 동시에 총리는 야당에 손을 내밀어야 한다. 야당도 마찬가지이다. 나라가 어려울 때에는 모든 정당이 손을 맞잡고 위기에 대처하는 것이 정도이다.
연방 입법기관의 비대함이 지방자치단체의 자유로운 활동에

---

[124] Johannes Rau(1931-2006). 노르트라인 베스트팔렌Nordrhein Westfalen주 주지사(1978-1998), 연방대통령(1999-2004).

얼마나 큰 제약이자 장애물인지를 아무리 토론을 해도 인식하지 못하다니, 토론의 피상성이 놀라울 뿐이다. 일반 국민은 중앙의 입법 과정이 이렇게까지 비대할 줄은 상상도 못할 것이다. 이런 경직성을 풀려면 책임 소재부터 분명히 해야 할 것이다. 그리고 지자체에 재정적 금치산 선고를 내린 이른바 1968년도의 재정 개혁을 서둘러 손보아야 한다.

가장 상황이 심각한 곳은 1990년 수많은 법률이 한꺼번에 도입된 동독 지역의 6개 신연방주이다. 신연방주 의회에 자체적 규제 완화 권한을 부여하여 중산층을 육성해야 한다. 경제 활동이 연방법의 규율을 받긴 하지만 동독에는 특별대우를 해주어야 할 것이다. 동독 지역이 언제까지고 연간 650-750억 유로의 자금 이전을 기대할 수는 없는 노릇이지만, 동독 제품에 대해 체감할 수 있는 수준의 부가가치세 특혜는 주어져야 한다. 동독 지역의 낙후된 경제는 국가경제 전체에 큰 장애물이며, 복지국 독일에 큰 부담이 되고 있다. 이런 이유로 독일은 유로 지대의 성장에도 걸림돌이 되고 만 것이다.

구조적 원인에서 비롯되는 대부분의 시행착오는 물론, 지난 20년간 2배로 증가한 연방과 지방의 부채에 대해서도 정치권 전체가 책임을 져야 한다. 유권자의 눈치를 보는 정치권의 기회주의가 이 모든 실책의 원인인 것이다. 올 초에만 해도 공공서비스 노조의 파업 위협에 모두 무릎을 꿇었다. 공공서비스 노조를 옹호했던 자들은 자신의 기회주의적 작태를 반성해야 할 것이다. 토크쇼에 나와 정치성 수다를 떠는 짓거리를 제발 좀 자제하길 바란다.

지금과 같은 상황에서 낙관주의자가 되기란 쉽지 않다. 그러나 독일의 전후 1세대는 목표 지향성과 추진력을 보여주었다.- 우리 세대도 그 유전자를 이어받지 않았는가. 민주주의 건설 작업을 물려받았고 임무 수행 능력을, 복지국가 건설을 체득했다. 그리고 오랜 분단을 극복하고 통일의 위업까지 달성하지 않았는가. 독일은 미국과 일본의 뒤를 이어 세계 3위의 경제력과 수출 규모를 자랑하고 있다. 임금은 세계 최고수준이고, 휴일 및 휴가 보너스도 가장 많으며, 의료체계는 단연 세계 정상이다. 연금은 그 어느 때보다 많고, 국가의 부와 개인 저축률 역시 그러하다. 이렇게 조건이 화려한데 정치인들이 개혁을 하지 못한 대서야 말이 되는가? 투덜대기 부문에서까지 세계 1위가 되고자 하는가?

물론 개혁이 진행되는 동안에는 복지 수준이 증가하지 않을 수 있다. 그러나 개혁을 미루면 복지 수준은 계속 떨어질 것이다.

통일 과정에서의 돌이킬 수 없는 과오들

2004년 1월

"총리님, 우리는 지미 카터 시절을 여전히 기억하고 있습니다. 당시 각하는 비행기가 워싱턴에 내릴 때면 으레 우리 기자단에게 독일이 스스로를 과대평가해서는 안 된다고 경고하며 당시 독일 연방공화국의 크기를 미국의 소주小州 오레곤과 비교했었습니다. 그런데 슈뢰더 총리는 이라크 전쟁에 대한 반대 입장을 비호하여 독일과 미국 간의 관계를 소원케 만들었습니다. 슈뢰더의 행동을 이해하십니까?"

— 나는 슈뢰더 총리가 이라크전 참전을 단호히 거부한 것을 이해할 뿐 아니라 나라도 이라크전쟁에는 참여하지 않았을 것입니다. 그러나 베를린의 정부 인사들이 이 문제에 대해 취한 태도, 그들의 그 '언동'은 마음에 들지 않았습니다. 하지만 반대 입장 자체를 나무랄 일은 아닙니다.

"이라크전쟁 이후 독일과 미국 관계가 악화되었습니다. 이렇게 양국 관계가 소원해지도록 방치해도 되겠습니까?"

— 너무 포괄적인 질문입니다. 미국이라는 나라와 독일이라는 나라가 우호 관계를 이어온 데에는, 때마침 같은 시기에 집권한 양국 정부 간의 관계말고도 다양한 요인들이 있습니다. 그중에서 50년대부터 80년대까지 특히 큰 역할을 했던 요인은, 바로 소련의 군사력과 팽팽히 균형을 맞추고 있던 미국과의 방위 동맹에 서독과 서베를린이 의존함으로써 소련의 위협으로부터 보호될 수 있었다는 사실입니다. 그러나 90년대 초 소련의 붕괴로 미국과 독일 간의 관계에서 이 요소가 차지하는 의미는 급격

히 축소되었습니다. 이제 더 이상 우리는 러시아의 위협을 받지 않습니다. 그 결과 이제는 러시아의 공격에 대비한 공동 군사계획을 고려하는 사람도 없습니다. 좀 과장해서 말하자면 나토라고 불리는 미국과의 동맹은 새로운 적을 찾고 있는 중입니다.

"그로 인해 어떤 결과가 나타나겠습니까?"

- 오늘날에는 두 강대국 간의 관계를 구성하는 다른 많은 요소들이 소련의 붕괴 이전에 비해 상대적으로 큰 역할을 하고 있습니다. 미국은 우리보다 훨씬 큰 나라입니다. 그러나 우리도 최소한 유럽에서만큼은 결코 하찮은 존재가 아닙니다.

"미국의 이라크 정책에 반대하는 독일-프랑스 축은 불행이었습니까, 아니면 다행이었습니까?"

- 불행도 다행도 아닙니다. 그리고 그것이 문제의 핵심도 아닙니다. 축이란 말은 어차피 맞지도 않습니다. 파리 정부와 베를린 정부가 각기 같은 결과에 이른 것일 뿐 공조한 것이 아니거든요. 어쨌든 내가 보기에는 그런 것 같습니다. 나야 신문을 보고 알 뿐 내부 사정을 잘 아는 인사이더는 아니지요. 그러나 이에 못지않게 중요한 것이 있다면, 베를린과 파리의 튀는 언동으로 인해 미국의 특정 세력이 쉽사리 유럽연합의 외교적 분열을 일으켰다는 사실입니다.

"2003년 1월 초 8개국 유럽 정상들은 미국 부시 대통령의 대이라크 정책을 지지한다고 공개 서한에서 밝혔습니다."

- 미국과 이슬람세계 간의 대결에서 촉발된 유럽 외교의 분열은 최소한 지난 2년간 프랑스와 독일이 발을 맞춰 왔던 사실만큼이나 중요한 측면을 갖습니다. 지난 수년간 각국의 대통령, 연방 총리, 주지사, 기타 저명한 고위 인사들이 공동 외교안보정책을 추진하자고 기회 있을 때마다 떠벌려 온 것이 무색하게 유럽은 하루아침에 편이 갈려버린 것이죠. 중요한 안보 문제가

발생하자 그 동안의 온갖 말잔치는 한순간에 쏙 들어가버렸습니다. 독일이나 프랑스도 그렇고, 수년간 각자의 구상을 펼치며 유럽을 확장한답시고 거들먹거렸던 국가들도 전부 똑같습니다. 거창한 연설 한번 안 했던 인사가 없습니다. 프로디 EU 집행위원장은 유럽의 미래에 관하여 일장연설을 혼자서 세 번이나 했다는 것 아닙니까!

"요쉬카 피셔Joschka Fischer 외무장관은 딱 한 번 했죠."

- 사실 그것도 불필요했고, 그런 연설을 했다고 피셔 장관이 정부 간 회의에서 어떤 안건에 합의를 이끌어낼 수 있었던 것도 아닙니다. 이라크전을 계기로 나타난 현격한 입장 차이와 상이한 이해 관계로 인해 후세 사람들이 역사를 회고하면서 그때가 유럽합중국의 꿈이 묻혀버린 시점이라는 결론에 도달하게 될지도 모릅니다. 아, 여기서 유럽합중국이란 말을 처음 사용한 사람은 영국의 윈스턴 처칠이지 프랑스의 장 모네가 아닙니다.

"독일과 프랑스가 유로화 재정 건전화 협약을 잘 이행하고 있다고 보십니까? 베를린 정부와 파리 정부가 협력하는 좋은 사례입니까, 아니면 나쁜 사례입니까?"

- 좋은 사례도, 나쁜 사례도 아닙니다. 나는 이 재정 건전화 협약을 한 번도 특별히 합리적이라고 여겨 본 적이 없습니다. 이 조약이 체결된 것은 한스 티트마이어 총재가 이끌던 독일 연방은행이 무조건 이를 고집했기 때문이었습니다. 그 후 테오 바이겔 재무부장관이 이 일을 떠맡았지요. 조약 문안을 작성한 사람은 현 IMF 총재인 호르스트 쾰러였구요. 나는 당시 쾰러와 이 문제를 두고 논의한 바 있습니다. 나는 그를 매우 높이 평가합니다. 아주 유능하지요. 나는 "쾰러, 당신은 당해 연도 국가 부채 및 총 국가 부채액 증가 문제에 있어 모든 유럽 국가에 일률적인 잣대를 갖다 대려고 합니다. 하지만 나라마다 처한 상황

은 판이해요. 독일은 저축률이 13%이지만 다른 나라들은 그 절반밖에 되지 않아요."라고 했지요. 조약을 영구히 엄수할 수는 없을 것으로 보였습니다. 그렇지만 이탈리아와 벨기에 같은 국가에서 그 어마어마한 국가 부채를 예사로 아는 관행에 어떤 식으로든 브레이크를 걸어야 한다고 생각했기에 연방은행의 주장에도 일면 이해가 갔습니다. 어쩌면 더 나은 브레이크를 찾을 수 있었을지도 모릅니다. 어쨌든 이 조약은 결코 화강암처럼 단단하지 않습니다. 아니 콘크리트만큼도 못됩니다.

"그렇다면 재정 건전화 협약은 곧 서랍 속에 처박힐 운명이란 말입니까?"

-모르겠습니다. 이 문제로 전 세계에 논쟁을 불러일으키고 싶지는 않군요. 어쨌든 나는 이 조약을 최후의 처방이라고 생각해 본 적이 없습니다.

"그렇다면 이 조약을 엄격히 적용하지 않아도 심각하게 여기지는 않는다는 말씀입니까?"

-신문 1면 타이틀용 스캔들거리를 만들 목적으로 인터뷰를 몰고 가지 마세요. 조약 이행 과정에서 여론의 신뢰를 일부 잃는다면야 이는 물론 심각한 일입니다. 그러나 지금과 같은 흑백 논쟁은 해 봤자 아무 소용이 없습니다.

"각하는 유럽 단일 통화 체제의 설계자 가운데 한 분이며, 프랑스의 지스카르 데스탱 대통령과 함께 유럽 통화 시스템을 관철시켰습니다. 유로화의 진행 과정에 만족하십니까?"

-전반적으로는 만족합니다. 유로화가 없었다면 달러가 마르크를 비롯한 유럽 통화를 축구공 차듯 가지고 놀았을 것입니다.

"오늘날 점점 더 많은 국가의 중앙은행이 달러 대신 유로화를 기축 통화로 사용하고 있습니다."

-그것은 예측할 수 있었으며, 우리는 처음부터 그렇게 가정

하고 의도했었습니다.

"오늘날 독일과 미국의 경제적 상호 의존도는 얼마나 됩니까?"

-유럽의 여느 산업국가와 미국과의 관계 이상은 아닙니다. 독일 수출의 절반 가량은 유럽으로 갑니다. 그리고 나머지 절반에서 미국, 중국, 일본으로 나가고, 제3세계, 즉 남미 · 아시아 · 아프리카로도 일부 나갑니다. 독일의 수출시장으로서 미국이 중요하기는 하지만 그렇다고 특별히 중요한 것은 결코 아닙니다.

"하지만 부시 정부와 슈뢰더 정부 간의 관계 악화가 경제에도 부정적 영향을 끼치지 않겠습니까?"

-거의 그렇지 않습니다.

"하지만 경제적 규범은 대부분 미국이 만들고 있지요."

-그렇지만 이는 미국 정부가 만드는 것이 아니지요. 미 의회도 작은 역할만을 할 뿐이고, 미 중앙은행, Fed[125], 그리고 미국경제 자체가 만들어내는 것입니다.

"미국의 기관투자자들이 행정부의 영향을 받지 않습니까?"

-미국의 수천 개 기관투자자들에게 어디서 가장 큰 수익이 날지 말해 줄 수 있는 사람은 콘돌리자 라이스 백악관 안보보좌관도, 도널드 럼스펠드 국방장관도 아닙니다.

"미국의 어마어마한 재정 적자와 경상수지 적자의 결과로서 나타난 달러화 대비 유로화의 강세를 위협으로 보십니까?"

-그게 어떻게 위협입니까? 80년대에 이미 달러가 지금과 같은 낮은 수준으로 내려갔던 적이 있는데 그때가 레이건 정부 말기였습니다. 또한 쌍둥이 적자도 전 세계적으로 처음은 아닙니다. 당시 사람들은 높은 경상수지 적자가 주로 정부의 높은 적

---

125) Federal Reserve Board. 미국 연방준비제도 이사회.

자재정에서 야기되었다고 생각했습니다. 그런데 현재는 가치가 하락하고 있는 달러화와 정부에 의해 낮게 유지되고 있는 중국 위안화 간의 경쟁이 치열한 상황입니다. 하지만 미국이 앞으로도 한동안은 연간 5,000억 달러씩 외채를 늘릴 수 있을 것으로 봐야 할 것입니다. 사람들이 미국을 거대한 세력이자 안전한 항구라고 믿는 한 그것은 가능합니다.

"미국의 경제 동향이 독일 경기에는 얼마나 중요합니까?"

- 때에 따라서는 영향이 클 수도 있고 작을 수도 있습니다. 그러나 독일의 경기 변동은 전체 중 일부일 뿐입니다. 우리 경제의 구조적 발전은 세계경제의 외부적 진행보다는 우리가 국내에서 제대로 하느냐, 못하느냐에 더 큰 영향을 받습니다. 특히 우리가 제대로 못할 때, 우리의 경제운용이 잘못되었을 때 훨씬 치명적입니다. 그렇지만 무엇보다도 우리의 경제발전을 가로막고 있는 것은, 지난 15년 동안 동독 경제의 재건 사업을 지속적으로 추진하지 못했다는 사실입니다. 동독의 재건 사업은 1995년을 마지막으로 실질적으로 중단된 상태입니다. 현재 동독에 매년 800억 유로 이상의 공공재정을 이전하고 있는데, 이는 독일 GNP의 4%입니다. 동네 구멍가게 수준에서는 4%가 적을지 몰라도, GNP의 4%가 정말로 무엇을 의미하는지 한번 생각해 보십시오.

"그러니까?"

- 미국의 예를 들어 봅시다. 미국으로 하여금 막강한 실력 행사를 가능케 하는 막대한 국방예산도 GNP의 4%입니다. 즉 미국은 GNP의 4%를 국방비로 지출하는데, 그중 큰 부분을 연구와 개발에 쏟아부어 민간 군수산업의 최첨단기술 발전을 위해 지원하고 있습니다. 나머지는 세계 경찰의 역할을 위해 사용하구요.

"그것이 동독에 대한 공적자금 이전과 무슨 관계가 있습니까?"

- GNP의 4%는 동독 연방주에 대한 일반적 지원 명목으로 쓰입니다. 그러나 실제로는 실업수당, 연금, 추가 임금 등으로 전부 새 나가고 있습니다. 우리가 동독의 재건 사업을 중단한 것이 독일의 발전에 있어서는 현재의 경기침체 자체보다 훨씬 심각한 장애물인 것입니다.

"재건 사업이 중단된 원인은 무엇입니까?"

- 재건 사업을 시작한 초기에 취했던 정책이 후에 긍정적인 효과를 거의 내지 못한 것도 한 원인입니다. 또한 소득세율과 법인세율을 변경한 것과 감가상각액 지원 및 법적 지원 등을 단행한 것이 우선은 건설경기에 붐을 일으켰습니다. 그러나 그러한 건설 경기가 영구히 필요하지는 않습니다. 시골 촌구석에 대형 마트가 세 개씩 들어설 필요도 없고 산업 단지를 두 개씩이나 세워 뭣하겠습니까!

"그렇다면 정치적으로 무엇을 제대로 하지 않았다고 보십니까?"

- 일련의 오류들이 있습니다. 세월이 10년도 넘게 흐른 만큼 이제는 그런 잘못을 가려내기가 쉽습니다. 혹은 이제 와서 탓한다고 쉽게 비난받을 수도 있겠죠. 그러나 중대한 실책들이 많이 저질러졌습니다. 가장 큰 실책 중 하나는 임금과 상품 가격을 1:1로 전환한 것입니다.

"그렇다면 이 점에 있어서는 오스카 라퐁텐과 같은 의견이었다는 말씀입니까?"

- 라퐁텐이 어떤 생각을 가지고 있었는지는 모릅니다. 하지만 내가 지금도 생생히 기억하고 있지만 그는 경제를 이유로 통일을 서둘러서는 안 된다고 했지요. 그러나 그런 논리로 나를

설득할 수는 없었습니다. 그렇게까지 지나쳐서는 결코 안 된다는 것이 제 생각입니다.

"통일 과정에서의 오류를 지금이라도 바로잡을 수 있겠습니까?"

- 그때 저지른 대부분의 오류는 시정할 수 없습니다. '장밋빛 미래'를 선전하며 키워 놓은 환상도 이제 어찌할 수 없습니다. 또한 화폐 교환을 전격적으로 단행하며 취한 방식도 이제와 바꿀 수는 없는 노릇이죠. 다만 일부나마 시정할 수 있는 문제가 있다면 아마도 법규 적용의 문제일 것입니다. 8만 조항이 넘는 서독의 법을 하룻밤 사이에 동독에 도입함으로써 그 누구도 이 법률들을 이해하지 못하는 결과를 낳지 않았습니까. 동독의 지방 정부도, 기업도 말입니다.

"관료주의를 타파하면 되겠습니까?"

- 관료주의 혁파를 통해서도 가능합니다. 그러나 그 전에 많은 법을 폐지해야만 관료주의도 타파할 수 있습니다.

"말씀대로라면 통일 당시 동독에 적용했던 서독의 기존 제도적 골격이 낡아서 동독의 활력을 빼앗았다는 결론을 내릴 수 있을 것 같습니다."

- 물론입니다. 이에 대해서는 논란의 여지가 없습니다. 어젠다 2010은 1993년에 이미 완료되었어야 합니다.

"하지만 그렇지 못한 현 상황에서 동독의 재건 사업 활성화를 위해 현 정치권에 구체적으로 어떤 제언을 하시겠습니까?"

- 이에 대해 나는 지난 수년 동안 두 가지 제안을 반복해 왔습니다. 첫째, 돈이 좀 들겠지만 나라면 구 동독 땅에서 생산되는 모든 제품에 대해 부가가치세를 반으로 줄여 주겠습니다. 이는 비교적 쉽게 실행에 옮길 수 있는 방안일 것입니다. 그러나 슈투트가르트에서, 킬에서, 뮌헨에서 수많은 사람들이 나서서

이 조치로 그들의 영업이 손해를 볼 것이라고 주장할 것이므로 이 방안은 물론 실행되지 못할 것입니다.

"많은 사람들이 어쩌면 사업을 동독으로 이전할 수도 있지 않습니까?"

- 그리 되면 물론 나쁘진 않겠죠. 두 번째 제안은 사실 이행하기가 매우 복잡합니다. 기본법을 개정하여 한시적으로, 뭐 한 10년, 12년, 아니 15년 정도 6개 동독 지방의회에 현행 연방법을 주(州)법으로 대체하는 권한을 위임해야 합니다. 그리하여 이 권한을 노동시장에서부터 환경보호에 이르기까지 많은 분야에 행사하도록 해야 할 것입니다.

"현존하는 독일의 사민당 정치인 가운데 경제전문가로 누구를 꼽으시겠습니까?"

- 내가 정치인들 개개인을 전부 파악하지는 못합니다. 내 나이가 여든다섯입니다. 현재 집권층은 전부 나보다는 서른살은 어립니다. 내가 그들을 전부 알 수도 없고 그들의 능력을 다 파악하지도 못합니다. 그러기에는 내가 너무 늙었고 세대차도 많이 납니다. 하지만 내게 신뢰감을 주는 몇 사람이 있는데, 예를 들어 볼프강 클레멘트[126)]가 그런 인물입니다. 그러나 어쨌든 내가 사람들을 잘 모르기 때문에 이 질문에는 답하기 어렵습니다.

"슈뢰더 총리의 경제정책 기조를 어떻게 특징짓겠습니까?"

- 작년 여름부터 올바른 궤도에 들어섰다고 봅니다.

"무엇으로 그렇게 규정하십니까?"

- 전부 대야 합니까?

"많은 사람들이 주장하듯 슈뢰더가 신자유주의 정책을 펴고 있다고 보십니까?"

---

126) Wolfgang Clement(1940-). 사민당 소속. 노르트라인베스트팔렌 주지사(1998-2002), 경제노동부장관(2002-2005).

- 그런 선정적인 이야기는 하지 마시지요.

"그렇다면 돌이켜보았을 때 총리로서 각하 자신의 경제정책은 어떻게 평가하십니까? 그때에도 실업과 공공부채가 대폭 증가했었습니다. 각하도 재임 당시 실책을 범하지는 않으셨나요?"

- 경제적 오류라고 할 만한 것은 거의 없었습니다. 당시의 실업은 불길처럼 번진 세계 경제위기의 결과였습니다. 1973년의, 그리고 79년 또 한 차례의 석유 파동으로 73년 초 배럴당 2달러 미만이었던 유가가 갑자기 30달러로 치솟은 사실을 떠올려 보십시오. 이 사태는 석유에 의존했던 모든 국가의 경제에 심각한 타격을 주었습니다. 우리와 마찬가지로 산유국이 아닌 기타 선진국들과 독일을 비교해 보면 당시 독일의 경제상황은 악화된 것이 아닙니다. 실업률에 있어서도 그렇고 인플레이션율에 있어서도 마찬가지입니다. 프랑스나 이탈리아 등의 해당 데이터를 한번 비교해 보십시오. 당시 독일의 상황은 결코 나빴다고 할 수 없습니다.

"요사이 나이든 세대들이 현 정치와 정치인들이 과거보다 못해졌다고 이야기하는 것을 자주 듣습니다. 각하도 그렇게 생각하십니까?"

- 내 생각은 다릅니다. 정치인의 자질, 판단력, 행동력, 추진력, 지성, 도덕성을 가지고 비교해 보면 오늘날 로마고, 런던이고, 파리고, 베를린이고, 바르샤바고, 또는 워싱턴이고, 통치자들은 이전 세대와 중요한 차이를 보이고 있습니다. 현재 미국 상원의원이 100명입니다. 모두 명망 높은 사람들이죠. 그중 자기 아들을 이라크전에 보낸 사람은 단 한 명뿐입니다. 또한 부시 대통령의 참모들 가운데 자신이 전쟁 경험이 있는 사람은 부시를 포함하여 아무도 없을 것입니다. 독일과 프랑스의 집권층

인사들 중 전쟁을 체험한 사람은 한 명도 없습니다. 그런데 보스니아에서, 베오그라드에 반대하여, 코소보에서, 또는 아프가니스탄, 르완다, 브룬디, 소말리아에서, 그리고 이라크에서 전쟁과 평화에 대한 결정은 전부 이들이 내렸습니다. 전쟁이 무엇인지도 모르고서 말입니다.

"각하의 친구였던 제랄드 포드 대통령이나 레이건 대통령의 외무장관이었던 조지 슐츠 시절에는 어땠습니까?"

– 한 사람은 우리 세대였고 또 한 사람은 우리보다 조금 윗세대였죠. 우리는 전쟁이 무엇인지 알았기 때문에 정말 한없이 조심스러웠습니다.

"슐츠와 포드도 참전했었나요?"

– 그럼, 물론이죠. 영국의 짐 칼리건 수상도 그렇고. 나보다는 훨씬 어리지만 지스카르 데스탱도요. 그리고 그 윗세대인 쿠르트 슈마허나 콘라드 아데나워 그분들도 전쟁이 무엇이고 전쟁의 결과가 어떠한지 알고 있었습니다. 한 사람은 나치의 교도소에 수감되어 있었고, 다른 한 사람은 어쩔 수 없이 망명을 했거나 정치 일선에서 은퇴했다가 돌아온 경우입니다. 많은 이들이 형제를 잃고, 아내를, 아버지를, 어머니를 잃었습니다. 그들은 지옥을 경험했던 것입니다. 영국이나 프랑스나 다 마찬가지입니다. 그들은 반드시 무엇이 되고자 했던 것도 아니고 정치를 꼭 하려고 했던 것도 아닙니다. 단지 그들은 이런 불행이 절대로 반복되지 않도록 하기 위해 뭐든 하려고 했을 뿐입니다.

"오늘날의 통치자들의 경솔함에 대해 비판하시는 것처럼 들립니다."

–아닙니다. 선입견이 없다고 표현해야 맞을 것입니다. 내가 말하고자 하는 바는 현재 미국과 유럽의 통치자들은 그들의 윗세대와는 달리 비교적 단순하고 평이한 생을 살았고, 그 때문에

낯설고 힘든 시간으로 단련되지 않았다는 것입니다.
"각하의 시대에는 유명한 논객들이 있었는데, 물론 각하도 그렇구요. 오늘날에도 그 같은 논리를 펼칠 수 있는 인물이 있습니까?"
- 요즘 정치인들 중에는 나와 내 윗세대들의 토론에 낄 수 있는 이가 거의 없습니다. 그것은 정치인들 자체가 문제가 아니라 수다스러운 TV 토크쇼에 원인이 있습니다. TV라는 매체는 출연자뿐 아니라 시청자까지 피상적으로 만들어버리지요. 인쇄물들도 TV의 유행을 따릅니다. 이자 차액에 대해서 복잡한 소리가 나오면 시청자들은 HSV[127] 대 보루시아 도르트문트[128]의 축구 경기로 채널을 돌립니다. TV에 출연하는 정치인은 발언 시간이 최대 1분 30초뿐이라는 것을 잘 알고 있습니다. 그러니 1분 30초 안에 무슨 얘기를 얼마나 할 수 있겠습니까? 아줌마들이 그의 손을 들어주게끔 제목이나 잘 붙이면 그만 아니겠습니까?
"각하가 사민당에 대해서는 말씀을 아끼고 계시지만, 마지막으로 사민당에 대해 몇 마디 해주십시오. 총리 재임 시절, 당수직을 함께 맡지 않은 것을 각하 스스로도 후회하신 적이 있었죠. 슈뢰더 총리가 총리직과 당수직을 겸임하는 것이 그에게 지금까지 유익했다고 보십니까?"
- 어쨌든 간에 슈뢰더가 여전히 총리이고 라퐁텐이 여전히 당수였다면 슈뢰더 정부는 재기 불능의 난관에 봉착했을 것입니다.
"클레멘트와 아이헬Hans Eichel의 참패, 그리고 보쿰 전당대회에서 슈뢰더의 참패까지…. 어떻게 보십니까?"

---

127) Hamburger Sport Verein. 분데스리가Bundesliga 함부르크 축구팀.
128) Borussia Dortmund. 도르트문트 축구팀.

―참패라는 말은 전혀 어울리지 않습니다.

"클레멘트는 50%가 겨우 넘는 득표율을 보였습니다."

―이는 상당한 것입니다. 90-95%의 득표율로 당선되는 자라면 그 사실 하나만으로도 나는 의심스럽습니다. 어쩌면 그렇게 남의 비위를 잘 맞춰 그 많은 지지를 얻었는지 묻지 않을 수 없을 것입니다.

"전당대회의 승리자는 프란츠 뮌터페링[129] 원내대표였습니다. 예컨대 그는 슈뢰더와 클레멘트에 대항해 기업의 재교육비 부담을 이끌어냈습니다. 각하 재임 당시 원내대표였던 헤르베르트 베너가 지금의 뮌터페링과 비슷한 적수였던 것을 기억하십니까?"

―이번 전당대회 현장에 있지 않았으므로 내가 어떤 평가를 내릴 수는 없습니다. 그러나 베너와 슈미트에 관해서라면, 이 두 사람 사이에는 현미경으로 들여다봐도 갈등이라고는 찾을 수 없었습니다.

"보쿰 전당대회 이후 많은 신문 사설에서 뮌터페링이 과거의 베너와 같은 역할을 하고 있다고들 썼더군요."

―슈뢰더를 위해 제발 그랬으면 좋겠습니다.

"현재 여론조사를 보면 사민당의 지지율은 정부가 확신하는 40+x 지점이 아니라 오히려 자민당의 꿈의 지지율인 18%에 가까운데, 2006년 총선 전까지 지지율을 만회할 수 있겠습니까?"

―내가 참견할 일이 아닙니다. 어쨌든 사민당은 2006년에도 수면 아래로 가라앉지는 않을 것입니다.

---

129) Franz Müntefering(1940-). 건설교통부장관(1998-1999), 사민당 원내 대표(2002-2005), 사민당 당수(2004-2005). (現)노동복지부장관(2005).

연설문: 동독 지역의 재건에 다시 한번 박차를!

2004년 5월

오늘 아침 저녁일정을 준비하며 예전의 녹음 자료가 떠올라 자료묶음을 뒤져 찾아냈습니다. 1989, 90년 겨울의 로슈토크 연설문으로서, 아직 드메지에르가 동독의 총리가 되기 직전인 1990년 2월이었습니다. 로슈토크의 광장(여기 여러분의 두 개의 큰 교회가 있는 돔 광장만큼 아름답지는 않았어요), 그 광장에 모인 수천의 군중 앞에서 그때 내가 뭐라 했는지 연설문을 읽어 보았습니다. 골자는 "앞으로 큰 난관에 부딪히겠지만 여러분은 전부 극복할 수 있습니다, 여러분은 할 수 있습니다!"였습니다.

그리고 나는 오늘도 여전히 같은 생각을 말하고자 합니다. 당시 나는 로슈토크 시민들에게 대규모 실업을 예고했습니다. 하지만 저임금을 내세우면 대 서방 수출의 전망이 밝다고 예견했습니다. 그러나 소련 및 코메콘이라고 불리는 동유럽 경제상호원조회의의 붕괴는 예상하지 못했습니다. 그런 식으로 동독의 수출 대상국이 한꺼번에 사라지게 되리라고는 꿈도 못 꿨던 것입니다. 그러나 동독의 저임금을 바탕으로, 즉 낮은 생산비용으로 대 서방 수출이 가능할 것으로 생각했습니다.

그때 나는 1990년 7월, 즉 반년 후, 임금과 가격을 고려하지 않고 동서독의 화폐 교환비율을 1:1로 결정하리라고는 생각지 못했습니다. 이는 1990년 당시 저지른 커다란 실책입니다. 동독에 서독 마르크를 도입한 것이 실책이 아니라 그 교환비율이 문제였습니다.

그 결과는 곧바로 누구나 겪을 수 있었습니다. 1989년 여름까지만 해도 트라비를 인도받으려 얼마나 오래 기다렸는지는 모르겠으나 벌써 1990년 가을에는 트라비를 사려는 사람이 아무도 없게 되었습니다. 바로 1:1 화폐교환이 원인이었습니다. 이제 트라비는 구입할 만한 가치가 없어진 것입니다. 트라비보다 더 싼값에 중고 포드나 오펠, 폭스바겐을 살 수 있게 되었기 때문입니다. 이 차들은 가격뿐 아니라 성능까지 더 좋았습니다. 여러 실책이 있지만 1:1 화폐교환 하나만 해도 그 결과가 얼마나 심각할 수 있는지 트라비의 사례가 보여주고 있습니다. 동서독 마르크를 1:1로 교환하여 임금과 가격에 적용해버린 것 말입니다.

1990년 이후 통일 과정에서의 많은 오류들도 나는 예상하지 못했습니다. 사실 나는 그 당시 동독의 경제에 대해 낙관적이었는데, 1959년부터 동독 경제를 깊이 연구해 왔기 때문이라 하겠습니다. 1959년 당시 막 40세(지금 내 나이는 계산되시죠?)의 청년이던 나는 경제인, 학자, 국회 의원을 구성원으로 하여 독일의 정치적 통일에 대비해 연구하던 작은 모임의 좌장이었습니다. 주제는 '경제 통일을 어떻게 일구어야 하는가? 1959' 였습니다. 그때 우리는 자료를 근거로 서독과 동독의 생산성을 5:3으로 보았습니다. 그런데 30년이 흐른 1989년, 그 비율은 10:3이 되어 있었습니다.

내가 장관과 총리로 재직하던 사민당과 자민당 연정 13년 동안 우리는 내무부의 경제사회연구실로 하여금 매년 동독의 경제 및 우리의 대응 방안에 대한 평가서를 작성하도록 했습니다. 그러나 안타까운 것은 1989년, 90년 통일 당시의 서독 총리였던 콜과 동독 총리였던 드메지에르는 이 평가서의 존재를 전혀 몰랐다는 사실입니다. 그들은 결정을 즉흥적으로 내렸고, 4년 내에 동독의 경제가 시장주의 덕분에 저절로 잘 굴러갈 것이라는 장밋빛 환상이 가득한 넌센스를 실제로 믿었습니다. '시장이 모든 것을 알아서 할 것'이라고 생각했던 것입니다.

알트하우스[130]씨가 방금 말했듯이 1988년 동독은 호네커 서기장도, 여러분도 감지하지 못한 채 이미 파산해버린 상태였습니다. 즉 외채가 외환보유고보다 많았던 것입니다. 이 사실을 나는 당시 동독의 주요 경제전문가였던 쉬러[131] 박사로부터 최근에 들었습니다. 그는 미탁을 보좌하던 최측근이었습니다. 쉬러는 1988년 이전에 이미 SED 지도부에 동독의 외채 규모에 관한 평가서를 제출했다고 내게 확인해 주었습니다. 그러나 미탁이 이를 묵살하여 이 내용이 호네커에게까지는 전달되지 못한 것입니다.

1990년 상반기 동서독 정부의 협상이 진행되고 조지 부시 대통령과 고르바초프 서기장의 적극적 중재로 2+4 조약을 논의할 당시 나는 ('차이트' 지에) 꽤 많은 논설을 기고했습니다. 이들 기고문을 통해 나는 서독의 세금 인상을 주장했습니다. 서독의 재산세 납부도 주장했습니다. 또한 동독 경제가 서독의 수준에 오르려면 많은 시간이 필요하다는 사실을 알기 쉽게 설명하고자 노력했습니다. 나는 통일에 관한 협정을 맺자고 제안했고 초당적으로 나설 것을 촉구했습니다. 그러나 동서독 정부는 내 충고를 듣는 대신 수많은 오류를 범했습니다. 그리고 시장경제를 무조건 믿었습니다. 시장경제는 옳고 필요한 것입니다. 그러나 시장경제 하나로 동독 경제의 재건을 실현시킬 수는 없었습니다.

당시 서독 정부는 동독에 대한 투자를 촉진하기 위해 소득세

---

130) Dieter Althaus(1958-). CDU소속. 튀링엔 주 주지사(2003).
131) Paul Gerhard Schürer(1921-). SED 중앙위원회 계획·재정·과학분과장이자 정치국 경제위원회 위원(1962), 국가계획위원회 위원장(1965).

인하를 도입했습니다. 그러나 소득세 인하는 에어푸르트, 바이마르, 로슈토크 등 동독지역에서 주로는 공업단지·슈퍼마켓·호텔·식당 등에, 나머지 일부는 경제적으로 시급한 투자처에 자본을 투자한 '베씨'들에게 이득을 주었습니다. 정부는 이 방식으로 동독의 건설 경기를 일으켰고, 그때의 지나친 건설 붐 때문에 아직도 많은 사람들이 고통에 시달리고 있습니다.

정부는 또 다른 오류도 범했습니다. 예컨대 나는 동독의 정부기관이 타 정부기관, 예를 들어 동독의 중앙은행 같은 곳에 진 총 부채를 남김없이 탕감해 줄 것을 제안했습니다. 예컨대 저당대출 같은 것 말입니다. 구 동독의 협동조합 건물 같은 것은 동독 중앙은행 등에 담보를 제공하고 부채를 얻는 방식의 높은 저당으로 세워진 것입니다. 아마 에어푸르트도 그러할 것입니다. 여기서도 저당 채권자는 실제로는 공공은행이었습니다. 서독 정부는 1990년 이후 민영화 과정에서 이 저당잡은 물건들을 바이에른 저당은행 같은 곳에 매각했습니다. 그 영향은 이곳 튀링엔에도 미칠 것입니다. 이렇게 통일 이전에 동독 정부가 동독 내 타기관으로부터 대출받아 제공했던 담보물들이 통일 이후 서독 민간은행에 고스란히 넘어옴으로써, 이 저당들은 오늘날 서독 은행들의 대차대조표에 상당한 부분을 차지하고 있습니다. 뮌헨의 저당은행이 그런 경우입니다. 그런데 문제는 이 저당 잡힌 물건들이 후에 드러났듯이 처음 기대한 만큼의 가치가 없다는 사실입니다. 이런 방식으로 인해 차라리 일찍감치 탕감했으면 좋았을 저당에 대해 구 동독 주민 여러분들은 세입자로서 지금까지도 이자를 지불하고 상환해야 하는 부담을 안고 있는 것입니다. 저당 채권자인 동독의 중앙은행은 곧 해체되었기 때문에 1990년 당시에 탕감했더라면 아무에게도 피해를 주지 않았을텐데 말입니다.

내가 이 사례를 드는 것은 단지 "통일 과정에서 많은 오류가 있었다"고만 말하면 너무 이론적으로 들릴 수 있기 때문입니다.

세 번째 예를 들겠습니다. 하룻밤 사이에 서독의 약 8만 개의 법 조항이 동독에 도입되었습니다. 동독의 그 누구도 이 법이 뭔지 알지 못했으며 눈치껏 대처하지도 못했습니다. 세무서 책임자도, 노동청 책임자도 마찬가지였습니다. 그래서 세무공무원과 노동청 공무원을 처음부터 충원해야 했으므로 서독 전역에서 공무원을 데려온 것입니다. 시 행정국장도, 세무서 책임자도, 대학 총장도 데려왔습니다. 왜냐하면 서독 출신들이야 이 법을 잘 알 테니 끙끙대지 않아도 되기 때문입니다. 그러나 이 많은 법제를 갑자기 도입한 것은 내가 보기에는 심각한 실책이 아닐 수 없습니다.

15년이 지난 지금의 상황을 봅시다. 내가 가장 중요하게 생각하는 것은 정치인들이 현 상황에 대해 솔직해지는 것입니다. 예를 들어 동독의 재건사업이 95-96년을 마지막으로 끝났음을 사실대로 말해야 합니다. 동독의 경제발전이 정체되어 있다는 뜻은 아니지만, 서독 경제를 추격하지는 못한다는 말입니다. 재건 사업은 종료되었습니다. 쉬운 일례로 동서독의 실업을 한번 비교해 봅시다. 동독의 실업률은 서독의 배가 넘습니다. 이미 90년대 중반부터 그랬던 것이 더 이상 나아지지 않고 있습니다.

GDP를 비교해 보아도 알 수 있습니다. 서독이나 동독이나 사람이 일을 하면 제품과 서비스가 생산됩니다. 생산된 제품은 후에 다른 사람이 사용하죠. 동독의 1인당 GDP는 대략 서독의 62%에 불과합니다. 3분의 2도 되지 않는 것입니다. 90년대 중반부터 진전이 없습니다.

또는 생산성 수치를 한번 들여다보십시오. 단위시간당 1인당 노동생산성을 보면 동독이 서독의 70-71%에 불과합니다. 1인당 국민소득(GNP)은 또 어떻습니까. 소득은 물론 임금만을 의미하는 것은 아닙니다. 연금도 소득이며 실업수당도 소득입니다. 이 모든 것을 합한 동독의 1인당 국민소득은 서독의 약 82% 수준인데, 수년 동안 아무 변화가 없습니다. 동서독의 소득 격차 해소라는 계획은 더 이상 실현되지 않고 있는 것입니다. 벌써 수년째 그대로입니다. 물론 이 82%를 헝가리나 체코, 폴란드와 비교하면 구 동독 주민들은 엄청나게 잘사는 것입니다. 위 국가들의 소득은 동독보다 훨씬 낮기 때문입니다. 그러나 내가 걱정하는 것은 동독의 낙후된 생산성 때문에 동서독의 소득 격차가 좁혀지지 않는다는 사실입니다.

동독 지역 주민의 소득은 4분의 3만이 동독 지역에서 생산됩니다. 나머지 4분의 1은 서독으로부터의 금융 이체로 충당됩니다. 경제학자들은 이를 재정 이전이라고 부릅니다. 작년 이 재정 이전의 규모는 820억 유로에 달했는데 이 어마어마한 액수가 납세자의 몫이었습니다. 내가 지금 하고 있는 이야기는 서독의 자동차 회사가 작센에 새로운 공장을 건립하기 위해 서독에서 동독으로 자금을 이전하는 문제가 아닙니다. 내가 하고 있는 이야기는 공공재정 이전입니다. 820억 유로는 서독 GDP의 4%에 육박합니다. 이 액수가 적게 들릴지도 모릅니다. 그러나 실제로 GDP의 4%는 엄청난 액수입니다.

독일연방공화국이 수년째 유럽연합의 이른바 재정안정조약을 위반하고 있는 것도 바로 이 공공재정 이전 때문입니다. 왜냐하면 820억 유로 중 일부는 세금이 아닌 부채로 충당하기 때문입니다. 예컨대 국가가 서독 저축은행의 예금자들로부터 대출을 얻어 재정 이전을 하고 있는 것입니다. 재정안정조약의 주된 위반 사유는 바로 이 공공재정을 위해 우리가 너무 많은 빚을 지고 있기 때문입니다. 재정안정조약은 연간 국가부채 규모를 GDP의 3%까지 허용하고 있으나 우리는 이 3%를 훨씬 넘기고 있습니다.

지난 수년간 독일연방공화국의 경제 전반에 드리운 저성장은 GNP의 큰 부분을 구 동독에 대한 지원과 보조금으로 쓰기 때문이라고 할 수도 있을 것입니다. 또는 달리 말해서 이 재정 이전이 경제성장률 부문에서 독일을 유럽연합의 꼴찌로 만든 주요 원인이라고 볼 수도 있습니다.

분명한 것은 영원히 이대로 갈 수는 없다는 점입니다. 그렇다면 어찌해야 합니까? 이에 대해 정치인들과 경제학자들은 열띤 논쟁을 벌이고 있습니다. 그러나 나는 6개 동독 연방주(사실 신연방주를 5개로 보는 것은 잘못인데, 오늘날 독일 실업의 중심지인 베를린 전체를 포함시켜야 하기 때문입니다) 내의 모든 사업장과 기업에 서독보다 유리한 경제환경을 보장해 줘야 한다고 생각합니다. 아마도 다음 두 가지 방안이 가능할 것입니다.

알트하우스씨가 방금 말씀하신 대로 나는 3년 전에 '차이트'지에 '동독 지역에 충격요법을'이란 제하에 글을 썼습니다. 내가 이 글에서 주장한 것은 6개 동독 연방주, 즉 브란덴부르크, 튀링엔, 작센, 메클렌부르크-포어포메른, 베를린, 작센안할트 지방의회에 현재 연방공화국 전체에 효력을 갖는 법률 중 상당수를 10년이고 15년이고 일정 기간 동안 대폭 간소화하거나 그 효력을 정지시키는 권한을 연방법을 통해 부여하는 충격 요법이 필요하다는 것이었습니다. 예컨대,

- 단체임금계약법에서는 일반 구속 원칙을 폐지하고,
- 기업체경영법에서는 경영진과 노조 대표의 경영 합의를 금지하는, 즉 임금과 근로시간에 대한 경영 합의를 금지하는 조항을 폐지하며,

- 공무원 연방급료법과 연방공무원 단체임금(BAT)에서는 공공 분야 임금을 자체적으로 결정할 수 있는 자유를 지방정부에 주어야 합니다.

내가 지난 50년간 노조원으로 가입된 공공서비스 노조가 임금 인상을 위한 선봉장 역할을 해야 한다고 설치는 것은 때 지난 어불성설입니다. 말도 안 됩니다.

나는 지방의회에 급료 체계와 직원 협정임금을 스스로 결정할 수 있는 권한을 주자고 제안했습니다.

나는 건축법, 건축설계법, 그 밖에 모든 허가 체계 및 환경법에서 복잡한 절차를 간소화할 수 있는 권한을 부여하자고 제안했습니다.

수공업 체계를 한번 봅시다. 젊은 미용사가 미용실을 운영하려고 합니다. 그런데 수공업 규정에 따르면 마이스터 시험을 봐야 합니다. 무엇하러 그럽니까? 만일 머리를 잘못 자르면 그 미용실에 다시 안 가면 그만이죠. 머리를 자르는데 마이스터 시험 합격 여부까지 검사할 필요는 없지 않습니까. 왜 그런 규정이 있는 것입니까? 그냥 여태까지 그랬으니까, 그냥 여태까지 서독에서 늘 그랬으니까 독일 전역에 이 규정을 적용해야 한다는 것입니다. 그래서 만일 시험을 쳤다고 칩시다. 시험을 치고 났더니 이제는 또 수공업 규정상 조합에 의무적으로 가입해야 합니다. 조합은 가격을 결정하는 임금 협의체입니다. 게다가 조합에 가입함으로써 자동적으로 수공업협회의 회원까지 되어야 합니다. 무엇 때문에?

우리는 너무나 많은 것을 중세 시대에서 있는대로 끌어다 놓았습니다. 그것들은 전부 8만 단락에 이르는 법체계에 들어 있습니다. 이것이 고등교육에도 똑같이 적용됩니다. 무엇 때문에 똑같은 대학법이 독일 전역에 적용되어야 합니까? 일메나우와 라이프치히 간에, 또는 일메나우Ilmenau와 드레스덴 간에 경쟁을 붙여 봅시다. 진짜 경쟁 말입니다! 무엇 때문에 연방정부가 대학 학칙까지 시시콜콜 규정해야 합니까?

나의 제안은 사실 동독의 경제부장관들에 의해 수용되었으나 논의만 되었을 뿐 이뤄진 것은 아무것도 없습니다. 그래서 내가 지금 또 한번 이야기하는 것입니다. 떨어지는 물방울이 바위를 뚫듯이 쓰라린 현실이지만 직시할 수 있는 용기가 필요합니다.

내가 두 번째로 제안하고 싶은 것은 원래는 이미 고인이 된 두 사람의 구상이었습니다. 한 사람은 중소기업인이자 다년간 독일경제인연합의 회장을 역임한 틸 네커Tyll Necker이고, 또 다른 이는 칼 쉴러로 여러분도 기억나실 이름인데, 그는 키싱어[132]와 빌리 브란트 정권에서 경제부장관을 역임했습니다. 이 두 사람은 구 동독에서 생산되는 모든 제품에 대해 부가가치세를 반으로 줄이자고 제안했습니다. 만일 그랬더라면 동독 지역의 제품이 서독산에 대해 경쟁력을 갖출 수 있는 좋은 기회가 되었을 것입니다. 그러나 이마저도 거부당했습니다. 그래서 내가 오늘 일곱 번째로, 아니 열두 번째인가요, 했던 소리를 또 하고 있는 것입니다.

이 모든 제안에 대해 수많은 반대 의견들이 있음을, 심지어 브뤼셀에서까지 반대한다는 것을 잘 알고 있습니다. 만일 사정을 모르면 브뤼셀과 EU를 훼방꾼으로 볼 수도 있습니다. 그러나 나는 총리 재임 시절, 브뤼셀의 반대를 극복한 경험이 있습니다. 이기주의의 발로에서 브뤼셀의 관료들에게 부정적인 의견을 내는 것은 대부분 서독의 이익단체들입니다. 나의 제안이

---

[132] Kurt Georg Kiesinger(1904-1988). 바덴뷔르템베르크 주지사(1958-1966), 연방총리(1966-1969), CDU당수(1967-1971).

실행되면 당연히 칼스루에Karlsruhe의 기업이 에어푸르트로 이전해야 하기 때문이죠.

물론 나의 제안이 3, 4년 내에 동독의 모든 것을 자리잡게 할 수는 없습니다. 통일은 아주 느린 과정입니다. 예를 들어 구 동독 주민들 가운데에는 자립하여 기업을 경영할 수 있다고 믿는 이는 비교적 적은 편입니다. 그러므로 우선은 자립할 수 있다는 사실을 주민들이 깨달아야 합니다. 서독과 비교하여 구 동독 지역의 자영업 수는 십만이 부족한 상태입니다. 하지만 일자리를 창출하는 곳은 대기업이 아니라 바로 이런 작은 기업들입니다. 서독에는 전체 일자리의 약 10%만이 대기업(즉 직원 수가 2,000명이 넘는 기업)에서 만들어지며, 나머지 90%는 중소기업의 것입니다. 그만큼 중소기업이 중요합니다. 그러나 소기업을 설립하기 위해서는 젊은이들이 용기와 믿음을 가져야 합니다. 간략히 말했듯이 우선 적합한 환경이 조성된다면 아마도 더 많은 젊은이들이 믿음을 가질 수 있을 것입니다.

동독의 재건 사업에 다시 불을 지피려면 모든 정당과 정치권이 한마음이 되어 현실을 바로 보고 이에 맞게 행동해야 하는데, 다시 말해 구 동독의 재건 사업을 독일 내정의 핵심으로 삼아야 합니다. 그렇다고 연방의회나 6개 동독 주의회에서 대연정을 구성할 필요까지는 없습니다. 그것은 불필요합니다.

오해하지 마시라고 드리는 말씀인데, 동독 6개 연방주는 현재 아주 느리게 경제발전이 진행 중에 있습니다. 그러나 90년대 중반 이래 서독과의 격차는 더 이상 줄지 않고 있는데, 이는 서독의 경제도 역시 전진하기 때문입니다.

지금은 단결이 필요한 때입니다. 특히 비상시나 난관에 봉착했을 때에는 대연정을 구성하지 않고도 함께 목표를 이룰 수 있음을 보여 주는 구체적 사례를 제 경험에서 들어 보겠습니다.

우리는 동베를린의 사회주의 통일당(SED)으로부터 비밀리에 지원을 받아 활동했던 서독의 적군파(RAF)[133] 테러리스트들에 맞섰던 적이 있습니다. 우리는 그들이 동베를린으로부터 지원을 받는 사실을 알았지만 외교 마찰을 원치 않아 일을 크게 벌이지 않았습니다. 그러나 본의 3개 정당 지도부가 수주 동안 매일 저녁 모여 대응책을 논의한 끝에 마침내 문제를 해결할 수 있었습니다.

다른 사례는 1982년 9월, 사민-자민 양당이 짧은 연정을 끝내고 결별을 눈앞에 두고 있었을 때입니다. 나는 불신임 투표를 예상했고 침착하게 마음의 준비를 하고 있었습니다. 불신임 투표[134] 전날, 독일에 주재하는 모든 외국 공관장들을 불러 우려할 필요가 없다고 설명했습니다. 헬무트 콜의 후속 정부는 우리의 정책을 계승했습니다. 나는 콜에게 묻지는 않았지만 그가 나의 정책을 이을 것이라고 확신했습니다. 그리고 콜은 실제로 그렇게 했습니다. 또한 비쉬네프스키Wischnewski 장관을 유엔 총회가 열리는 뉴욕에 보냈습니다. 총회에서 비쉬네프스키는 독일의 외교는 변함없을 것이므로 우려하지 말 것을 당부했습니다. 동방정책이나 나토 정책에서도 말입니다.

나라가 어려우면 정치인들이 한마음이 되어야 합니다. 오늘

---

133) Rote Armee Fraktion. 적군파. 1970년 서독에서 안드레아스 바아더Andreas Baader, 구드룬 엔슬린Gudrun Ensslin, 호르스트 말러Horst Mahler, 울리케 마인호프Ulrike Meinhof가 결성한 좌파 지하 테러조직. 이후 동독으로부터 재정 및 조직상의 후원을 받았다. 통일 이후 활동의 어려움을 겪다가 1998년 4월 20일 자진 해체하기에 이른다.

134) 총리에 대한 연방의회의 불신임 투표. 총리가 의회나 국민의 충분한 지지를 얻지 못할 경우, 의회는 총리에게 불신임을 선언한다. 이때 의회는 10일 이내에 새 총리를 선출해야 하는데, 그 누구도 과반수를 획득하지 못할 경우, 자동적으로 현 총리가 총리직을 유지한다.

날 동독의 경제 재건도 마찬가지입니다. 우리의 주변국 가운데 경제 분야에서도 합심하면 된다는 사실을 보여준 나라가 둘 있습니다. 하나는 네덜란드이고 다른 하나는 덴마크로, 두 경우 모두 멋지게 성공을 거두었습니다. 현재 우리 연방공화국이 겪는 문제의 상당 부분을 이 두 나라에서는 이미 극복했습니다. 노조, 사용자연합과 경제단체가 함께 이뤄낸 승리인데, 바로 정치적 단합이 있었기에 가능했습니다. 이것이 바로 내가 독일에 바라는 것입니다. 특히 6개 동독 연방주의 주민에게 바라는 것입니다.

통일이 되고 15년이 흘렀습니다. 그리고 2차 연대조약이 2019년 만료되기까지 아직 15년이 더 남아 있습니다. 그리고 이 15년 동안 우리는 이뤄내야 합니다!

그러나 이것은 여러분의 몫이기도 합니다. 특히 여러분의 자녀 세대, 바로 젊은이들에게 달려 있습니다. 젊은이들은 무엇이든 해낼 수 있다는 믿음을 가져야 합니다. 동독의 젊은이들은 경제성장과 동서독 통일을 이룩해낸 부모의, 할아버지·할머니의, 조상들의 유전자를 그대로 물려받았습니다. 그리고 그 유전자는 함부르크나 슐레스비히 홀슈타인Schleswig-Holstein이나 라인란트팔츠Rheinland-Pfalz 주민의 유전자와 하등 다르지 않습니다. 그리고 IQ도 낮지 않습니다. 그들은 부모, 조부모, 조상으로부터 모든 유전자를 물려받았습니다. 우리 젊은이들은 단지 믿음을 조금 더 가져야 합니다. 내 또래에게는 이런 호소를 하지 않겠습니다. 그들에게는 더 이상 많은 것을 기대할 수 없습니다. 내가 기대를 거는 이들은 65세의 노인들이 아니라, 바로 35세의 젊은이들입니다. 믿음을 가지십시오!

경청해 주셔서 감사합니다.

동독 지역에 필요한 것은 진정 무엇인가

2004년 8월

베를린장벽이 평화적으로 무너졌을 때 흘렸던 기쁨의 눈물을 나는 결코 잊지 못할 것이다. 베를린장벽의 붕괴는 시위대의 통일을 향한 의지 덕분이요, 폴란드 노조 솔리다르노스치[135]가 우리보다 앞서 자유를 부르짖었던 덕분이요, 고르바초프의, 부다페스트와 프라하, 그리고 동베를린 공산당 지도부의 이성적인 평화 의지 덕분이었다. 그런데 15년이 지난 지금, 나는 동독 지역의 답답한 경제 상황을 생각하면 마음이 편치 않다. 특히 나를 안타깝게 하는 것은 정부가 불가피하게 시행하는 시책에 반대하여 그 많은 동독 주민들이 1989년 상황과는 달리 이제는 위험 부담이 사라진 시위권을 남용하고 있다는 사실이다.

물론 나는 그들의 불안을 충분히 이해한다. 이미 오랜 전부터 쌓여 오고 있는 분노 또한 이해한다. 1990년 경솔하게 공표했던 약속들 중 너무나 많은 것이 실현되지 않았다. '장밋빛 미래'를 약속했던 호경기도, 서독 수준의 고임금도 실현되지 못했다. 동독 주민들이 크게 실망한 것은 당연한 일이다. 지난 8년 동안 그들의 울분은 점점 커져만 갔다. 동독 지역의 많은 사람들은 서독에 속았고, 감독당하며 강등되었다고 여기는 것이다. 게다가 이제는 비이성적인 불안 심리까지 부추겨짐으로써 더욱더 많은 사람들이 분노하고 있다. 그러한 분노는 객관적으로 온당치는 않으나 심정적으로는 이해가 간다.

---

[135] Solidarność. 1980년에 결성된 폴란드의 노조. 1989년 동구권의 정치변혁에 큰 몫을 했다.

여러 세대에 걸쳐 동독 주민들은 정부와 당이 모든 일을 처리하는 것에 익숙해져 있었다. 그런데 이제 국가가 그 활동을 제한하지 않을 수 없는 상황이 된 것이다. 그렇다고 만일 정부가 나서서 마땅히 해야 할 일을 하지 않는다면 어찌 되겠는가. 무엇을 반드시 해야 하며 왜 해야 하는가, 그로부터 어떠한 결과가 나타날 것인가를, 또한 사람들이 무엇을 가지고 근거 없이 불안해하고 있는가를 알기 쉽게 설명해 주지 않는다면 어찌 되겠는가. 순수하게 분노한 국민들의, 기회주의적인 선동정치가들의, 경제병을 단숨에 치유할 비법을 알고 있다고 떠들어대는 사기꾼들의 선전 공세가 대중들의 큰 호응을 얻고 있는 것이 놀라운 일은 아니다. 위르겐 페터스[136], 프랑크 브시르스케[137], 로타르 비스키[138], 오스카 라퐁텐이 모두 이 세 부류에 동시에 속하는 인물들이다. 이에 반해 현실을 알기 쉽게 설명해 주는 사람은 아무도 없다. 그러므로 연방의회와 동독 지역 6개 주의회 (베를린 포함하여) 의원들이 시 별로 하르츠 공청회와 공개 질의 응답 시간, 주상원 및 시장들의 입장 표명 시간을 개최하는 것이 그 무엇보다도 중요하다. 이는 물론 인내와 용기 없이는 안 될 일이다.

또 한 가지 역시나 중요한 일이 있으니 그것은 정치인들이 솔직하게 지난날의 실책과 나태함을 시인하는 것이다. 동독의 산업이 이토록 피폐해진 까닭은 통일과 함께 도입된 '자본주의' 때문이 아니라, 바로 1990년 당시까지 동독 당국이 결정하던 가격과 임금을 그대로 서독 마르크로 전환해 준 중대한 실책 때문이었던 것이다.

---

136) Jürgen Peters(1944-). 노조 간부. (現)IG-Metall위원장(2003).
137) Frank Bsirske(1952-). 노조 간부. Bündnis90/Die Grünen 소속.
138) Lothar Bisky(1941-). (現)PDS당수(1993).

또 다른 과오는 사유화와 관련된 것이다. 구 동독 국영기업의 민영화는 기본적으로 옳은 일이었다. 잘못은 바로 그 방법과 속도에 있었다. 동독의 시민 가운데 그 누구도 과거 '인민의 소유'였던 기업 중 어느 하나라도 인수할 만한 경제력을 갖추고 있지 못했다. 그 때문에 거의 모든 구 동독 기업이 막강한 자본력을 갖춘 서독 기업에 넘어갔고, 그럼으로써 대부분이 서독 경영인들의 손에 들어가게 되었던 것이다. 이런 흐름 역시 되돌릴 수는 없다. 다만 서독의 기업가들이 동독의 젊은이들을 경영인으로 키우고 이끌어 준다면 일, 이십 년 내에 아마도 이 문제는 극복될 수 있을 것이다. 물론 신탁관리청이 민영화 업무를 담당하면서 발생시킨 약 4천억 마르크 가량의 국가부채는 엎질러진 물이다.

현재의 경제위기를 초래한 전환기의 큰 과오 중 또 하나는 8만 항목이 넘는 서독의 법률과 권한 규정(게다가 무수히 많은 시행령)들을 동독의 현실에 맞게 여과하지도 않은 채 과도기 없이 그대로 동독에 적용한 점이다. 동독 주민들이 당국의 지시를 (적극적으로든 소극적으로든) 따르는 데에 익숙해져 있다고는 하나, 아무리 그렇더라도 하루아침에 낯설고 이해할 수 없는 한 무더기의 법에 맞닥뜨리게 된 것은 기가 찰 노릇이다. 이 때문에 서독에서 공무원에 정치인들까지 떼거지로 데려와 고위 관료, 시장, 주정부 장관의 자리에 앉힐 수밖에 없었던 것이다.

그러나 더 큰 잘못은 시민들의 개인 활동까지 숨통을 틀어막은 것이었다. 동독 주민이 동독에서 회사를 하나 설립하려고 해도, 현재 통용되는 법률과 관료주의의 환경에서 성장하여 그 사정에 밝은 서독 사람보다 훨씬 큰 용기와 눈치가 필요하다. 동독에 자영업과 중소기업이 부족한 것이 바로 이 때문이다. 그런데 사실 대부분의 신규 일자리를 기대해야 할 곳은 중소기업이

지 대기업이 아닌 것이다. 그러므로 필요하다면 앞으로 최소한 15년, 아니 이왕이면 25년 정도 상당수의 규제들을 대폭 풀어 주어야 한다. 그리고 이는 실현 가능성 있는 방안이기도 하다.

서독이 초창기에는 동독 지역의 재건 사업에, 현재는 생활수준 향상에 대규모 재정을 지원하는 것은 원칙적으로 옳고 합목적이었다. 현재 공공재정 이전 총액은 연간 800-900억 유로에 달한다(동독에서 거둬들이는 세금과 사회보험료는 제외한다). 이는 서독의 납세자들과 기부자들의 크나큰 공이라 하지 않을 수 없다. 그런데도 구 동독에서는 여태껏 그 공을 알아주거나 감사해한 적이 없다. 유감스럽게도 동독의 연금생활자들마저 그러하다.

현재 동독 지역 연금생활자의 구매력은 구 동독의 과거 어느 시절보다도 월등히 높다. 또한 구 공산권 국가들 중에서도 단연 으뜸이다. 이런 사례도 동독 지역의 시민 모임에서 확실하게 알리고 설명해 주어야 한다. 쉬운 예를 하나 들겠다. 미국의 연간 국방예산이 자국 GNP의 약 4%이다. 그러나 이 얼마 안되어 보이는 4%가 미국의 군사대국으로서의 지위를 가능케 해온 것이다. 동독에 대한 서독의 연간 재정 이전 역시 독일 GNP의 4%이다! 이렇게 비교하면 공공재정 이전 규모가 어느 정도인지 확실히 이해가 될 것이다. 동독은 서독의 공이 엄청나다는 사실을 인정해야 한다.

하르츠 IV[139]를 포함한 어젠다 2010은 독일 전체 노동시장을 대상으로 하는 것이지, 특별히 동독만을 목표로 한다든가 하는

---

139) 슈뢰더 정부가 경제사회 개혁 방안 연구를 의뢰한 복지개혁위원회 위원장인 폴크스바겐 관리이사 페터 하르츠Peter Hartz의 이름을 딴 일련의 복지 감축정책 중 4번째 항목으로, 과거 이원화되었던 실업보조금과 영세민 보조금을 실업수당 II로 통합해 지급한다는 내용이다.

것은 아니다. 콜 총리가 재임 중이던 1997년 4월, 로만 헤어초크 대통령은 아들론 연설에서 긴 목록의 시급한 개혁 과제를 제시했었는데 어젠다 2010은 그중 일부분에 불과하다. 헤어초크 대통령은 당시의 상황을 경제 활력의 실종, 사회의 경직화, 극도의 정신적 우울증이라고 진단했다. 그러면서 그는 개혁의 답보 상황을 타개하는 데에 동참할 것을 전 국민에게 호소했었다. 그러나 콜 총리와 그의 흑황연합도[140], 슈뢰더 총리와 그의 적록연합[141]도 2003년 초까지 헤어초크 대통령이 제시한 제안 가운데 단 한 가지도 착수하지 않고 있었다. 그러다가 마침내 2003년 3월 14일 슈뢰더 총리가 어젠다 2010을 발표하며 비로소 전향적인 첫걸음을 내디뎠다. 조국의 번영이 당의 이익보다 우선시되어야 한다는 사실을 총리가 이해했던 것이다. 그의 투지에 모자를 벗어 경의를 표하는 바이다!

　소속 정당을 막론하고 지금까지 그 어떤 정치인도 동독의 경제 재건에 박차를 가하고자 진정으로 노력해 본 적이 없었다. 독일 경제가 전반적으로 성장하면 그 파급효과로 동독 경제도 회복될 것이라거나, 심지어 크게 앞서 있는 서독 경제를 추월할 것이라고는 이미 콜 총리 재임 시절부터도 아예 기대할 수 없는 일이었다. 동독 경제를 살리기 위한 특단의 조치를 취하지 않는 한, 또 한번의 통일 15주년이 돌아오는 2020년에 가서는 동독에서도 진전은 있었으나 서독을 따라잡는다는 것은 턱없는 일임을 확인하게 될 것이다.

　따라서 동독 경제를 살리기 위해 우리는 특단의 조치를 취해야 한다. 나는 이에 대해 최소한 세 가지 주요 방안을 제시해 두었다(이 책 말미에 열거했으니 219페이지 아래를 참조하기 바란다).

---
140) Schwarz-Gelbe Koalition. 기민·기사연합과 자민당의 연정.
141) Rot-Grüne Koalition. 사민당과 녹색당의 연정.

이 제안들은 많은 의심과 비판과 거부반응을 일으킬 것이다. 많은 이들은 반反하르츠 선동 물결에 편승하려 할 것이다. 그러므로 9월 주의회 선거전에서는 인기에 영합하는 기회주의자들, 특히 PDS가 어느 정도 반사이익을 보기는 할 것이다. 그러나 이로써 누가 이성과 지조가 있는지, 누가 인내와 용기가 있는지 확연히 드러나게 될 것이다.

우리 정치권은 국민들이 보내준 신뢰를 잃어가기 시작하고 있다. 그러나 여전히 사민당, 기민당 두 국민 정당의 대다수 정치인들은, TV 토크쇼나 '빌트'지에 나와 자화자찬 식의 정치적 자기과시를 일삼는 다른 여러 정치인들과는 달리, 국민의 신뢰에 대해 여전히 책임감을 가지고 있다. 이 책임감 있는 정치인들이 자신들이 연방의회와 상원에서 결정한 법을 수호하고 있는 것이다.

어젠다 2010은 원래 이미 1996년에 만료되었어야 했다. 원래 지금은 일련의 후속 개혁 조치들을 진작에 다루고 있어야 마땅하다. 원래대로라면 독일이 수십 년 안에 현재 인구의 절반 이상이 60세가 넘는 고령사회로 진입하는 심각한 상황에 어떻게 준비하고 대처해야 하는지를 진작부터 연구했어야 했다. 우리 스스로 개혁하지 않으면, 그러한 심각한 상황에 이르기도 전에 현재의 낮은 퇴직 연령도, 연금 지급액도 종전대로 오래 유지하지 못하게 될 것이다. 즉 우리는 지금 거대한 문제에 직면해 있는 것이다. 우리가 지금 누리고 있는 것 중 지속될 수 있는 것은 거의 없다. 그러므로 이제야 비로소 올바른 조치를 시행하려 노력하는 데에다가 찬물을 끼얹는 반대 시위는 아무리 점잖게 표현해 봐야 근시안적이라고밖에 할 수 없다. 하여튼 잘못된 것이다. 어려울 때일수록 책임 있는 자리에 있는 자들 모두가 협력해야 한다. 작센과 브란덴부르크 지역에 큰 수해가 났을 때나 적군파의 테러 공격을 받았을 때를 상기해 보라. 메르켈 당수는 기민·기사연합이 국가적인 차원에서 협력할 준비가 되어 있다고 천명했다. 슈뢰더 총리는 메르켈에게 다가가 그의 진심을 받아들여야 한다. 그러면 굳이 대연정까지 가지 않아도 여야는 충분히 공조하여 이 난국을 헤쳐나갈 수 있을 것이다.

아직 늦지 않았다 - 후기를 대신하여

1989년 11월 9일, 나는 함부르크의 집에서 베를린장벽이 무너지는 장면을 TV로 지켜보았다. 깊은 감동을 느꼈다. 총성 한 발 울리지 않고 모든 것이 평화적으로 진행되다니, 이 얼마나 큰 행운인가! 그날 나는 작센 주의 마이센Meißen시와 당시 칼 막스Karl-Marx시라고 불리던 켐니츠Chemnitz시 근교의 작은 마을에서 두 차례의 토론회를 마치고 막 돌아와 있던 참이었다. 토론회 참석자들은 상황이 악화되면 공산당 지도부의 어느 한 지휘관이 자제력을 잃고 발포 명령을 내릴 수도 있다며 두려워하고 있었다. 어디에서나 엄청난 긴장과 불안감이 막연한 새 희망과 함께 감돌고 있었다.

매주 월요일 라이프치히에서 수십만 명이, 동독 전역에서 수만 명이, 급기야는 동베를린의 알렉산더Alexander 광장에서 백만의 군중이 시위에 참가했다. 증오의 대상인 공산당의 지배체제에 대항해서, 뒤에서 조종하고 명령하는 통제경제 체제에 대항해서, 위협과 강압, 지시와 기만에 대항해서, 그리고 전 주민들이 겪어야 했던 개인적 억압과 구속에 대항해서 11월 9일 저녁 대규모 군중 집회가 열렸고 마침내 베를린의 동서 검문소의 문이 열리게 된 것이다.

이 같은 자발적인 시위와 호네커의 실각, 그 뒤를 이은 크렌츠[142]의 어정쩡한 약속을 이끌어 낸 요인은 주로 다음 네 가지

---

142) Egon Krenz(1937-). 호네커의 실각 이후 몇 주 동안 호네커의 뒤를 이어 SED 서기장을 역임했다.

라 할 것이다. 첫째는 고르바초프가 글라스노스트와 페레스트로이카 정책을 굳건히 추진한 것이다. 다음은 폴란드 및 헝가리에서 일어난 근본적인 체제 변화가 좋은 선례가 되었다. 셋째는 지방선거에서 일어난 명백한 선거 조작에 대한 국민의 분노였고, 넷째는 직접적인 계기가 되었던 대량 망명사태였다.

  1989년 11월 9일 베를린장벽이 붕괴된 그날 저녁, 베를린 장벽의 붕괴가 동독 공산주의 체제의 와해를 의미한다는 것이 분명해졌다. 나는 큰 충격을 받았다. 내 생전에 이날을 보게 되리라고는 지난 수십 년간 전혀 기대하지 못했기 때문이다. 다만 언젠가는 우리 독일인이 다시 한 지붕 아래 모이는 통일의 날이 오리라는 것은 추호도 의심하지 않았었다. 나의 역사적 지식에 비추어 볼 때, 매 세기마다 유럽의 역학 관계에는 수 차례 근본적인 변화가 있었고, 따라서 언젠가 그 같은 변화가 다시 일어날 것이라고 생각했기 때문이다. 하지만 나는 그날이 21세기에 오리라고 막연히 희망하고 있었다.

  총리에서 물러난 후 지난 1982년부터 나는 동독을 정기적으로 방문했다. 당시 교회연합의 간부였던 만프레드 슈톨페의 주선으로 거의 매년 한 차례씩 교회의 울타리 안에서 강연을 하고 토론회에 참가할 수 있었다. 그러면서 1945년 이전에 가 보았던 몇몇 지역들을 다시 방문하는 기회도 가졌다. 학생 시절 나는 함부르크에서 탕어뮌데Tangermünde로, 로슈토크로, 슈트랄준트Stralsund로, 베를린으로 자전거 여행을 했고, 그 후 군대에 있을 때에는 폼먼Pommern으로, 슐레지엔Schlesien으로 다녔다. 전쟁이 끝나고 1953년부터 나는 독일 연방의회의 의원으로, 또 후에는 장관으로 재직했는데, 이때에는 동독 방문의 기회가 단 한 번밖에 없었다(베를린 직행열차를 타고 구 제국 5번 대로를 따라 베를린에 갔던 것을 제외하면 말이다). 총리로서는 1981년 12월 11일

또 하나의 독일 국가인 동독을 공식 방문했었다.

1990년 출판된 나의 책 〈독일과 이웃들〉에서, 나는 '마르크 브란덴부르크로[143)]의 험난한 여행'이라는 제목으로 베르벨린제 Werbellinsee 호수로 호네커를 방문했던 일과 연이어 귀스트로프 Güstrow로 여행한 일에 대해 기술했다. 당시 폴란드의 상황이 악화되어 이 방문은 두 번이나 연기된 끝에 이뤄졌다. 내가 호네커를 알게 된 것은 1975년 헬싱키 유럽안보협력회의에서였고, 5년 후 티토의 무덤 앞에서 우리는 다시 한번 조우했다. 그 외에는 때때로 전화 통화를 하는 정도였다. 내가 보기에 호네커는 판단력이 좀 부족한 사람 같긴 했지만 나는 동서독 양측 주민들의 이익을 위해 호네커와 개인적인 친분 관계를 유지하려고 애썼다. 그가 나치 시절 오랜 기간 투옥되었던 사실과 젊은 시절 공산주의의 이상을 굳게 믿었던 그의 강인함을 나는 내심 좋게 여기고 있었다. 그렇지만 그는 시종일관 나의 적일 수밖에 없었다.

호네커는 동독이 경제적으로 '세계 최고수준'의 주요 선진국에 속한다고 정말로 믿고 있었다. 때문에 호네커에게는 동서독 간의 낮은 환율이나 동독의 필연적 외환 부족 상황은 이해하기 힘든 일이었다. 호네커는 차관에 대한 희망을 계속 피력했지만, 막상 서독의 차관에 대한 반대급부로서 부당하게 투옥되어 있는 동독의 수감자들을 출국시키는 조치에 대해서는 매우 불쾌해했다. 어쨌든 볼프강 포겔[144)]과 서베를린의 위르겐 슈탕에

---

143) Mark Brandenburg. 과거 신성로마제국의 영토로 오늘날의 브란덴부르크·베를린·작센안할트 북부 지역과 서폴란드까지 아우른다.
144) Wolfgang Vogel(1925-). 동독의 변호사. 베를린장벽 붕괴 후 잠시 호네커의 변호를 맡기도 했으나 중도하차했고, 그 역시 슈타지의 정보원이었다는 사실이 드러나 재판을 받았으나 무죄로 풀려났다.

Jürgen Stange의 신중하고 은밀한 중재 덕분에 수년간 이 거래는 문제없이 이루어졌다.

베르벨린제 호반에서 호네커와의 첫 회담이 있은 다음날 아침, 폴란드가 전시법을 포고했다는 놀라운 소식이 들어왔다. 호네커와 나는 아침식사를 하며 이 문제에 대해 의견을 나누었다. 그도 나만큼 충격을 받은 듯했다. 동서독 양측과 동서독 관계에 직접적인 영향을 미칠 수도 있는 변화가 발생한 것이었다. 그날 오후, 나는 내가 젊은 시절부터 존경해 오던 조각가 에른스트 발라흐가 작업했던 귀스트로프로 떠났다. 발라흐 본인의 뜻에 따라 귀스트로프 대성당 안에 걸려 있는 그의 작품 '공중의 천사'를 보기 위해서였다. 그때 이미 폴란드 사태가 동독에 그림자를 드리우고 있음을 느꼈다. SED가 단치히와 그딩엔 조선소에서 일어난 사건이 로슈토크와 다른 도시로까지 파급되지 않을까 우려하여 동독 주민과 서독 방문객의 긴밀한 접촉을 미연에 차단코자 귀스트로프로 가는 도로를 봉쇄해버린 것이다. SED는 수년 전 빌리 브란트가 에어푸르트를 방문했던 당시 일어났던 것과 같은 대규모의 연대 데모를 어떻게 해서든지 저지하려 했다.

1949년 이래 기본법 전문에는 모든 독일 국민은 민족의 통일을 평화롭게, 그리고 자유의사에 따라 완성해야 한다고 명시되어 있다. 처음부터 나는 이 의무를 당연시했고, 이것이 본Bonn 정부 정책의 최우선 과제라고 생각했다. 내가 국회의원과 장관, 또 총리직을 맡고 있는 동안 우리 서독인들은 양 독일 국가의 통합을 비록 간접적으로밖에 추진할 수 없었으나 양측의 대화 의지가 지속되도록 할 수는 있었다. 이때 우리가 동독의 지도부보다는 소련 지도부와의 관계 유지에 더 역점을 두었다는 것을 기억해야 한다. 1989년 11월 9일 베를린장벽을 무너뜨림으로써 전 세계에 강렬한 인상을 심어 준 바와 같이, 서독과 동독의 우리 형제들은 실로 지난 40년간 우리의 일체성과 정체성을 의식 속에서 훌륭히 지켜 낸 것이었다.

서독은 지난 수십 년간 조용히 눈에 띄지 않게, 그 대신 심도 있게 언젠가 먼 훗날에 도래할 두 독일의 통일에 관한 연구를 진행해 왔다. 이를 뒷받침하는 주요 사례 둘을 들어 보겠다. 1952년 내독관계부[145] 장관이던 야콥 카이저가 통일문제를 다루는 연구소를 설립한 것이 그 하나이다. 이 연구소는 1990년대까지 활동을 이어왔다. 그러나 안타깝게도 1989 - 1990년 당시 연방정부는 이렇게 상세하고 전문적인 연구 결과를 무시하고 방치해버렸다.

두 번째 예는 한 연구 모임이 작성한 1959년도 보고서이다 (이 보고서는 앞선 기고문들에서 여러 차례 언급되었다). 이 연구 모임은 학자와 국회의원으로 구성되어 있었고, 내가 좌장이었다. '경제적 사회적 통일과정의 예측 가능한 단계' 라는 제목의 이 보고서는, 새로 탄생할 통일독일을 위해 동서독 양측이 합의해야 할 가장 중요한 경제정책적 문제에 대해 서술하고 있다. 보고서에서 제시한 모델은 당사국인 동서독뿐만 아니라 양측의 우방국들도 납득할 수 있는, 특히 동서 양 진영의 승전 4개국도 수용할 만한 내용이었다.

나는 정치적 이유에서 양 독일의 소유권 체제가 우선은 현행대로 유지되어야 한다는 것을 대전제로 하고 연구팀을 이끌었다. 설사 동독의 사유재산을 재분배한다 해도 그로써 통일 과정이 단축되지도, 원칙적으로 수월해지지도 않는다고 보고서에서 밝혀 두었다. 나는 결정적인 문제는 전혀 다른 곳에 있다고 보

---

145) Ministerium für innerdeutsche Beziehungen. 우리나라의 통일부에 해당한다.

았다. 그것은 무엇보다도 동서독 국민경제의 기본적 기능들이 현격하게 다르다는 사실이었다. 서독의 경제가 상품시장과 노동시장으로 유지되는 데 비해, 동독은 국가의 규제와 강압적 경제체제가 지배했다. 게다가 신용 및 통화 시스템도 근본적으로 달랐다. 그러나 가장 큰 딜레마는 바로 경제력의 차이였다. 1958년 동독의 경제생산성은 서독에 5분의 1 이상 뒤져 있었고, 실질 생활수준은 3분의 1이나 낮았다. 30년 후 통일이 목전에 다가왔을 때 이 격차는 훨씬 더 벌어져 있었다. 즉, 89-90년 동독의 전체 경제생산성은 너무나 하락하여 서독에 3분의 2나 뒤처진 상태였다.

대외경제에서도 그간 큰 변화가 있었다. 나는 1959년 동독과 동유럽 간의 교역 규모가 독일의 총 국민경제에서 차지하는 비중을 대체로 '정상적'이라고 보았다. 그런데 1990년 갑작스런 통화 전환으로 인해 동독이 대외무역에서 사용하던 일반적 결제 수단인 청산 단위 루블이 사실상 가치를 잃게 됨으로써 동독의 거의 모든 대외무역이 한순간에 종말을 고하게 되었던 것이다.

우리 연구팀은 경제 통일을 3단계의 과정으로 예상했다. 나는 이미 그때부터도 통합 과정에서의 대규모 인력 방출을 예상했었다. 그러나 동독에서 서독으로 노동인구가 지속적으로 이동하는 위기는 충분히 극복할 것으로 보았다. 통일의 단계별 진행에 따라 동독 주민들의 생활수준도 확연히 개선될 것임을 그들 스스로가 가늠할 수 있으리라 여겼기 때문이다.

우리 연구팀이 예상한 경제 및 사회적 통일과정의 제1단계는 동등한 참여를 전제로 한 전全독일 투자기금을 구상하고 있다. 이 투자기금의 주 임무는 교통망(특히 동서 연결)과 에너지 공급 분야에 대한 투자를 계획하고 재원을 조달하는 것이다. 이를 위한 서독 측의 부담액을 동독의 약 3배 정도로 추산했다. 이 투자기금 이외에 동서독 간의 채권·채무 관계를 정리하기 위해 역시 양측이 동일하게 참여하는 은행의 설립도 계획했다.

제2단계에서는 동서독 단일 시장을 형성하는 것이다. 독일 내 교역의 자유화는 동독 기업들이 단일 시장에서 자율적으로 공급자와 수요자를 찾는 것을 의미한다. 이로써 대외무역을 독점하는 제약이나 기타 유사한 규제들은 철폐된다. 이 단계에서는 동서독 마르크 간 공식 환율의 도입이 필요하다. 이와 더불어 전 독일 경제협의체의 설립도 구상했는데, 이 협의체는 동서독 양측에 적절한 제언을 하는 협력적 역할을 담당하게 된다.

동서독 기업이 각기 상대 지역에 투자하고 현지에 법인까지 설립하려면 제3단계는 되어야 비로소 가능하다. 이는 독일 내 자본이 자유롭게 이동하고, 모든 기업이 단일 시장 내에서 제약 없이 경쟁에 참여한다는 것을 의미한다. 이 내용을 3단계에서 비로소 추진한 까닭을 보고서에서는 다음과 같이 설명하고 있다. "법인 설립의 자유를 제3단계 이전에 허용해서는 안 된다. 만약 이를 허용했을 경우, 동독 기업은 축적 자본과 경영 노하우의 부족, 생산성의 낙후로 인해 동독 지역 내의 경쟁에서 서독 기업에 크게 밀릴 수 있기 때문이다." 그러나 89-90년 통일 당시 정부 책임자들은 이렇게 중요한 경고를 이해하지 못했다. 아니 이해하려 하지 않았을 수도 있다.

이 보고서가 작성된 1959년에는 아무도 소련의 붕괴를 예상하지 못했었다. 코메콘의 붕괴도 마찬가지였다. 그러나 독일이 통일되면 그 인구가 약 7천만 명이 된다는 사실만으로도 전대미문의 경제대국으로 부상할 것이라는 주변국의 우려를 우리는 알고 있었다. 그러므로 우리는 동서 양 진영의 승전국들이 오직 특수한 조건 하에서만 동서독의 통일에 찬성하리라는 것을 예상할 수밖에 없었다. 즉, 우리는 통일에 의한 독일 경제의 경쟁력 향상을 상쇄시킬 일련의 조건을 승전국이 제시할 것으로 예상하고 있었다.

우리는 연구보고서에서, 통일이 되면 우선 동독 지역에 대량해고의 물결이 일어날 것이며, 동독 산업에 부담을 주는 제살깎아먹기 식 경쟁의 위험이 발생할 것이라는 사실을 숨기지 않았다. 그리고 이 문제를 해결하기 위해 실업의 일부를 재흡수하는 대규모의 기간산업 확충 계획과 건설 계획을 세워 현대적이며 전 유럽시장은 물론 세계시장에서도 통할 수 있는 경쟁력을 갖춘 산업이 들어서고 고용이 창출되도록 제반 조건을 마련해야 한다고 주장했다. 이미 1959년부터 우리는 이 모든 것이 서독의 재정 지원으로 이뤄질 수밖에 없다는 것을 분명히 알고 있었다. 30년이 지난 후 그 필요성은 더욱 커졌고, 더욱 분명히 인식할 수 있게 되었다. 그러나 안타깝게도 89-90년, 본에서는 이런 사실을 전혀 알려고도 하지 않았다. 서독의 세금 인상과 일회적 재산세 납부를 도입하자고 아무리 제안하고 경고했지만, 환상에 빠진 정부는 이를 전부 거부했던 것이다.

1959년 사민당이 독일 계획에서 최초로 제시했던 제안들 가운데 30년 후에 실현된 것은 하나도 없다. 아마도 89-90년 당시 본과 동베를린의 책임자들은 그러한 계획이 있었는지조차 몰랐던 것 같다. 또한 50년대 초반부터 내독 문제를 담당하던 연방 부처(근래에는 '내독관계부'라고 고쳐 부른다)가 언젠가 도래할 통일의 날에 대비해 만든 연구 자료에도 역시 관심이 없었던 것 같다. 내독관계부에서 내놓은 예측들은 정기적인 통계 자료와 사례 연구를 근거로 하는데, 만일 정치인들이 이 자료들을 충분히 활용했더라면 1990년의 그 중요했던 수개월간에, 무관심에서 비롯된 대부분의 판단 착오는 범하지 않을 수 있었을 것이다. 본 정부가 이러했으니, 그 사이 자유선거로 선출된 드메지에르의 동베를린 정부가 경제적 통찰력이 없었던 것이야 불문가지일 것이다.

기본법 23조에 따라 독일민주공화국이 독일연방공화국에 편입됨으로써 1990년 10월 3일 독일 통일은 완성되었다. 나는 지중해 여행 중에 유로파Europa의 선상에서 이날을 맞이했다. 짤막한 통일 축사에서 나는 독일의 경제와 사회의 진행 방향을 언급하면서 동서독 주민이 어우러져 살아가야 함을 강조했다. 당시 나는 동독 경제가 아마도 1990년대 말까지는 서독의 생산수준에 도달하리라고 비교적 낙관적으로 생각했다. 한편 동서독이 경제적 격차를 해소하려면 동독의 생산성이 현재의 3배가 되어야 가능한데, 주요 경제 사안에 관해 이미 정부의 최종 결정이 내려진 상태였으므로 나는 이 과정에서 실업이 크게 증가하리라는 점을 분명히 예상했다. 또 신연방주를 방문하면서 이 점을 공개 석상에서도 여러 차례 주장했다.

1990년 여름이 지나자, 동독의 기업이 조만간 엄청나게 많은 고객을 상실할 것이란 사실이 확실해졌다. 그때까지 존속하던 소련과 구 코메콘 회원국에서뿐 아니라 특히 동독 내에서까지도 그러했다. 동독 경제는 말하자면 하룻밤 사이에 당시 12개 서유럽 국가의 공동시장에서 팔리는 서독 제품과의 직접적인 가격 경쟁 및 품질 경쟁에 무방비 상태로 직면했던 것이다. 당시 동독보다는 폴란드와 헝가리, 또는 체코슬로바키아의 산업이 훨씬 나은 출발선 위에 있었다.

그 후 수년간 나는 쾨르버 주식회사의 감사단 회의에서 그 결과를 직접 체험했다. 내 친구인 쿠르트 쾨르버는 애국적 연대의식의 발로로 구 동독 지역의 기계 제조 공장 세 곳을 매입하여 다시 살려 보고자 했다. 그는 엄청난 시간을 허비한 끝에 그나마도 불완전하게 가까스로 목표를 이루었다. 처음엔 이 공장에서 제조된 기계들을 내다 팔 수가 없었다. 때문에 신기술 개발이 필요했다. 또한 세계시장에 새로운 기계 제품을 내놓기 위해 비용 편익 분석법을 배워야만 했다. 마침내 성공하기까지는 엄청난 희생이 요구되었다. 인원을 약 10분의 1로 감축하는 동시에 모기업으로부터 대규모 재정지원을 받았는데, 결국 이 때문에 모기업은 재정난에 빠지고 말았다.

크게 보면 서독의 지원을 받는 동독 주민들은 행운아였다. 동독 주민 한 명당 네 명의 서독 주민이 도울 채비를 하고 다가온 셈이었다. 독재에서 벗어난 동유럽의 그 어떤 민족도 전 세계의 손꼽히는 부자나라로부터 그 같은 대규모 재정 지원을 받지는 못했다. 그 때문에 나는 후에 신연방주에서 확산되고 있는 엄살을 도무지 이해할 수 없었다. 많은 동독 지역 주민들은 동독이 서독에 의해 식민화되었다고 불평만 할 뿐, 서독 지역 주민들이 오늘날까지도 감내하고 있는 대규모의 재정적 희생을 진정으로 알아준 적이 없는 것이다.

내가 통일 이후 경제 문제에 못지 않게 크게 우려했던 것은 인간적인 유대감의 형성이 점점 더 어려워지고 있다는 점이다. 민족을 정신적으로 통합하고 동독 주민을 자유민주 질서에 편입시키는 일은 매우 어렵고 아주 느리게 진행되는 과정임이 드러났다. 그러나 여기서 결코 잊지 말아야 할 것이 있으니 바로 동독에서는 이미 1933년부터, 즉 반세기 이상 끊임없이 부자유가 지배했었다는 사실이다. 자유가 언제나 남을 팔꿈치로 밀어제치는 이기적 자유를 의미하기도 하는 사회에서는 서독에서 태어나고 성장한 젊은이들조차 제대로 살아가기가 쉽지 않다. 동독 주민들은 서독 출신들로부터 시시때때로 간섭당한다고 느끼고 있다. 많은 동독 사람들의 눈에는 지난 40년간 자신들이 아끼고 귀중하게 여기던, 또 당연하게 받아들이던 것들이 이제는 아무것도 통하지 않게 되어버린 것이다. 그리고 자신들의 과거사 문제까지도 한순간에 서독사람들 손에 넘어갔다고 여기는 것이다.

구 동독인들이 운영해 온 철저한 관료기관인 이른바 가우크 기록보관소[146]만이 그 기능을 인정받은 유일한 예외이다. 범죄자는 법정에 서야 마땅하다. 그러나 범죄에는 가담하지 않은 채 오로지 SED 공산당이나 국가보안국의 압력에 못 이겨 정보를 주었던 이들을 범죄자로 분류하여 공개적으로 비난해서는 안 될 것이다. 아데나워는 재임 시절 과거의 나치 간부들에 대해 훨씬 관대했고, 인간적으로 그들을 대했다. 과거의 동구권 국가에서는 순수 공산주의자가 현재 버젓이 장관직에 앉아 있다. 그러나 구 동독에서는 이와는 딴판으로 과거 공산주의자에 대한 도덕적 우월감이 지배하고 있으며, 이것이 독일의 정신적 통합을 어렵게 하고 있다.

독일이 통일되었을 때의 거침없고 때로는 너무나 순수하기까지 했던 짧은 열광의 단계가 지나고, 곧 그 반대의 현상이 유행이 되는 듯했다. 동독의 모든 것이 잿빛으로 칠해졌다. 서독의 많은 이들은, 평화적으로 이뤄 낸 통일을 마치 울며 겨자 먹기 식으로 감수했던 역사적 과오로 여기기까지 하는 것 같다. 급기야 많은 서독 주민들이 통일에 따른 재정 이전과 기타 부담들을 통일독일의 경제, 재정, 고용, 사회정책적 난국의 원인으로 지목했다. 그러나 난국의 원인은 분명 통일 과정에서 경제정책 및

---

146) Gauck-Behörde. 슈타지 문서보관소. 책임자는 통일 이전 노이에스 포럼 Neues Forum을 설립하고 동독의 사회 변화에 주도적 역할을 했던 Joachim Gauck(1940)목사이다.

재정정책을 잘못 운용한 데에 있고, 세계경제와도 연관되어 있다.

통일 1주년이 되는 1991년 가을, 매우 우울한 중간 결산이 나왔다. 서독에서는 "자신들의 물질적, 사회적, 문명적, 문화적 수준이 떨어질 것이라는 두려움이 커지고 있다"고 당시 볼프강 티어제는 평가했다. 또 반대로 동독에서는 "지친 기색이 확산되어 있고……불투명한 미래에 대한 두려움, 생존에 대한 불안감이 팽배해 있다"고 했다. 자기들만이 도덕적으로 깨끗하다고 거들먹거리는(로버트 라이히트) 서독 사람들에 부아가 난 동독 사람들은 그들을 '잘난 척하는 베씨'라 부른다. 반면 '한숨쟁이 오씨'는 호네커 시절이 지금보다 훨씬 좋았다고 지칠 줄 모르게 강조하고 있다. 서로에게 다가가고 (크리스타 볼프의 말처럼) 서로 살아온 이야기를 나누는 대신, 동독인과 서독인의 정신적 골은 다시 깊어져 갔다. 동독 주민들이 통일된 독일에서 경제발전을 이루려면 그들이 서독 주민들로부터 배워야 할 것이 훨씬 더 많았기 때문에 출발부터 불리할 수밖에 없었다. 서독 사람들의 아주 사소하고 경솔한 언행만으로도 많은 동독 주민들은 자존심과 긍지에 상처를 입었다. 통일을 행복해하고 기뻐하던 독일 국민의 마음이 통일 후 얼마 안 되어 무거운 근심과 뒤섞여버린 것이다.

콜 정부의 주요 실책 중 하나는 독일통일이 누워서 떡먹기요, 쌈짓돈이면 충분하다고 간단하게 생각한 데에 있다. 대다수의 동독 주민들이 서독 마르크가 도입되면 하루아침에 젖과 꿀이 흐를 것을 기대했던 반면, 많은 서독 주민들은 독일 통일이라는 프로젝트가 큰 희생 없이 이루어질 수 있다는 본 정부의 잘못된 선전에 말려들었던 것이다. 나는 본 정부가 게르트 부케리우스, 틸 네커, 마리온 그레프 된호프, 칼 쉴러, 그 밖에 많은 이들로부터 들었던 충고를 생생히 기억하고 있다. 당시 공공부채가 눈덩이처럼 불어나 통제 불능의 지경이 되어가는 상황에 대해 걱정하고 경고하며 서독의 세금 인상을 촉구한 사람은 나 뿐만이 아니었던 것이다.

선거철이 다가오면 국민들이 듣고 싶어하는 이야기(또는 본인들 생각에 국민들이 듣고 싶어할 것 같은 이야기)만 하는 정치인들과, 그런 정부는 진실과 사실을 은폐함으로써 후에 가서 깊은 실망감을 불러일으킨다. 국민들에게 정직하려고 했었다면, 동독 주민들에게 곧 닥칠 실업의 불가피성을 미리 알리고 설명했어야 했다. 앞으로 닥칠 현실에 대비하여 동독에 대한 대규모의 투자 프로그램과 이를 위한 서독의 재원 조달 방안을 계획하고 조속히 실행했어야 했다. 이미 공직에서 물러난 민간인 신분이었지만 나는 1990년 초 로슈토크의 대규모 야외 집회에서 행한 연설에서 이러한 실정을 밝혔다. 즉 앞으로 실업이 닥칠 것이며, 경제번영까지는 오랜 시간이 걸릴 것이라고 설명했다. 동시에 나는 동독 시민들에게 용기를 북돋워 주고자 했다. 또한 베를린장벽이 붕괴한 직후 열렸던 '차이트'지의 편집자 회의에서, 총리가 땀과 눈물의 연설을 해야 한다고 내가 동료들에게 말했던 것을 지금도 기억하고 있다. 그때가 바로 서독 주민들에게 연대의식과 자발적인 참여와 희생을 호소할 수 있는 적기라고 나는 확신했던 것이다. '다른 독일 지역에 살고 있는 우리의 형제자매'라는 말은 본 정가에서 오래 전부터 들어온 상투어였다. 이제는 그 말이 진심임을 증명할 수 있고 또 증명해야만 하는 때가 된 것이다. 그 당시 서독 주민들은 희생을 할 각오가 충분히 되어 있었을 것이다. 그럼에도 그러한 호소가 당시에나 또 그 후에도 없었던 데 대해 나는 크게 실망했다.

(정부의) 우선 순위는 다른 곳에 있었다. 그 누구도 동독 주

민들의 이탈로 인하여 동독이 출혈하는 것을, 즉 동독의 공동화에 일조하기를 원치 않았다. 따라서 나중에 장기적으로 보아 장애 요인이었음이 판명된 당시의 많은 시책들을 정부가 시행할 수밖에 없었던 이유는, 오늘날까지 지속되고 있는 동독 주민들의 서독 이주에 대한 압박감을 고려할 때에만 이해가 된다. 통일 당시 수개월 동안 이어졌던 서독 내 주거 공간의 부족은 정부의 주된 근심 가운데 하나였다. 그래서 통화 전환을 서두른 끝에 동서독 마르크를 1:1로 하여 가격과 임금에 적용하는 중대 과오를 범하게 된 것이다. 또한 그 때문에 4년 내에 경제적 '장밋빛 미래'와 '서독 임금'에 도달할 것이라는 지킬 수 없는 약속을 하고 만 것이었다.

이와 동시에 대외적으로도 통일을 서두를 수밖에 없는 이유가 있었다. 서방 측 주변국과 우방들은 수십년간 모든 독일인에게 자결권이 주어져야 한다는 주장을 지지해 왔다. 그러나 1989년 가을, 그 동안 주장은 하면서도 실현 가능성에 대해서는 회의적이었던 일이 곧 현실이 될지도 모른다고 판단되자 그들은 불안해졌다. 그럴 만도 하다. 왜냐하면 독일이 통일되면 유럽 내에서 최대의 인구 대국에 월등한 경제대국으로 발전할 것이라고 예상하지 않을 수 없었기 때문이다. 유럽의 이웃들은 제각기 역사적 경험에 따라 강성한 독일을 깊이 두려워하고 있는 것이 사실이다. 특히 프랑스의 미테랑 대통령과 영국의 대처 수상은 이 때문에 급기야 두 독일의 통일을 반대하기에 이르렀다. 게다가 본 정부의 노련하지 못한 처신도 한몫했는데, 특히 파리와의 관계에서 그랬다. 여태까지 독일과 프랑스의 관계가 1989년 가을과 이듬해 봄 당시만큼 냉랭했던 적이 없었다. 또한 독일은 지난 반세기 동안 유지되어 왔던 독일-폴란드 국경을 마지막 순간까지 최종적으로 인정하지 않고 미루었다. 독일 통일에 대한 2차세계대전 승전 4개국의 동의와 폴란드의 이해를 구하기 전에, 독일은 국내정치적으로 민족주의적 반응이 대두되지 않을까 하는 근거 없는 우려부터 먼저 해소해야만 했다.

  헬무트 콜은 독일 통일을 이룩함으로써 역사적으로 큰 의미를 갖는 불멸의 업적을 이루었다. 그러나 독일 통일은, 아버지 조지 부시 대통령이 미하일 고르바초프 서기장이 주도하는 소비에트연합뿐 아니라 프랑스와 영국까지 성공적으로 끌어들인 2+4 조약이 선행되지 않았더라면 불가능했을 것이다. 2+4 조약은 1919년 베르사유 평화조약의 역전을 의미했다. 당시에는 승전국들끼리 조약 내용을 논의하고 합의한 후 독일에 서명을 강요했었다. 그런데 이번에는 독일인들끼리 우선적으로 통일을 논의할 수 있었던 것이다. 반대로 승전 4개국은 처음에는 동의를 유보했다. 그러다 마침내 미테랑 대통령은 유럽 공동화폐를 조건으로 독일 통일에 동의했다. 그리고 오래 전부터 전문가들과 정치인들이 준비해 온 유럽 공동화폐는 마침내 1992년 마스트리히트에서 합의되었다. 콜은 영리하게도 그가 마치 독일 마르크를 '희생할' 각오가 되어있는 것 같은 인상이 프랑스에 퍼지도록 내버려 두었다.

  끝으로 덧붙여 말할 수 있는 것은 당시 2+4 조약을 가능케 했던 국제정세가 영원한 것으로 볼 수는 없었다는 것이다. 이러한 국제정세가 동서독 정부로 하여금 1990년 통일을 서두르게 만든 것이다. 통일 과정에서 발생했던 일부 경제적 오류는 이런 시간적 압박이 있었다는 사실을 통해서만 설명될 수 있다.

  나는 현재 우리가 안고 있는 걱정의 상당 부분은 주로 다음 네 가지 잘못된 결정에 기인한다고 본다. 즉,

1. 동서독 마르크를 1:1 비율로 교환하여 임금과 가격을 매긴 일이다. 이는 동독 마르크화의 가치가 사실상 3배 상승한 것을 의미했다. 세계 어느 경제도, 자국 통화의 이런 터무니없는 평가절상에 배겨날 수는 없다. 화폐가치 절상은 매출과 수익, 고용에서 막대한 손실을 가져올 수밖에 없다. 이미 1990년 여름 트라비의 사례에서 어떤 상황이 벌어지게 될 것인가 충분히 예측할 수 있었다. 공장에서 갓 출시된 트라비의 가격이 서독 마르크로 매겨지자, 품질 면에서도 훨씬 우수한 중고 폭스바겐이나 오펠, 포드보다 갑자기 너무나 비싸졌던 것이다. 그 결과 그해 가을 벌써 트라비는 생산이 중단될 수밖에 없었다.

연방은행과 많은 다른 은행들이 이 터무니없는 교환비율에 대해 분명히 경고했었다. 그러나 콜은 1991년 초 통독 후 최초로 치러지는 선거에서 승리하고자 이 모든 경고를 무시해버렸다.

2. '보상 전 반환' 원칙에 따른 재산법이다. 이 법은 신연방주 주민들을 공연히 불안하게 만들었다. 이는 토지소유권 문제가 많은 경우 몇 년이 지나도록 분명한 결정이 내려지지 않아 불안을 야기했던 사례와 같은 것이었다. 이러한 법적 불확실성은 경제 재건 사업을 불필요하게 저해했다. 재산법과 신탁관리청의 활동은 많은 동독 주민들에게 엄청난 심리적 좌절감을 안겨 주었다. 그들은 서독 사람들이 자기들을 완전히 '납작하게 만들' 모양이라고 여겼던 것이다.

3. 신탁관리청에 잘못된 업무를 부여한 일이다. 사실상 제2의 정부가 되었던 거대한 이 매머드 관청은, 과감한 추진력을 가진 데틀레프 카르스텐 로베더와 그의 후임인 비르기트 브로이엘의 활약에도 불구하고 처음부터 힘에 부친 일을 떠맡았던 것이다. 동독의 그 누구도 현재 매각 대상이 된 과거 동독의 '인민 소유'였던 기업들을 선뜻 인수할 수 있는 자본이 없었기 때문에,

민영화는 서독의 구매자들에게 이 기업들을 전량 매각하는 것으로 진행되었다. 신탁관리청이 자국 내에서는 더 이상 사려는 사람이 없는 제품을 계속 생산하려 노력했건, 수출을 시도했건, 보조금을 지급하여 임금 수준을 맞추려 시도했건 간에 이 모든 경우에 있어 정부기관이 경험 많은 전문경영인보다 기업의 구조 조정을 더 잘할 수 있을 것이라고 믿은 것이 잘못이었다. 결국 신탁관리청은 본 정부가 기대했던 흑자 대신 수천억 마르크의 빚을 남기고 말았다.

4. 경제적, 사회적 통합에 필요한 재원을 조달하는 방식이다. 처음에는 재원조달 방법이 결정되지 않고 있었다. 그러다가 얼마 후 연대보조금을 주어 소득세와 근로소득세의 부담을 덜어주려고 했다. 그러나 이 '연대보조'로는 전혀 효과를 거둘 수 없었으므로 일단 정부가 부채를 지는 방식을 취했는데, 이는 연방 재정의 부채를 급증시키는 결과를 낳았다.

서독에서 동독으로의 재정이전은 90년대 중반부터 단계적으로 가지를 뻗어나가는 시스템으로 발전했다. 이 시스템은 모든 종류의 사회보장금과 (이른바 2개 연대조약으로 규정된) 16개 연방주 간의 수평적 재정 격차 해소 및 연방과 지방 간의 수직적 재정 격차 해소, '특별지원기금'과 연방의 각종 투자 및 보조금 계획을 아우르고 있다.

현재 동독에 지원하는 전체 재정이전 중 동독에서 거두는 연방정부의 세수를 제외한 순 이전 액수는 연간 약 800억 유로에 이른다. 이는 독일 GDP의 약 4%로 엄청난 액수이다. 그런데 이전된 돈의 대부분은 여전히 6개 동독 연방주의 민간 소비로 흘러들어가고 있다. 독일의 경제성장이 다른 서유럽 국가보다 뒤처지는 결정적 이유가 바로 여기에 있는 것이다.

내가 90년대 초반부터 독일 통일 문제에 대해 공식적으로 언급하거나 기고한 내용 가운데는 내가 실제로 생각한 것보다 낙관적으로 표현된 것이 많다. 그러나 나는 한순간도 낙관론에 도취된 적이 없다. 1992년 2월, 나는 '차이트'지에서 '통일협정'을 맺어야 한다고 주장했었다. 통일은 생각보다 많은 비용이 들고 진행도 더딘, 고통스런 과정이 될 것이므로 나는 또다시 '총력체제'가 필요함을 역설했던 것이다. 또 1992년 10월 3일, 프랑크푸르트(마인)를 방문해서는 이렇게 말했다. "90년대 후반은 되어야 동독 연방주의 우리 동포가 '자체' 경제력을 갖추어 1인당 평균 GNP가 서독의 약 절반에 이르길 바랄 수 있을 것입니다. 그러나 동독의 자체 경제력이 서독과 동등해지거나 동독의 1인당 GNP를 서독의 약 75%까지만이라도 끌어올리는 것은 필시 2000년 '이후'에나 기대할 수 있을 것입니다. 그러므로 서독에서 동독으로의 재정이전은 앞으로도 수년간 불가피합니다. 켐니츠의 생산성이 슈투트가르트를 따라잡으려면 앞으로 10년은 더 기다려야 한다는 점을 모두가 알아야 합니다." 하지만 1993년 가을, 나는 동서독의 생산성이 같아지는 시점을 또다시 10년 미루어 2010년 이후로 연기할 수밖에 없었다.

 1994년 총선 이후 서독에서는 6개 신연방주의 문제만 나왔다 하면 대체로 피곤해했다. 또 동독 지역 주민들은 그들대로 통일로 인해 생긴 재정문제는 서독이 감당해야 하는 것이요, 기본적으로 자신들과는 아무런 상관이 없다는 듯 재정문제에 대해서는 전혀 걱정하지 않았다. 90년대 중반 신연방주의 경제 재건 사업이 종료되었지만 동독의 경제적 낙후성은 그때까지도 여전했고, 이것이 전체 국민경제, 특히 사회보장 국가로서의 독일의 역량에 심각한 재정적 장애물임이 점점 더 확연히 드러났다. 1998년 가을 게르하르트 슈뢰더가 정권을 인수했을 때 동독의 연평균 실업률은 19%를 넘었다. 그가 재선된 2002년에도 실업률은 여전히 높았다. 오늘날까지 그 실업 규모는 지속되고 있다. 현재 동독의 실업률은 전과 같이 서독의 2배에 이른다.

그런데도 동독의 재건사업은 이미 오래 전부터 우리의 최고위 정치인들의 어젠다에서 빠져 있다. 정치계 전반이 이 불가피한 주제에 대해 거의 아무 생각도 없는 듯하다. 지금도 여전히 최고의 전문성을 가지고 이 문제를 돌보는 이들은, 15년 전 선구적인 작업을 하고 첫 단계에서부터 헌신적으로 일한 사람들이다. 이와 같은 인물들로 우선 쿠르트 비덴코프, 로타르 슈페트[147], 클라우스 폰 도냐니, 에드가르 모스트[148], 한스 아펠[149], 리하르트 슈뢰더를 거명해야 할 것이다. 그리고 독일민족재단Deutsche Nationalstiftung도 그와 같은 역할을 하고 있다.

대체로 불만족스러운 중간 결산을 마무리하면서 현 상황에서의 긍정적인 측면 또한 언급하지 않을 수 없다. 사실 동독의 연방주는 경쟁력 있는 경제로 나아가는 노정에 큰 걸음을 내디뎠다. 그리고 희망의 서광도 분명히 보인다. 특히 커다란 혁신 잠재력을 지닌 산업 부문이 그러하다. 의료 기술, 정보 처리, 사무기기, 일부 화학 계열, 자동차산업, 기계 설비, 세계 최고의 마이크로 광학기술 분야가 이에 속하며, 관광·요식업에까지 이에 포함시킬 수 있다. 그러나 전반적으로 동독의 산업은 하나의 성장 동력으로서 신연방주의 전체적 경제발전을 이끌어 나가기에는 너무 미미하다. 통일의 여파로 산업이 해체됨으로써

---

147) Lothar Späth(1937-). CDU소속. 바덴뷔르템부르크 주지사, 상원의장 역임.
148) Edgar Most(1940-). 동독국가은행장(1990), 독일은행Deutsche Bank AG 임원(1990-2004).
149) Hans Apel(1932-). SPD소속. 재무부장관(1974-1978), 국방부장관(1978-1982).

동독의 전체 경제에서 산업 부문의 비중이 너무도 많이 축소되었기 때문이다. 중소기업의 신장도 서독 지역에 비해 훨씬 뒤쳐져 있다.

오늘날 동독 지역의 낙후된 경제가 서독의 수준에 점진적으로 다가가리라고는 기대할 수 없게 되었다. 동독의 생산은 서독의 3분의 2에도 못 미치며, 서독으로부터의 재정이전이 없었다면 그나마도 절반에 지나지 않았을 것이다. 많은 동독 주민들이 그 사이 자가용을 갖게 되었고, 이제는 대부분이 전화도 가지고 있다. 그러나 고향에서 일자리를 구하지 못한 동독의 많은 젊은 이들은 서독으로 이주했다. 이주하지 못한 낙오자들은 탈출구가 보이지 않는 실업으로 인해 정신적 고통에 시달리고 있다. 그럼에도 대다수 독일 국민들은 독일의 미래가, 동독의 경제 환경을 차근차근 서독과 동일한 수준으로 끌어올릴 수 있느냐, 그리고 그것이 얼마나 빨리 이루어지느냐의 여부에 달렸다는 사실을 아직도 이해하지 못하고 있다.

그렇다면 어찌해야 하는가? 우리는 동독 경제를 위하여 동독에만 경제적 혜택을 주는 특별한 정책적 노력을 강구해야 한다. 그러한 정책의 일환으로 최소한 다음의 세 가지 핵심 안건을 제시하고자 한다. 이 안건들은 모두 동시에 시행되어야 한다.

첫째, 동독 지역의 경제발전을 가로막는 많은 법조항, 허가 규정과 허가 관청을 없애야 한다. 중소기업의 발전을 위해 규제를 완화할 수 있는 권한이 동독의 지방의회에 주어져야 한다. 이를 위해서 기본법과 연방법을 통해 6개 동독 지방의회에 지방법을 개정하여 지금까지 통용되던 연방법을 대체할 수 있는 권한을 주어야 한다. 이는 건축법 및 건축계획법, 노동법, 경제법 등에 적용할 수 있을 것이다. 이에 관한 세부적인 사전 작업 내용은 이미 오래 전부터 연방정부와 16개 주정부에 올라와 있는 상태이다. 정부가 실행을 하지 않고 있을 뿐이다.

둘째, 동독 지역의 모든 생산품에 대해 확실하게 체감할 수 있는 부가가치세제 혜택이 주어져야 한다. 예컨대 2020년까지는 부가가치세를 현행의 절반으로 줄이는 것이다. 이는 12년 전 칼 쉴러와 틸 네커가 제안했던 것이다. 이 제안은 합목적적이며 시행하기도 쉽기 때문에 여전히 유효한 방안이다.

셋째, 동독 지역에 대한 지금까지의 모든 경제적 지원을 앞으로는 지역별 중점 산업, 이른바 '성장 동력'에 집중하자는 제안이 이미 1년 전부터 책상 위에 올라와 있다. 이는 '동독 재건의 방향 수정'에 기여하게 될 전체 구상 중 일부이다. 이를 제안한 핵심 인사는 클라우스 폰 도냐니와 에드가르 모스트로 실무 경험이 많은 전문가들이다.

현 연정정부나 현 야당 모두, 즉 정치권 전체가 이 세 가지 제안을 수긍하고 시행해야 한다. 그렇지 않으면 전 동독 지역이 앞으로도 장기간 위기 지역으로 남을 것이다. 만일 앞으로도 지금까지처럼 해 나간다면 동서독 간의 현재의 실업 격차가 최소한 이 이상으로 벌어지지 않게만 되어도 성공일 것이다. 그러나 독일의 전반적 재정난은 당분간 해소되지 않을 것이고, 독일은 능력을 제대로 발휘하지 못하고 뒤처지게 될 것이다. 비데앙트 콘술레스[150]!

---

150) Videant Consules. "집정관은 국가에 해가 없도록 하라". 키케로가 한 말로, 국가비상시 원로원은 집정관에 절대권력을 위임하여 독재를 방지하고자 했었다.

출 전

1. 독일의 당면 과제
  〈 차이트 〉 1989년 12월 15일자
2. 연설문: 연대 협력은 모두의 몫이다
  로슈토크 연설문 1990년 2월 12일자
3. 통일을 향한 단계적 조치
  〈 차이트 〉 1990년 3월 23일자
4. 자유를 얻게 된 것은 크나큰 행운이다
  〈 차이트 〉 1990년 8월 17일자
5. 역사적 기회를 맞은 독일
  〈 차이트 〉 1990년 10월 5일자
6. 8개조 건의안
  〈 차이트 〉 1991년 5월 17일자
7. 통일 1주년을 맞이하여
  〈 차이트 〉 1991년 10월 3일자
8. 통합 과업을 완수하기 위해 초당적 협정을 맺자
  〈 차이트 〉 1992년 2월 14일자
9. 통일 과정에서의 7대 과오
  헬무트 슈미트, 〈 독일을 위한 행동-위기탈출 방안 〉 (로볼트 출판사, 베를린, 1993), pp.15 - 35
10. 나라의 장래를 위하여
  쿠르트 비덴코프, 헬무트 슈미트, 리하르트 폰 바이체커, 〈 나라의 장래를 위하여 〉 (로볼트 출판사, 라인벡, 1994),

pp.71 - 88
11. 동독 지역의 와해
〈차이트〉1998년 3월 12일자
12. 동독 지역에 충격요법을!
〈차이트〉2001년 10월 4일자
13. 독일은 변화해야 한다
〈차이트〉2003년 5월 22일자
14. 통일 과정에서의 돌이킬 수 없는 과오들
〈베를리너 차이퉁 Berliner Zeitung〉2004년 1월 31일자
15. 연설문: 동독 지역의 재건에 다시 한번 박차를!
에어푸르트 연설문 2004년 5월 10일자
16. 동독 지역에 필요한 것은 진정 무엇인가
〈차이트〉2004년 8월 26일자

독일통일의 노정에서
- 결산과 전망 -

저자 | Helmut Schmidt
역자 | 오승우

1판 1쇄 찍음 2007년 1월 10일
1판 1쇄 펴냄 2007년 1월 15일
펴낸곳 | 도서출판 **시와 진실**
출판등록 | 1997년 6월 11일 제 2-2389호
주소 | 서울시 동작구 상도 1동 557
Tel | 02)813-8371
Fax | 02)813-8371
E-Mail | ambros@hanafos.com

값 10,000원
ISBN : 978-89-90890-18-4